DE MAN UIT TEXAS EN HET NEDERLANDSE GAS

HOE DE EUROPESE ENERGIEREVOLUTIE BEGON

Douglass Stewart
&
Elaine Madsen

Order this book online at www.trafford.com
or email orders@trafford.com

Most Trafford titles are also available at major online book retailers.

Translator: Martha Osborn

Print information available on the last page.

ISBN: 978-1-4907-9755-7 (sc)
ISBN: 978-1-4907-9754-0 (hc)
ISBN: 978-1-4907-9886-8 (e)

Library of Congress Control Number: 2019914924

Trafford rev. 07/08/2020

www.trafford.com
North America & international
toll-free: 1 888 232 4444 (USA & Canada)
fax: 812 355 4082

Inhoudsopgave

Voorwoord

De vastberaden jongeman op de omslag van dit boek betrad vliegveld Schiphol in Amsterdam in oktober 1960, terwijl hij nog geen idee had van de reis waarvan dit de eerste stap was. Een reis die het economische en sociale landschap van verschillende landen zou veranderen, grote voorspoed naar Nederland zou brengen en grote voordelen voor het milieu zou brengen door heel Europa. Die jongeman is Douglass Stewart.

Dit boek bevat zijn memoires over die reis, een kijkje achter de schermen van de ontdekking van de tot dan toe grootste aardgasbel in 1960. Het boek gaat ook over het team van jongemannen met wie hij werkte, en hoe ze, onder de radar van twee van de grootste oliemaatschappijen, Esso en Shell, het voor elkaar kregen om Europa's grootste energierevolutie te ontketenen.

Dit boek laat zien hoe de levens van Stewart en drie teamleden elkaar kruisten in de geografie van de Tweede Wereldoorlog, zonder dat ze elkaar ontmoetten. Tot ze bij elkaar gebracht werden in diezelfde geografie op de vreedzame missie om Nederlands gas naar West-Europa te brengen.

Voortgedreven door Stewarts economische en technische visie en zijn ondernemersgeest, sloeg het team de handen ineen om samen te werken met de verziende Nederlandse overheid, de overheden van omliggende landen en met de giganten van de Europese industrie.

Aan het begin van hun reis was er nog geen markt voor zulke grote volumes aardgas, waren er geen pijpleidingen om het over grote afstanden te vervoeren en bestonden er geen apparaten om het toe te passen. In minder dan vijf jaar waren leidingen gelegd, was het eerste gas verplaatst, waren aanpassingen onderweg en werden de eerste kolenmijnen gesloten. Europa's energierevolutie was in volle gang.

Ik voelde me een leergierige toerist toen ik de reis van Stewart en zijn collega's onderzocht, en heb ontzettend veel plezier gehad bij het tot leven brengen van hun verhaal. De ontmoetingen met Stewarts collega's, vrienden en familie hebben mijn werk levendig gemaakt. Hij was een geduldige en uitdagende collega. Ik hoop dat jullie, lezers, zelf ook veel genoegens zullen vinden op je reis door dit verhaal.

--- Elaine Madsen ---

Inleiding

Dit boek is gebaseerd op mijn persoonlijke ervaringen, gecombineerd met informatie uit interviews en gesprekken met mensen die betrokken waren bij de ontwikkelingen rondom aardgas in Nederland tussen 1960 en 1965. De dialogen in het boek bestaan uit directe citaten van opgenomen telefoongesprekken en persoonlijke interviews, en dialogen die bestaan uit mijn herinneringen van het gewoonlijke verloop van ontmoetingen met verschillende sleutelfiguren in de vroege dagen van het aardgas in Europa. Excuses aan de mensen van wie de naam niet wordt genoemd, dit boek gaat alleen over hen met wie ik nauw samenwerkte. Het verhaal gaat niet alleen over zakendeals, maar vertelt ook van het persoonlijke leven en de ervaringen van mensen die betrokken waren bij de uitdagende onderhandelingen die leidden tot de distributie en marketing van aardgas in Noord-Europa in de afgelopen veertig jaar. Het boek blikt ook terug op de betrokkenheid bij de Tweede Wereldoorlog van sommigen van hen.

We hadden geluk, want de meeste managers bij Esso en Shell hielden zich voornamelijk met olie bezig en niet met gas, en alles was nieuw in de aardgas business. Dus wij vroege vogels konden in alle vrijheid ondernemen, zonder veel belemmeringen vanuit ons management of de overheid. We hadden te maken met enorme bedragen, hoge overheidsfunctionarissen, grote risico's en bikkelharde onderhandelingen, in het bijzonder met de gevestigde koolgasmonopolies in België en Duitsland. Met name oud-president Charles de Gaulle maakte het ons moeilijk in Frankrijk.

Ik heb grote bewondering voor het Nederlandse volk en hun regering, die met vooruitziende blik omging met de problemen en kansen die opkwamen met de ontdekking van het Groningse gasveld. De afgelopen 45 jaren van succesvol en winstgevend functioneren van de regelingen getuigen van hun wijsheid.

Toen we slaagden in onze pogingen en het project groter, winstgevend en belangrijk werd, werden we steeds meer gevangen in het web van bureaucratische regels en beperkingen bij oliemaatschappijen en overheden. Toch geeft Vrouwe Fortuna maar aan weinig mensen de kans om aan de wieg te staan van zo'n grote, winstgevende onderneming. En we hebben eruit gehaald wat erin zat!

--- Douglass Stewart ---

Hoofdstuk 1

Vanaf het eerste begin

E euwenlang was de mogelijkheid van een Europese energierevolutie slechts een ondergronds verborgen belofte, tot de dag waarop een Nederlandse ingenieur en zijn boorapparatuur erop stuitten. Vervolgens zou een rijzige jonge ingenieur uit Texas het middel blijken die de revolutie in gang zette. Zijn naam was Douglass Stewart.

In oktober 1960 zat Stewart aan zijn bureau in het kantoor van Standard Oil Company van New Jersey, aan de Rockefeller Plaza, te werken aan grafieken voor een rapport over de potentie van een olieveld in Venezuela. Nog voor de dag ten einde was, zou dat rapport de verantwoordelijkheid worden van iemand anders. Het lot had het zo beschikt, dat Stewart een van de mensen zou zijn die van het vroegste begin betrokken waren bij een dramatische wending in de Europese energie-industrie.

Stewart keek op van zijn bezigheden en zag dat zijn baas, Dawson Priestman, in de deuropening stond.

"Shell heeft een vondst in Nederland achtergehouden," begon Dawson. "Bill Stott is er zo door van slag dat hij het voltallige bestuur van Jersey bijeen heeft geroepen. We willen dat jij erbij komt zitten, Doug."

Net als de andere oudgedienden noemde Priestman het bedrijf nog steeds Jersey, ook al heette het inmiddels Esso. Bill Stott was hoofd marketing binnen Jersey. Als hij een afdeling overstijgende vergadering inlaste, had dat altijd flink wat weg van een bevel. Toch was het uitzonderlijk dat hij erop stond dat het voltallige bestuur aanwezig was.

Onderweg naar de 64ᵉ verdieping, legde Priestman aan Stewart uit dat de vergadering zou gaan over de ontdekking van aardgas en niet over olie. Stewart keek verbaasd.

"Wanneer is dat komen aanwaaien dan? Heb ik soms iets gemist?" vroeg Stewart.

"Vasquez wilde dat jij je met Venezuela bezighield. Stott zat ons op de huid, dus hij en ik zijn er samen ingedoken," antwoordde Priestman.

Toen deze ontdekking was aangekondigd, waren er direct alarmbellen gaan rinkelen bij Priestman en Siro Vasquez, zijn hoofd productie. Vasquez was er beducht op wat voor impact deze ontdekking zou kunnen hebben op de afdeling productie. Hij lichtte gelijk de adviseur productie van Esso in, die juist terug kwam van zijn jaarlijkse bezoek aan de NAM, de Nederlandse Aardolie Maatschappij – een afkorting voor de 50/50 onderzoekssamenwerking tussen Esso en Shell in Nederland. Volgens deze adviseur had de NAM bepaald geen openheid van zaken gegeven over de omvang van de ontdekking, althans niet in de mate die Esso zou mogen verwachten. Vasquez en Priestman gingen met deze informatie en hun eigen bezorgdheid rechtstreeks naar Bill Stott. Deze begon direct te speculeren over het effect dat de vondst van zo een groot gasveld zou kunnen hebben op de oliemarkt van Esso in Europa. Aangezien er geen Europese pijplijn bestond om het gas te transporteren en er bovendien geen producenten waren die de benodigde huishoudelijke apparaten konden maken, leek het in eerste instantie geen urgent probleem op te leveren – ongeacht hoe groot het gasveld dan ook mocht zijn. Desondanks was Stott het ermee eens dat de situatie direct nader onderzoek vergde. Luttele uren na het gesprek tussen de drie heren, had Stott het voltallige bestuur bijeen geroepen.

In 1960 had Jersey een dominante marktpositie ten opzichte van Shell in de wereldmarkt, met uitzondering van in de beleving van Nederland, waar Shell immers een van de grootste en meest prestigieuze ondernemingen was en al meer dan honderd jaar banden onderhield met het koningshuis. In dat land had Jersey slechts een klein marktaandeel en een kleine raffinaderij. De 50/50 onderzoekssamenwerking van NAM tussen de twee giganten was weliswaar in 1947 opgezet, maar werd vrijwel zelfstandig door Shell gerund.

Priestman maakte weinig woorden vuil aan de houding van Shell ten opzichte van de samenwerking: "De invloed van Jersey op Shell komt zo ongeveer neer op het jaarlijks goedkeuren van de budgetten."

Daar zou binnenkort verandering in komen. Op deze dag kon niemand van hen, al helemaal Douglass Stewart zelf niet, vermoedden dat juist hij een belangrijke speler zou gaan worden in het bewerkstelligen van die verandering. Priestman en Stewart liepen langs de vroegere secretaire van John D. Rockefeller in de lange hal vlakbij de imposante bestuurskamer van Jersey. Die kamer werd voor de helft in beslag genomen door de 9 meter lange ovalen mahoniehouten vergadertafel, onder een even indrukwekkend hoog eikenhouten plafond. Aan het eind van de kamer, aan de wand tegenover de deur, hing een portret van John hemzelf, die vanuit een weelderig ingelijst olieverfschilderij bozig op iedereen neerkeek. Toen Stewart en Priestman de bestuurskamer binnenliepen, bleek dat er al twintig anderen waren gearriveerd. De bestuursleden werden ondertussen zorgvuldig naar hun plek aan tafel gebracht. Priestman en Stewart kregen allebei een stoel gewezen langs de wand.

Het was niet de eerste bestuursvergadering waar Stewart aanwezig was; hij had zelf al een aantal keer een presentatie gehouden voor dit gezelschap. Deze vergadering zou echter een wending in zijn loopbaan brengen.

Op de agenda van de vergadering van die morgen stond onder meer een presentatie door de adviseur van de divisie productie, die onlangs zijn jaarlijkse rondreis door Europa had gemaakt. Het was zijn verantwoordelijkheid om tijdens deze reizen in alle Europese landen de lokale afdelingen te bezoeken waar Jersey deels eigenaar van was. Tijdens de vergadering kreeg iedereen hand-outs uitgereikt van een vertaald krantenartikel uit een Belgische krant, waarin op 14 oktober de Belgische senator Victor Leeman werd geciteerd:

> *Tijdens een debat in Straatsburg over het Europese energiebeleid heeft senator Leeman uit België gemeld dat er een enorm aardgasveld van 300 miljard kubieke meter gas, het equivalent van 1,7 miljard tonnen olie, door NAM is ontdekt.[1]*

Het nieuws van deze ontdekking verscheen op 17 oktober in Nederlandse kranten. Op 18 oktober was er, zonder dat Esso hierover

---

1   *Subterranean Commonwealth* van Wolfe Kielich.

was ingelicht, een brief van Shell Nederland gestuurd aan J.W. de Pous, de Nederlandse Minister van Economische Zaken. De brief stelde voor om "een nieuwe overeenkomst" op te stellen voor "een nieuwe situatie" ten aanzien van "belangrijke aanvullende voorraden aardgas".

De ontdekking van deze "nieuwe situatie" was allerminst nieuw voor Shell Nederland. Ze waren er al ruim een jaar van op de hoogte. Om precies te zijn, hadden ze het sinds 22 juli 1959 om 6:33 's morgens geweten, toen er in de omgeving van Slochteren tijdens het boren bevestigd was dat er aardgas vloeide. Bovendien had nader booronderzoek in de regio Groningen de omvang van de vondst aangetoond. De manier waarop deze informatie in België terecht is gekomen werd uitgebreid besproken, maar zou pas jaren later aan het licht komen. Jack Rathbone, de bestuursvoorzitter van Jersey, was immer een indrukwekkende verschijning en als hij aan het hoofd van de mahoniehouten tafel een vergadering voorzat was hij dat het allermeest. De eerste vraag die hij stelde was niet aan Stott gericht, die om de vergadering had gevraagd, maar aan de adviseur van de divisie productie. "Ik mag toch hopen dat dit Belgische artikel niet het enige is dat we hierover zullen horen. Is er enige onderbouwing van zulke extravagante cijfers?"

De adviseur ging staan om de groep toe te spreken. "Er wordt flink gespeculeerd over hoe Leeman ervan wist, maar het is hoe dan ook in zijn voordeel om in een dergelijke bijeenkomst met spectaculaire cijfers te komen, omdat hij daarmee suggereert dat Shell – en daarmee Esso ook – iets aan het verbergen is."

Het eerste beeld dat de adviseur liet zien, was een kaart van Nederland, waarbij hij iedereen wees op de streek Groningen in het noorden van het land. Hij vervolgde, "Op zichzelf is de radiostilte van Shell over wat er speelt, al veelzeggend. Niemand bij NAM wilde er iets over loslaten tegen me. Shell is weliswaar onze partner, maar gedraagt zich bepaald niet zo. Wat vooral opvalt, is dat ze heel geheimzinnig doen over het formaat van de vondsten. Ik kon geen enkele schatting bij ze lospeuteren over de omvang van deze ontdekkingen. Ze stonden me slechts een kort bezoek van een dag toe om de NAM-bezigheden te onderzoeken, waarbij ze de eigenlijke plannen achterhielden op hun productiekantoor in de regio Oldenzaal. Een kerel vertrouwde me 'off the record' toe dat Shell altijd de ontdekking van aardgas enigszins bagatelliseert. Ze zitten immers in de olie. Aardgas is slechts bijzaak, een nevenproduct. Ze zorgen dat ze ervan af komen door het bij de bron aan de staat te verpatsen tegen de laagst mogelijke aankoopprijs.

Bill Stott vond het intussen nodig om iedereen er even aan te herinneren dat Jersey, in het verleden, ook de aanname had gehanteerd dat aardgas weinig verkoopbaar was en er eveneens toe over was gegaan het te verkopen bij de bron. De absolute domheid van deze aanname werd pijnlijk duidelijk toen Jersey de balans opmaakte halverwege de jaren 1950. In die tijd, had de verkoop van aardgas een opvallende groei doorgemaakt. Gas-energiebedrijven hadden voordelig aardgas ingekocht bij de bron en vervolgens flinke winsten binnengehaald door het gas te op de markt te brengen als middel om woningen te verwarmen en eten te koken, waarbij ze de markt voor Jersey's verwarmingsolie in de VS fors ondermijnden.

Stott was stellig in zijn uitspraak dat Jersey een snelgroeiend marktaandeel voor verbrandingsolie had, ondanks het feit dat kolen de marktleider was in de Nederlandse brandstofmarkt. In zijn optiek kon een grote en voordelige bron van aardgas – tegen een vergelijkbaar laag prijspeil als in de Verenigde Staten – niet alleen de opkomende oliemarkten in Nederland verstoren, maar zelfs effect hebben op het stijgende marktaandeel van olie-als-brandstof in de omliggende landen.

Stott was het helemaal eens met Shell. "Aardgas is alleen maar gedoe en zal niets anders doen dan onze oliemarkt op zijn kop zetten," zei hij. "Ze hebben groot gelijk dat ze het onder de pet houden."

De adviseur merkte echter fijntjes op, "Het zal nog een hele kluif worden om een paar miljard kubieke meter onder hun pet te houden, meneer. Mijn eigen inschatting is dat volgende ontdekkingen nog veel grotere getallen zullen opleveren. Shell is de baas bij NAM, wij hebben daar niet eens iemand rondlopen om ons op de hoogte te houden of onze winst op het spel staat of niet."

Stott wierp vervolgens tegen dat er weinig kans was dat het bedrijf winst zou kunnen maken met aardgas. Kennelijk was hij zich er niet van bewust dat Stewart van onschatbare waarde was geweest bij een geval in Texas, waar duidelijk was geworden dat aardgas wel degelijk winst kon opleveren voor Jersey.

Siro Vasquez hielp iedereen er aan herinneren dat de twee bedrijven in feite al een gedeelde productie-overeenkomst hadden voor eventuele gasvondsten in Nederland, daterend uit de jaren 1930. Het feit dat Shell iets achterhield over de omvang van de vondst, of in ieder geval Jersey niet op gepaste wijze in had ingelicht, was zeker reden tot zorg.

Vasquez vervolgde dat hij en Priestman alle documenten hadden doorgepluisd om informatie te vinden over de vondst in Nederland. Ze ontdekten een aantal rapporten van verschillende jaren die verslag deden van boringen naar olie, maar in geen enkel rapport werd er ook maar met een woord gerept over de enorme aardgasvondst, zelfs al was die ontdekking het jaar ervoor – in 1959 – gedaan. Vasquez was ervan overtuigd dat de ontbrekende informatie zonder meer de alarmbellen bij het bestuur zou moeten laten afgaan. Dat er nu in dagbladen over geschreven werd, betekende dat die alarmbellen met de dag harder gingen rinkelen. Hij onderstreepte nog eens de opmerking van de adviseur dat het een goed idee was om iemand in Nederland te hebben, waar het allemaal gebeurde, om feiten te achterhalen waarmee het bestuur daarna een actieplan kon maken.

Rathbone raadde het bestuur aan om de adviezen van Vasquez en de adviseur ter harte te nemen. Er zat niets anders op dan iemand uit te zenden naar Nederland, naar de NAM. Iemand die antwoorden boven tafel kon krijgen. Het bestuur stemde ermee in. Rathbone vroeg aan Vasquez of er iemand beschikbaar was die deze klus aan zou kunnen.

"Onze man Stewart heeft de juiste achtergrond om de feiten te achterhalen," zei Vasquez. Hij draaide zich om en keek zijn 'vrijwilliger' recht aan. "Kun je morgen vertrekken, Doug?"

Bij Humble Oil – een dochterbedrijf van Standard Oil in Texas – was Stewart dankzij zijn ontdekking van, tot dat moment onvermoede, aardgasopbrengsten naar New York gekatapulteerd. Vanaf de dag dat hij daar vier jaar geleden aankwam, had hij gestaag zijn waarde bewezen en kreeg hij steeds loonsverhogingen en promoties. Onlangs was hij gepromoveerd tot assistent-manager van de afdeling productie-economie, wat hem de uitgelezen persoon maakte voor deze klus in Nederland. Toch kwam de vraag van Vasquez voor Stewart als donderslag bij heldere hemel. Hij aarzelde echter geen seconde en antwoorde: "Jazeker."

Hoofdstuk 2

Klaar Voor Vertrek

I n 1960 werd Jersey door commissies bestuurd, opdat belangrijke beslissingen input zouden hebben vanuit alle lagen van de organisatie. Bedrijfsactiviteiten werden aangemerkt als 'upstream' of 'downstream'– niet alleen in de wandelgangen, maar ook in het jaarverslag. Upstream maakte producten voor de organisatie en bestond uit de producenten, geologen, productie-economen, ingenieurs en operationele medewerkers. Wat downstream betreft, dat waren onder meer de afdelingen transport, raffineren, marketing, financiën en economische zaken: alles dat zich bezighield met het transporteren en op de markt brengen van het 'upstream' product.

De twee groepen leefden veelal langs elkaar heen, met uitzondering van het hoogste echelon. Bij allebei was gaandeweg een onderliggen en onuitgesproken superioriteitsgevoel ontstaan. De lui van upstream vonden dat zíj de 'echte' oliemannen waren, omdat zij voetjes-in-de-modder ervaring hadden op het olieveld. Daar hielden ze zich bezig met de ontwikkeling en productie van het product waaraan de organisatie haar bestaansrecht ontleende. In de beleving van downstream waren juist zíj superieur, omdat ze ervan overtuigd waren dat zij het kapitaal binnenbrachten dat de meeste winst voor het bedrijf opleverde.

Aangezien iedere nieuwe petroleumvondst tot de verantwoordelijkheid van upstream behoorde, was het logisch dat één van hun ingenieurs de vondst in Nederland zou gaan beoordelen. Dat Stewart als 'upstream' werd aangemerkt zou in de toekomst onverwachte gevolgen hebben, maar voor nu was deze benoeming voor hem een welkome en spannend uitdaging.

Voordat hij ook maar iets anders deed, liep Stewart naar zijn bureau en belde naar Jane, zijn vrouw. "Jane steunde me altijd in mijn loopbaan en ging als vanzelf mee met alle veranderingen en verhuizingen die voortvloeiden uit nieuwe opdrachten," herinnerde Stewart zich. "Ze had dezelfde avontuurlijke geest als ik. Ze was dolblij dat ik voor deze belangrijke taak was geselecteerd en ze had maar één vraag, 'Hoe lang willen ze dat je er blijft?'"

Stewart had geen flauw idee hoe lang hij weg zou moeten blijven, of zelfs maar van wat hij zou doen bij aankomst. Hij nam zich voor om in elk geval zo goed mogelijk voorbereid te zijn als maar kon, met alle achtergrondinformatie die hij binnen een dag kon vergaren. Hij ging meteen naar het kantoor van Martin Orlean, een analist die energievoorspellingen opstelde voor de afdeling coördinatie en productie-economie van Jersey.

Volgens Orlean, had "Esso's eerdere beslissing om aardgas bij de bron te verkopen ertoe geleid dat Esso niet in staat was om de andere petroleumproducten van het bedrijf te beschermen, waardoor het de markten voor thuisverwarming en koken kwijt waren geraakt aan de slimme manoeuvres van de gasbedrijven in de Verenigde Staten. Zij hadden gratis gashaarden weggegeven aan consumenten en de oude haarden meegenomen. Als een klant eenmaal door een energiebedrijf gekoppeld was aan het gasnetwerk, dan had dat bedrijf ze voor de gehele levensduur van dat huis."

Dankzij anderen in de afdeling economie ging Stewart beter begrijpen hoe Esso bij Shell betrokken was, en in welk opzicht ze te maken hadden met deze aardgasvondst. Het was intrigerend dat deze link al langere tijd, aan het handelen van Shell te zien, in de vergetelheid was geraakt, of dat Shell op zijn minst het feit wilde negeren dat zij een productieovereenkomst hadden met Esso die dateerde van de jaren 1930. Ergens in het verleden was een kerel van Jersey bij het kantoor van Shell binnengelopen om ze te herinneren aan het belang van Esso.

Op 19 september 1947 was de Nederlandse Aardolie Maatschappij opgericht waarbij de BPM (de Bataafse Petroleum Maatschappij, een dochterbedrijf van Shell in Den Haag) en Standard Oil of New Jersey (dat wil zeggen, Esso) ieder een aandeel van 50 procent had. In feite bestond de partner van Esso in NAM, Shell/Royal Dutch Shell Group, uit twee bedrijven. De Shell Transport and Trading Company had een hoofdkantoor in Londen, met een aandeel van veertig procent in de 'groep'. De Royal Dutch Petroleum Company, hield hoofdkantoor in Den Haag, en had een zestig procent aandeel. Beide partijen hadden dezelfde raad van bestuur, waarbij het kantoor in Londen met name focuste op de marketing kant, terwijl Den Haag de wereldwijde exploratie en productie voor zijn rekening nam. Om het simpel te houden, zullen we deze samengestelde bedrijven aanduiden met 'Shell'.

Terwijl Stewart de documenten bekeek die hij aangereikt kreeg, was het volkomen duidelijk dat NAM werd gerund alsof het een volle dochteronderneming van Shell was, terwijl Esso wel degelijk 50 procent ervan bezat. De Nederlandse bevolking beschouwde NAM als een Nederlands bedrijf met een flinke politieke invloed, deels door de historische banden tussen Shell en het koninklijk huis, maar ook omdat Shell een grote werkgever was in Nederland.

Wat Stewart al helemaal opmerkelijk vond, was de Nederlandse wetgeving betreffende petroleum. Deze wet stond met een been in de zestiende-eeuwse Spaanse wetgeving, en het andere been stevig in de Napoleontische Code van 1810. Europees precedent hiervoor werd voor het eerst bepaald in de veertiende eeuw in Spanje, toen de Spaanse koning bepaalde dat twee-derde van alle mineralenopbrengst aan hem betaald moest worden. Tegen de tijd dat Filips II regeerde, was deze toe-eigening teruggebracht tot een-vijfde van de netto waarde van de gemijnde mineralen.[2]

In de achttiende eeuw bezette Napoleon de Nederlanden, zogenaamd om het land te beschermen tegen Spanje en Engeland. In werkelijkheid onttrok Napoleon alle inkomstenbronnen[34] van aan het land en vatte dat eerdere Spaanse precedent in een wet die stelde dat, "de regering onvervreemdbare en niet voor te schrijven rechten heeft en [eminent domain] over de minerale rijkdom van het land."

In hun artikel uit 2003, "A New Mining Act for The Netherlands", borduurden Dr. Martha Roggenkamp en Dr. Christiaan Verweerd voort op de achtergrond van de vaststelling van die Nederlandse Mijnbouw Wet

---

2   Mining Law: Bridging the Gap between Common Law and Civil Law Systems by Cecilia Siac, jurist bij Tormina Consulting Inc., in een paper die ze presenteerde voor de Canadese Orde van Advocaten in april 1997.

3   Simon Schama, Overvloed en onbehagen: de Nederlandse cultuur in de Gouden Eeuw, 1988.

4   Simon Schama, Patriotten en bevrijders: revolutie in de Noordelijke Nederlanden, 1989.

"Napoleon was voorstander van eigendom van grondstoffen, in lijn met de landeigenaren. De wetgevende macht wilde echter een ander systeem invoeren waarbij de voornaamste mineralen eigendom waren van de staat".[5]

Op de een of andere manier hadden de negentiende-eeuwse wetgevers doorgezet en was er een wet aangenomen waaronder de kroon (dat wil zeggen, de staat) de rechten op mineralen via een Akte van Concessie toekent, en de staat bovendien het recht heeft om allerlei voorwaarden te stellen. Het artikel stond verder stil bij de nieuwe mijnbouwwet die niet gold voor petroleumconcessies die voor 1965 toegekend waren, zoals die in Groningen. In 2004 zou een nieuwe mijnbouwwet die in de plaats kwam de oude Napoleontische wetgeving.

In 1960 was het echter qua wetgeving alleszins van een Napoleontische orde. De rechten van alle mogelijke vondsten tijdens het boren door NAM behoorden bij wet toe aan de Nederlandse Staat.

De documenten die Stewart op de afdeling economie bij Jersey inzag, kwamen hem buitengewoon zonderling voor. De Nederlandse regering had slechts aan NAM een "Vergunning voor onderzoeksboringen" afgegeven. Voordat de NAM (van Esso/Shell) ook maar iets aan financieel gewin kon halen uit de nieuwe vondst, zouden ze een 'productieconcessie' moeten aanvragen bij de regering én die toegekend krijgen. Stewart besefte meteen dat dit feit onevenredig veel ruimte voor de regering overliet bij toekomstige onderhandelingen. Bovendien hield het in dat Shell niet zomaar zonder haar partner Esso kon gaan onderhandelen over die allesbepalende productieconcessie. Uit de documenten maakte Stewart verder op dat alles rondom aardgas onder de auspiciën viel van J.W. de Pous, de Nederlandse Minister van Economische Zaken – iemand die in de daaropvolgende maanden een belangrijke en machtige figuur zou blijken te zijn.

Met al deze informatie tot zijn beschikking, verliet Stewart zijn kantoor iets voor het einde van de dag, om het een paar benodigdheden te gaan kopen ter voorbereiding op zijn reis. "Vanuit mijn tijd in het leger wist ik nog dat Europa in die tijd van het jaar behoorlijk koud en nat kon zijn," aldus Stewart, "en daarom haastte ik me onderweg naar de trein even naar een winkel om een gevoerde regenjas aan te schaffen, precies

---

5   Dr. Martha Roggenkamp en Dr. Christiaan Verweerd, *A New Mining Act for the Netherlands,* 2003.

zo een als ik in de oorlog had gehad. Ook kocht ik wat speelgoed en spelletjes voor de kinderen, zodat ze zich zouden vermaken tijdens mijn afwezigheid."

Die avond deed de grootse marmeren hal van Grand Central Station hem denken aan de paleizen die hij in Europa had gezien, toen hij als jonge luitenant verantwoordelijk was voor militaire konvooien tijdens de Tweede Wereldoorlog. In die tijd was hij getuige geweest van hoe die imposante paleizen verpulverd waren door de verzengende woede en vernieling die de oorlog had achtergelaten. Hij was sinds het einde van de oorlog niet meer in Europa geweest en was benieuwd hoe ver het herstel in de grote steden van Europa zou zijn gevorderd.

Terwijl hij in de gammele schommelende trein van de New Haven Railroad zat, merkte Stewart niets van de smoezelige en oncomfortabele wagons, waar nooit iets aan gerepareerd leek te worden. Hij was zelfs immuun voor de sigarettenrook die altijd als een wolk in de trein leek te blijven hangen. Zijn gedachten namen hem helemaal in beslag. Denkend aan hoe hij hoegenaamd geen benul had van de taak die voor hem in het verschiet lag, liet hij alle informatie die hij die dag tot zich had genomen nog eens voorbij gaan en vroeg hij zich af waar deze opdracht hem wel niet zou brengen.

Een ding stond vast. Stewart was beslist niet van plan om zijn onderzoek te beperken tot de kale feiten over de omvang van de vondst in Groningen. Ook zou hij in zijn verslag meer beschrijven dan alleen de mogelijke problemen die er met Shell te verwachten waren.

"Het idee om verslag uit te brengen aan het bestuur en hen alleen te presenteren met een enorm probleem, stond me bepaald niet aan," zei hij. "Hoewel mijn opdracht eigenlijk alleen het vaststellen van de omvang van de vondst betrof, was ik van plan dat zodra ik in Nederland aankwam, om uit te vogelen precies welke afzetmarkten er allemaal konden zijn voor al dat aardgas. Ik besloot op dat moment om bij Jersey terug te komen en ze op te schudden met een lading ideeën om hoe ze dat aan konden pakken."

—Hoofdstuk 3—

Stewarts Sprankelende Verrassingen

Hoewel marketing hoorde bij 'downstream, was Stewart er nooit de man naar geweest

zijn denken te laten beperken tot functieomschrijvingen, als het ging om het oplossen van een probleem. Bij Humble Oil – Jersey's dochteronderneming in Texas – was het zijn gewoonte geweest om minstens vier keer per jaar op zoek te gaan naar een sluimerende situatie of probleem binnen het bedrijf. Hij zou

de parameters van een dergelijk probleem onder de loep nemen en niet alleen met een oplossing komen,

maar ook een manier waarop het bedrijf via de oplossing winst kon maken. Dan presenteerde hij die oplossing aan het management voorstellen met iets dat hij zijn sprankelende kwartaalverrassing noemde.

Het was het ongeëvenaarde succes van een van die 'Stewarts Sprankelende Kwartaalverrassingen' waardoor hij in het oog sprong bij de divisie productie van Jersey. Bij Humble hadden ze hem leren kennen als een ervaren reservoir engineer

met een bewezen staat van dienst in het analyseren van boor- en gasreservoirs die aanzienlijke winsten konden genereren.

Harold Wright, een zeer ervaren gepensioneerde olieboer uit Houston, werkte met

Stewart toen hij een district reservoir engineer was bij Humble in King Ranch. Voor Wright was Doug een man die opviel. "Doug was een grote knappe kerel, heel extravert en extreem krachtig, wat precies was hoe ik over mezelf dacht. Maar ongeveer de helft van de tijd was ik al aan het afbouwen, en begon Doug nog even aan iets anders. Doug heeft altijd iets wereldwijs gehad. Hij had een beetje een kosmopolitische houding. Het is misschien zijn ervaring in het buitenland in de oorlog, hoewel hij daar nooit echt veel over heeft gesproken. Er was gewoon iets met hem, waaraan je merkte dat hij veel levenservaring had."

De mannen zijn nog steeds vrienden en Stewart omschrijft Wright als een man van principe. "Ik ontmoette Harold voor het eerst in 1948, toen hij net was begonnen aan het boorinstallatietrainingsprogramma bij Humble, hetzelfde als ik had doorlopen. Wright nam nooit een blad voor de mond, met wie hij ook sprak. Toen ik in New York was, bood ik hem een baan aan op mijn afdeling omdat ik wist dat hij er de beste man voor was."

Volgens Wright probeerde zijn baas in Houston hem te ontmoedigen op het aanbod van Stewart in te gaan. 'Ik kreeg een telefoontje van de hoofdingenieur in Houston vertelde me dat als ik de baan bij Stewart in New York aannam, ik nooit meer hoefde te proberen terug te komen. Maar natuurlijk nam ik de baan wel aan en heb ik nooit meer achterom gekeken."

Wright nam de baan vanwege zijn vertrouwen in Stewart, dat was gegroeid tijdens hun tijd samen bij Humble. "In die vroege tijd hadden Doug en ik de verantwoordelijkheid om ondergrondse olie- en gasreserves te analyseren, om zo de middelen te ontwikkelen om de terugwinning te vergroten en winst uit productie te maximaliseren. Terwijl wij er waren, werd een aanzienlijke hoeveelheid aardgas ontdekt in Zuid-Texas. Het was niet alleen inde gebieden waar Doug en ik waren, maar eigenlijk was het overal in King Ranch. Destijds verkocht aardgas voor zoiets als een 'nickel' (5 dollarcent), en het was gewoon de moeite niet om pijpleidingen aan te leggen. Het werd afgefakkeld om ervan af te komen of, vaker, gewoon in gasreservoirs ondergronds gelaten en niet benut."

Hoewel aardgas niet als verkoopbaar werd gezien, was het toch wel een nuttig bijproduct bij het extraheren van olie. Slechts 15 tot 30 procent van de olie in ondergrondse rotsformaties kon daadwerkelijk worden teruggewonnen. Het was het aardgas in deze formaties dat druk bood om te helpen

de olie naar de putten te duwen. Dit aardgas bestond uit methaan en was nat met verschillende koolwaterstoffen, zoals propaan, butaan en aardgasbenzine (of condensaat), die onder de grond condenseert en verloren kan gaan als de druk daalde tijdens olie- en gasproductie. Dit fenomeen

werd retrograde condensatie genoemd, wat erop neerkomt dat de vloeibare elementen in het gas verdampen. Deze drukdaling zou kunnen zijn verminderd door 'gasrecycling'. Dit was een proces waarbij droog gas in het ene uiteinde van een reservoir gepompt werd en er aan de andere kant weer uitgelaten werd. Dat verdreef gasvloeistoffen, zoals propaan en butaan, wat overigens wel marktwaarde had. Dit proces was echt niet betrouwbaar of erg zuinig omdat als de druk in een reservoir faalde, de gasvloeistoffen eruit zouden vallen

in het reservoir en niet konden worden teruggewonnen. Zelfs als ze bewaard werden, verdienden

deze vloeistoffen niet de kosten van die gasinjectie terug, dus recycling werd gewoon niet gedaan omdat het niet kosteneffectief was.

In 1955 waren er grote ongebruikte natte gasreserves in het King Ranch gebied. Stewart was toen hoofd van de divisie South West Texas en was bezig zijn volgende 'Sprankelende kwartaalverrassing' te bedenken toen hij een paar mogelijkheden in dat recyclingproces ontdekte die tot dan toe niet onderzocht waren.

"Ik wist dat deze gasreserves naast veel rijke benzine ook propaan, butaan en andere koolwaterstoffen, bevatten," herinnerde hij zich. "Ik dacht dat als er alleen maar een manier zou zijn om deze dingen op economische wijze eruit te halen, er zeker een grotere markt voor hen zou opengaan."

In die tijd was het gangbare denken om deze vloeistoffen tot ergens in de toekomst in de grond te laten, als alle olie in het veld was geproduceerd. Dat kon betekenen dat je twintig jaar moest wachten voordat er

pijpleidingen werden aangelegd om die vloeistoffen terug te winnen en voordat er een markt zou zijn voor het gas. Als die vloeistoffen nu al zouden kunnen worden teruggewonnen, konden ze zonder dat lange wachten en zonder dat er pijpleidingen voor nodig waren om het te vervoeren en te verkopen.

Hoewel hij een idee had hoe terugwinning van die vloeistoffen zou kunnen gebeuren, wist Stewart dat 'heren die de baas waren' eerst moesten worden wakker geschud door de mogelijkheid van financieel rendement. Zonder winst voor ogen zouden ze immers niet overwegen om de investering te doen die nodig is om die die verhandelbare vloeistoffen toegankelijk te maken.

Stewart presenteerde hen het concept van de 'huidige waarde'. "De oliebedrijven waren nog niet begonnen met het gebruik van het idee van contante waarde. Dat is de huidige waarde van geld in vergelijking met het krijgen van het geld tien, twintig of dertig jaar in de toekomst. Ik heb het idee niet uitgevonden, maar ik wist dat ze niet echt dachten aan de huidige waarde van die vloeistoffen in de grond. Ik heb wat gegevens van onze mensen in het veld verzameld over al onze verschillende reservoirs en, samen met een assistent, een rapport opgesteld over wat er gebeurt als we deze reservoirs zouden kunnen laten 'cyclen', de gasvloeistoffen terugwinnen, en ze dan verkopen. De huidige waarde zou $ 100 miljoen meer zijn dan als we zouden wachten en het gas twintig jaar later zouden produceren. In de termen van vandaag zou neerkomen op een slordige half miljard dollar. Ik heb het allemaal in een rapport gegoten, met kaarten, economie, alles wat je kon bedenken."

Wat Stewart voorstelde was niet minder dan de bouw van 's werelds grootste gasrecyclingfabriek. Zijn "Sprankelende Kwartaalverrassing" voorbereiden om dit gedurfde en originele idee uit te leggen, kostte zoveel van zijn tijd dat Dawson Priestman, zijn baas, wilde weten wat er aan de hand was.

'Doug, wat ben je aan het doen? Ik heb de laatste tijd niet veel van je gehoord."

Zijn reactie trok zeker de aandacht van zijn baas. "Wat zou je ervan vinden om honderd miljoen dollar te verdienen?'

"Hoe zit dat?"

"Eén tel," zei Stewart.

Hij ging terug naar zijn kantoor, haalde zijn rapport op en legde het op het bureau van zijn baas.

"Hij kwam inderdaad geschrokken terug!" zei Stewart.

"Doug, dit is geweldig," zei zijn baas. "We hebben een vergadering van de supervisors volgende week, en de mensen van het hoofdkantoor van Humble zijn reizen hierheen af. Kun je dit presenteren?"

Stewart herinnerde zich duidelijk hoe de leidinggevenden van Humble reageerden zijn presentatie. "Alle hoge piefen uit Houston kwamen naar ons toe en ik hield deze presentatie. Ze hielden echt van het hele idee, maar toen gingen ze terug en sprak met hun experts. Humble had een gasafdeling in Houston, die verondersteld werd te doen wat ik zelf had gedaan. Dit was niet hun idee, en niet verrassend, deden ze hun uiterste best mijn onderzoek onderuit te halen. Maar ze kregen het niet voor elkaar."

Wright herinnerde zich dat niet iedereen bij Humble enthousiast was over Stewarts ideeën.

"Wat ze echt niet leuk vonden, was dat Doug in feite hun buitenspel zette door het onderzoek eerst aan zijn baas te geven. Hij had het divisiehoofd overgeslagen en presenteerden het rechtstreeks aan de bazen zonder hun bureaucratie te doorlopen."

Wright beschreef de sfeer waarin ze bij Humble werkten als uiterst competitief. "Humble huurde alleen mensen in die in de bovenste 10 procent van hun jaar zaten op de ingenieursopleiding. Dit leverde een echte wedstrijdmentaliteit op, met een verzameling ontzettend scherpe lui die met elkaar streden om ene handvol kansen. Toen Doug met het idee kwam over hoe je vloeistoffen uit het aardgas kon halen, was dat niet zo dat niemand daar ooit over had nagedacht of had geprobeerd, maar Doug is een originele denker en wat hij voorstelde was nog nooit zo geprobeerd op de schaal of met de middelen die hij had verzonnen. Doug was degene die de mogelijkheden herkende. Je hebt hier te maken met een man die net een tikkie slimmer is dan jij. En hij heeft niet alleen ideeën. Hij heeft een vermogen om met ideeën te komen waar niemand anders aan heeft gedacht. Dat was onderdeel van Dougs kracht – en een deel van zijn probleem. Hij was een beetje beter dan de andere behoorlijk scherpe mensen. De enige manier waarop sommigen van hen wisten hoe reageren op hem was om hem te proberen neer te halen. Zijn voorstel voor een gasfabriek was dan ook een poosje nogal een controversieel project in die kringen."

De grootste uitdaging voor Stewart was zijn superieuren ervan te overtuigen dat de bouw van zo'n enorme gasrecyclingfabriek (waarvoor in feite geen precedent was) wel degelijk waarde had en dat het daarnaast financieel en technologisch verstandig was. Er werd een andere engineer ingeschakeld naar Corpus Christi, samen werkten ze aan het creëren van 'Een onderzoek naar de velden in en op de omgeving van de King Ranch.'

Stewart had niet alleen met bureaucratie te maken. Hij moest ze laten zien hoe hij zijn eigen oorspronkelijke idee had uitgebreid. Als het bedrijf besloot om deze recyclingfabriek te bouwen, ze konden de vloeistofcomponenten niet alleen uit het aardgas krijgen maar ook op de markt brengen.

Wright legde uit: "We zijn begonnen met de recycling van driehonderd miljoen kubieke voet per dag, een flinke hoeveelheid. Maar rond de tijd dat dit cyclen op gang was, begon het gas op te raken dat Humble verkocht via Intrastate gassysteem, wat voornamelijk afkomstig was uit Oost-Texas."

Stewart besefte dat om die markt te blijven bedienen, Humble wat van dat gas uit Zuid-Texas naar het noorden moest brengen. Daar was de mogelijkheid van een grote afzetmarkt in Houston. Een elektriciteitscentrale die stroom opwekte door op aardgas te opereren in plaats van olie of kolen was veel

goedkoper om te bouwen en te runnen. Als Humble de uitvoering van de cycling combineerde

met pijpleidingen om het droge gas te transporteren, zouden ze die markt kunnen bedienen.

Stewarts 'Sprankelende Verrassing" liet het bedrijf zien hoe ze alle velden van King Ranch met elkaar konden verbinden.

"Wat ze zouden moeten doen was een enorme gasfabriek bouwen en twee pijpleidingen aanleggen, één van de King Ranch rechtstreeks naar Houston en de andere tot in Corpus Christi," zei Stewart.

Deze studie onderbouwde de oorspronkelijke presentatie van Stewart en Humble begon met de bouw.

Wright had een levendige herinnering aan wat die fabriek was geworden. "Het gevaarte groeide tot iets meer dan een miljard kubieke voet per dag, vermoedelijk een aantal jaar de grootste gasfabriek ter wereld. Er zijn grotere rond het Midden-Oosten en dergelijke plaatsen, maar voor een lange tijd, was de Koning

Ranch gasfabriek was de oorspronkelijke grootheid"

Nu dat Stewarts Sprankelende Verrassing niet alleen was herkend, maar ook binnenkort helemaal werkelijkheid zou gaan worden, bleef hij niet wachten op een schouderklopje maar stoomde gelijk door, op zoek naar de volgende mogelijkheid om zijn carrière te bevorderen. Wat hij besloot te doen, was dreigen 'niet te stoppen'.

"Ik wilde Humble niet echt verlaten, maar met ik hoopte die ik had vanwege de gasrecyclingfabriek dacht ik dat ze dat echt niet zouden willen ik om te vertrekken, 'zei Stewart. "Er was een ander klein oliebedrijf in de buurt dat geëxploiteerd werd door een voormalige

Humble divisie-ingenieur. Ik wist dat hij op zoek was naar een ingenieur, en ik wist dat mijn baas hem kende. Dus ik heb mijn baas gesproken en suggereerde dat deze andere mensen geïnteresseerd waren, vroeg hem wat hij ervan vond? Binnen een maand kreeg ik een grote

promotie en werd assistent divisie-ingenieur die de leiding had over al het reservoir engineering. In feite creëerden ze een nieuwe baan, gaven me een andere titel en een loonsverhoging bovendien."

Ongeveer zes maanden later, was de manager productie economie van het New Yorkse Jersey kantoor

in de stad en toonde interesse in het werven van een assistent. Hij vroeg Stewart of hij geïnteresseerd zou zijn.

"Ik belde mijn vrouw Jane en vroeg of ze zin had om naar New York te gaan," zei Stewart. "Ze zei: 'Wat je ook wilt doen, ik ga mee.'"

Het was 1957. Stewart werd als assistent manager productie economie toegewezen aan het kantoor van Dawson Priestman. Op zijn eerste dag in New York nodigde Priestman hem uit voor een vergadering van de hoofden van de producerende coördinatieafdeling, om naar een verslag te luisteren van twee reizende adviseurs van de afdeling, die net terug waren van een reis naar Jemen, waar ze een olie

exploratieconcessie hadden geprobeerde te krijgen. Deze ontmoeting gaf Stewart zijn allereerste blik

in de exotische wereld van internationale olie-exploratie. In de eerste plaats ontdekte hij dat hij aan die tafel zat met Lewis G. Weeks, de hoofdgeoloog Standard Oil, die beroemd was om zijn wereldwijde ervaringen op geologisch gebied, en door zijn publicaties over wereldwijde toekomstige oliereserves. Stewart had

veel van het werk van Weeks gelezen. Wie verder de vergadering bijwoonden, waren het hoofd van de technische afdeling van Jersey, twee andere geologen en Paul Temple van de juridische afdeling.

"Ik voelde me nogal geïmponeerd door al deze wereldse zakenmensen," zei Stewart, "en hoe meer ik die dag hoorde, des te meer mijn Texaanse achtergrond wat gewoontjes aanvoelde."

Siro Vasquez begon met uit te leggen dat de adviseurs de reis hadden gemaakt op onofficieel verzoek van iemand in Washington om een groep Russen voor te zijn, die naar verluidt achter dezelfde concessie aan zaten. Standard Oil was niet bepaald gecharmeerd van de geologische vooruitzichten op die locatie, maar ze stuurden toch de adviseurs om te verifiëren of de mogelijkheden reëel waren.

De adviseur die kennelijk de leiding over de groep had gehad die naar Jemen was geweest, stak van wal door te zeggen hoe dankbaar hij was dat hij naar het advies had geluisterd van iemand die al naar Jemen was gereisd, om een flinke voorraad ingeblikte goederen. Hij legde uit dat ze anders misschien aan de hongerdood waren bezweken, omdat al het andere eten dat voor handen was, zeer schaars en vreemd was, anders dan wat ze ooit eerder zijn tegengekomen.

Toen ze in Jemen aankwamen, werden de adviseurs naar de compound gereden van de sjeik. Ze werden in de bezoekersruimte geplaatst, wat in wezen gewoon een kale kamer was om te slapen met een open deur naar een kleine binnenplaats. Midden op de binnenplaats werd een schaap geroosterd boven een open vuur. Aan de andere kant van dat vuur konden ze zien dat er een vergelijkbare kamer was, waar de Russen al waren geïnstalleerd. Na één blik op de vliegen die op het eten kropen, besloten de adviseurs én de Russen om naar een alternatief uit te kijken. De Russische groep was iets minder goed voorbereid, dus de Amerikanen deelden een paar van de blikjes sardines met ze.

Er verstreken een paar dagen zonder dat er veel gebeurde, zelfs geen indicatie wanneer ze een gesprek met de sjeik zouden krijgen. De Russen verdwenen op een dag, en nog steeds werd hen gezegd te wachten. Eindelijk was dan het gesprek gepland, dat zou plaatsvinden in het paleis van de sjeik – wat een behoorlijk

stoffig en niet-paleisachtig gebouw bleek te zijn. Terwijl ze door een gang werden binnen gelaten, werden ze geconfronteerd met het gebrul van heuse leeuwen, die op tralies af kwamen rennen, waar ze gelukkig door werden gevangengehouden.

Door de tralies heen, aan de andere kant van de kooi van de leeuw, was er een deuropening die vermoedelijk leidde naar de harem van de sjeik, wat betekende dat iedereen die daarheen wilde langs de – behoorlijk hongerig klinkende – leeuwen zou moeten lopen. De adviseur speculeerde dat daar moet een aangrenzende ruimte zijn geweest waar de leeuwen heen konden worden gelokt om ze te voeren, zodat de sjeik veilige toegang tot zijn vrouwen had.

Ze werden in de vertrekken van de sjeik binnengeleid, alwaar de adviseurs hem aan het andere einde van de kamer aantroffen. Hij leek halfblind te zijn en was een ziekelijke verschijning. De sjeik begroette hen via een tolk, die het doel van het bezoek van de Amerikanen aan de sjeik uitlegde. De sjeik bedankte hen en zei dat hij erover zou nadenken. En dat was dat. Dat was de hele ontmoeting! Volgens Stewart: "Jersey heeft die concessie nooit gekregen, en de Russen evenmin. Jaren later kreeg Hunt Oil Company het wel en ontdekte een veld van behoorlijke omvang."

Het duurde enkele weken voordat Stewart een huis vond, waar Jane en de kinderen zich bij hem konden voegen. Elke ochtend liep hij langs het raam van NBC, waardoor hij Dave Garroway en de cast van de *Today's Show* kon zien zoals het in het hele land werd uitgezonden. Tegenwoordig is een enorme menigte op straat de normaalste zaak van de wereld, maar in 1960 werden de camera's willekeurig gepand langs voorbijgangers en Stewart zwaaide naar Jane, die het programma thuis in Texas zat te kijken.

Zoals Stewart zich herinnerde, bracht zijn verhuizing naar New York veel veranderingen met zich mee voor het prille gezin Stewart, inclusief een grote loonsverhoging. "Tienduizend dollar leek veel geld, maar toen we eenmaal in Connecticut woonden, bleek alles veel duurder. We hadden minder besteedbaar inkomen over dan we ooit in Texas hadden. Ik heb ergens een grafiek waarin ik wat we vrij te besteden hadden, had uitgetekend. Ik denk dat het in de orde van grootte van $ 150 per maand was.'

Drie jaar en een paar loonsverhogingen later, werd Stewart naar Nederland uitgezonden. Vlak voor het vertrek naar het vliegveld die ochtend, hij ontving een mysterieus telefoontje van het Esso Travel Office. De afdeling raffinage wilde dat hij een pakket naar Nederland zou meenemen. Vlak voordat hij instapte op de KLM-vlucht naar Schiphol, arriveerde het pakket. Het was een kartonnen doos van twee centimeter hoog en twaalf bij twaalf centimeter breed. Stewart had instructies gekregen voorzichtig te zijn en deze doos niet te stoten of te pletten.

Hij dacht dat het wat delicate verfijningsinstrumenten zou bevatten, dus hij vroeg: "Wat zit erin - voor het geval dat de douane-inspecteur ernaar vraagt?"

"Wilde kalkoeneieren," werd hem verteld. "De raffinagebeheerder wil ze daar laten incuberen

en een zwerm vogels beginnen voor het schietgebied waar hij in Nederland de rechten voor had."

"Ik ben er nooit achter gekomen of ze uitkwamen," zei Stewart. Maar terwijl hij onderweg was, was er in Nederland iets aan het uitbroeden: de ontdekking die Stewart zou gaan doen in een klein herenhuis in de buurt van Den Haag, waardoor de Europese energierevolutie van start zou gaan.

Hoofdstuk 4

Er Borrelt Iets In Nederland

An de andere kant van de Atlantische Oceaan, was de verstandige J.W. de Pous, de
Nederlandse minister van Economische Zaken, terughoudend geweest om overhaast te handelen of zelfs maar te reageren, op het onverwachte publiceren van informatie over de ontdekking van aardgas laat staan dat hij in had willen gaan op de speculatie die was voortgekomen uit de aankondiging van senator Leeman. De verslaggeving in het nieuws had de zaak onder de aandacht van het publiek gebracht voordat de overheid plannen geformuleerd had.

Na verloop van tijd zou de tien biljoen kubieke voet gas – wat indertijd een onvoorstelbare hoeveelheid werd geacht – zou een zeer conservatieve schatting blijken te zijn.

Decennialang was een Nederlandse ingenieur met de naam H.A. Stheeman ervan overtuigd dat er

iets geologisch buitengewoons zou worden gevonden rondom Slochteren en Groningen. Zijn overtuiging werd niet gedeeld door zijn NAM collega's. In 1955 werd het geloof van Stheeman bijna bewaarheid, toen hij

en zijn bemanning begonnen te boren in de buurt van het dorp Ten Boer en ze daar een teken van gas aantroffen op een diepte van ongeveer tienduizend voet. Helaas werd dat succes onmiddellijk in gevaar gebracht door de naderende ramp van een aardgaseruptie. Een veiligheidsklep in de booruitrusting was defect.

Volgens Wolf Kielich in *Subterranean Commonwealth* waren er twee weken voor nodig voordat de uitgeputte Stheeman en zijn heroïsche bemanning de put weer onder controle kregen.

Als de veiligheidsklep niet defect was geraakt, dan had de dramatische ontdekking van Groningen die voor zoveel zou veranderen in allerlei landen, zich op dat moment voltrokken. In plaats daarvan ging de ontdekking in Groningen een eigen leven leiden, waardoor er andere wegen in werden geslagen, die geen erkenning voor Stheeman zouden opleveren.

Zelfs als het boren die dag was geslaagd, was het onwaarschijnlijk dat de inspanningen van NAM op de nieuwe ontdekking zouden zijn gericht. Datzelfde jaar werd de aardolie-industrie voor de uitdaging gesteld om de crisis op te lossen die veroorzaakt was door de ongekende en gevaarlijke blokkade van de

Suezkanaal in Egypte. 's Weekends autorijden werd in heel Nederland ingeperkt. De verhoogde kosten van de lange, gevaarlijke reis die olietankers gedwongen aflegden om Afrika heen, hielden in dat de olie- en benzineprijzen over de hele wereld omhoogvlogen. Consumenten werden geconfronteerd met plotselinge

en kritieke tekorten. De oliemaatschappijen probeerden tot het uiterste te gaan om ervoor te zorgen dat een ononderbroken stroom van aardolieproducten naar de geïndustrialiseerde wereld gewaarborgd was. Het gebeuren in Suez bleek zowel een uitbarsting als een wake-up call te zijn. Het was voor het eerst in de geschiedenis dat de mensheid eraan herinnerd werd dat ze steeds meer afhankelijk was geworden van het Midden-Oosten, als het ging om deze niet onuitputtelijke energiebron.

In de vroege ochtenduren van 22 juli 1959, hadden Stheeman en zijn team toestemming om het boren naar gas op Slochteren te hervatten. Zonder tegenslagen werden ze dit keer met een zeer hoge drukstroom van aardgas. Tegen half augustus, wezen verdere testen in andere gebieden in de buurt van de

stad Groningen uit dat er iets uitgebreids aanwezig zou kunnen zijn.

Vreemd genoeg genereerde deze nieuwe mogelijkheid geen specifieke activiteit of opwinding, hoewel er toestemming voor verdere verkenning was ingepland. Dit gebrek aan urgentie was niet te wijten aan nalatigheid, maar aan het feit dat Nederland in die tijd aardgas beschouwde als een brandstof met een lage winstpotentie. Zelfs toen daaropvolgende tests suggereerden dat de hoeveelheid gas groter was dan normaal, werd er geen specifieke schatting afgegeven. Routine-informatie over het testen werd doorgegeven aan Shell- en Standard Oil-kantoren in Nederland en de Verenigde Staten, maar er werden geen rapporten gepubliceerd.

In *Subterranean Commonwealth* citeerde auteur Kielich de uitleg van NAM-directeur J. M. P. Bongaerts, die de opvolger was van Stheeman. "Vergeet niet dat er op dat moment veel pessimisme bestond bij de grote oliemaatschappijen. Hun filosofie kwam erop neer dat je eerst 200 procent zeker moest zijn over wat je gevonden had, voordat het bekend liet worden. Niet zo verwonderlijk eigenlijk, want gedurende deze jaren een aantal veelbelovende vondsten elders in de wereld, met name in Libië, waarbij de werkelijke resultaten minder dan een kwart bleken te zijn van wat was verwacht."

Het gebrek aan aandacht bij NAM voor de mogelijkheden van de Groningse ontdekking was een grote teleurstelling voor Stheeman. In het boek van Kielich vertelde T.H. Tromp, voormalig minister van Openbare Werken en een studievriend van Stheeman, over de grote teleurstelling van Stheeman. "Ik volgde de complicaties tussen Stheeman en Shell op afstand. Hij was gedesillusioneerd, een beetje verbitterd. Hij heeft nooit veel publiciteit gekregen. Hij hield zich een leven lang bezig met de aardgaskwestie, maar hij werd nooit serieus genomen door Shell en zijn collega's."

Bijna een jaar ging voorbij zonder enige belangrijke actie van de NAM, voornamelijk omdat aardgas minder dan 1 procent van de brandstofmarkt uitmaakte in Nederland. De voornaamste brandstof voor zowel huishoudelijk als industrieel gebruik was steenkool, met stookolie rap op de tweede plaats. Oliemaatschappijen verwachtten dat stookolie zou snel kolen overtreffen. Er was gewoon nog geen

markt voor aardgas. Er was weinig publieke aandacht voor de ontdekking gegenereerd, met uitzondering van een paar regels in een lokale krant dat de grootte van de vlam van het verbrande aardgas tot in de stad Groningen, mijlenver weg, te zien was.

Bij Esso's Nederland Huis in Den Haag zou weldra echter serieuze aandacht gegeven worden aan die ontdekking van aardgas. Op deze oktobermorgen parkeerde Jan van den Berg van Esso zijn Vespa-scooter voor het indrukwekkende gebouw. Het meest voorkomende vervoermiddel voor Nederlanders uit alle lagen van de bevolking was de fiets; zelfs de koningin reed er een naar haar werkpaleis. Jan was ooit op een gemotoriseerde scooter overgestapt, en nu hij was echt opgewonden.

Vandaag zou de laatste dag zijn dat hij op die scooter zou rijden. Zijn vrouw, Ciny, ging hun eerste nieuwe auto ophalen, een Volkswagen. Ze waren het niet eens over de kleur. Hij liet het aan haar over. Jan vroeg zich af of hij thuis zou komen om een rustige, conservatieve kleur te vinden die past bij een serieuze zakenman of dat het toch het felle geel zou worden waar zij dol op was – een kleur die hem wat "patserig" over kwam.

Jan was begin dertig, een keurige man van kleine gestalte maar groot in persoonlijkheid, intellect en expertise. Hij was manager van Esso Nederlands Economische Groep, en hij verwachtte die dag de laatste hand te leggen aan het jaarlijkse energierapport dat hij aan het voorbereiden was voor het kantoor van Jersey in New York. Jersey verlangde van alle gelieerde bedrijven een gedetailleerde verdeling per land van brandstofgebruik per type brandstof en categorie van klant voor zowel totale consumenten als voor Esso-verkopen. De rapporten,

bekend als de rode en groene boeken, voorspelden ook de vraag naar olieproducten en verkoop voor de komende jaren.

Om zijn rapport zo nauwkeurig mogelijk te maken, had Jan veel industrie- en overheidspublicaties onderzocht. Hij had behoorlijk veel kennis vergaard van industrieel energiegebruik en ook van het brandstofgebruik van de Nederlandse bevolking. Jan was erg tevreden met wat hij dit jaar had bereikt

rapport, met name de nauwkeurigheid en diepgang.

De informatie die hij had verzameld, bracht scherp in beeld in welk opzicht de levensomstandigheden van hem en Ciny die van de gemiddelde Nederlander overtroffen. Dankzij het Esso-salaris van Jan kon hij een relatief nieuw herenhuis met bovenverdieping in Wassenaar huren, een buitenwijk van Den Haag. Hoewel het er klein was, hadden hij en Ciny twee slaapkamers boven, met elk een wastafel. Beneden was er een soort woon-/eetkamer en een keuken. Boven was er helemaal geen warmtebron; warmte werd verschaft door hitte die in het trappenhuis opsteeg vanuit de kolenkachel in de woonkamer. Jan

had veel door heel Nederland gereisd en was goed bekend met de manier waarop mensen leefden in de steden en boerderijen die onder zeeniveau lagen. De wind en regen van de Noordzee brachten een vochtigheid over het Engelse kanaal gedurende vele maanden van het jaar die mensen tot op het bot kou liet leiden. Voor gezinnen die kon het zich veroorloven, hadden keukens zoals die van Jan een soort geiser, een

kleine boiler. De kachel verbrandde stadsgas, wat een brandstof was die vervaardigd werd uit steenkool in de gemeentelijke gasfabriek. Stadsgas was erg duur, dus gebruikten Jan en Ciny het alleen om water te verwarmen en voor het fornuis. Er was een badkuip in het huis, maar deze moest met de hand worden gevuld

van water dat door de geiser verwarmd was.

Slechts een kleine 5 procent van de Nederlandse huizen had centrale warmte van kolen

of stookolie met kerosine. Voor de rest kon er geen sprake zijn van centrale verwarming door de hoge kosten van het stadsgas. De meeste Nederlandse huizen gebruikten nog altijd kerosine of antraciet steenkool in verwarmingskachels, die rommelig waren, geen groot warmtebereik hadden, en vaak 's nachts uitvielen. Soms als de kolenkachel van Jan was uitgebrand, werd het boven zo koud dat het water in de

wastafels in de slaapkamer zelfs bevroor.

De volgende dag op zijn kantoor, hield Jan op met zijn gemijmer over hoe hij het getroffen had, om de laatste hand te leggen aan zijn rapport voor Jersey. Net toen hij zijn pen pakte, werd hij onderbroken door een telefoontje van de algemeen directeur, Coen Smit, die hem meteen wilde zien. Terwijl Jan op adem kwam in het buitenste kantoor van Smit, kon hij er niets aan doen dat hij even dacht, dat als hij dat half uur aan zijn bureau had mogen blijven, hij klaar zou zijn geweest met het rapport.

Toen hij eindelijk de kathedraalachtige kamer werd ingeleid, bleek Smit ontspannen op zijn comfortabele bank te zitten onder de hoge gebrandschilderde ramen. Smit overhandigde Jan de lokale krant van 17 oktober met het hoofdartikel over het verhaal Senator Leemans aankondiging van de ontdekking van aardgas.

Smits razendsnelle vragen lieten Jan geen ruimte om antwoord te geven.

"Weet je iets over de aardgasbranche of wat het gaat doen met onze oliemarkten als dit ding echt de grootte is die ze rapporteren? Jersey zal zich wel zorgen maken omdat ze net hebben gebeld om me te laten weten dat ze dat ze een van hun reservoir engineers sturen om dit te onderzoeken. Jij en Cees van der Post moet hem op alle mogelijke manieren helpen."

Jan verliet het kantoor van Smit opgelucht dat hij dit niet in zijn eentje hoefde klaar te spelen. Cees van der Post was zo'n twee jaar ouder dan hij en was een afgestudeerd ingenieur bij Esso's LPG (liquefied petroleum gas) marketing groep. Cees werd alom gerespecteerd, zowel binnen het bedrijf als door klanten, vanwege zijn energie en technische bekwaamheid. Jan wist dat Cees informatie over die markt kon aanleveren. Jan was zelf niet bekend met aardgas, maar hij wist dat zijn afdeling informatie had verzameld over elke energiemarkt in Nederland. Esso verkocht propaan en butaan in vloeibare vorm aan verschillende stadsgasfabrikanten, wat vervolgens werden omgevormd tot laag-BTU stadsgas. Jan en Cees werkten die avond tot laat door om een plan te maken alle informatie te verzamelen vanuit de beide afdelingen. Hoewel het zou betekenen dat ze de volgende nacht zouden moeten overwerken, wisten ze zeker dat ze goed voorbereid zouden zijn op hun eerste ontmoeting met de Amerikaan. Tegen de tijd dat Jan op zijn scooter stapte om naar huis te gaan, was het al donker, en de koude oktoberavond sijpelde door zijn jas. De nieuwe Volkswagen zou op hem wachten, maar welke kleur zou die hebben?

Het gele antwoord stond voor zijn kleine herenhuis. Ciny wachtte binnen om te zien hoe hij over haar keuze dacht. Jan bleef even buiten staan en vroeg zich af hoe ze het zou vinden dat hij twee avonden achter elkaar laat thuis was met eten. Niet alleen vond Jan geel prima, ook deed Ciny helemaal niet moeilijk over zijn late thuiskomst. Toen ze erachter kwam dat de Amerikaans er morgen zou zijn, stelde ze voor dat Jan hem bij hen thuis uitnodigde om mee te eten. Misschien vindt hij het leuk om de Nederlandse keuken te leren kennen, zei ze.

De volgende dag terwijl ze de informatie verzamelden voor de Amerikaan, uitten Jan en Cees hardop de

zorgen die ze over dit bezoek hadden.

"Hoe kan het dat deze kerel uit New York, die niets van de Nederlandse markten weet, alles dat we hebben verzameld snel genoeg in zich op gaat nemen om het op het huidige probleem toe te passen?'

Hoofdstuk 5

Die kerel uit New York

Terwijl het vliegtuig van Stewart begon af te dalen naar Schiphol, kwamen de groene
lappendeken van weilanden en de rijtjeshuizen langs het water in zicht. De douane passeren was veel minder bewerkelijk dan in onze hyper-waakzame tijd. De douanebeambte, die weinig Engels sprak, wilde precies weten wat in de doos zat die Stewart zo voorzichtig vasthield, precies zoals hij had verwacht.

"Ik opende de doos voor hem," zei Stewart. "Hij wierp een blik op die bruine gespikkelde eieren, luisterde naar mijn uitleg en riep onmiddellijk de landbouwinspecteur, die ook weinig Engels sprak. ik

betwijfel of ze begrepen wat ik zei over het incuberen, maar de inspecteur gooide eindelijk zijn handen in de lucht en wuifde me erdoorheen."

Buiten de terminal, stond de grote zwarte Chrysler-limousine Voorzitter Coen Smit voor hem klaar. Willem, de geüniformeerde bestuurder, was een blonde reus die Stewart formeel aansprak in het Engels – met Nederlands accent, vanzelf.

"Toen Willem respectvol bleef knikken alsof ik belangrijk was, werd ik scherp herinnerd aan mijn verantwoordelijkheid om iets bepalends te bereiken," zei Stewart.

Het was vroeg in de ochtend. Er hing een dunne laag mist over de verzorgde weiden, die bezaaid waren met koeien. Het tafereel leek kunstig te zijn samengesteld in een soort stilleven, klaar om bekeken te worden door de dankbare blik van Stewart. In tegenstelling tot het prikkeldraad-

omheiningen in Texas of de stenen muren van Connecticut, werden de velden van Holland gemarkeerd door smalle kanaaltjes. De eenvoud van een boer die hooi draagt naar zijn schuur, in de zeer praktische klompen die zijn voeten tegen de vochtige grond beschermden, bracht een golf van opwinding teweeg die Stewart altijd voelde als hij op plaatsen kwam die hij nooit eerder had gezien.

Willem leverde Stewart af bij het schilderachtige oude Hotel de Wittebrug in de buitenwijken van Den Haag. De kamer had een enorm hoog plafond. Er was een zeer grote badkamer met een weelderig bad op pootjes. In tegenstelling tot de moderne baden in zijn thuisland, was deze groot genoeg voor Stewarts grote postuur.

"Buiten het raam hoorde ik iets dat klonk als een klein circus", zei Stewart. "Ik keek naar buiten en daar beneden was een klein mannetje dat aan een mooi wit orgel op wielen stond te draaien. Het zag eruit als

een beetje ouderwetse piano, met vergulde bloemen en decoraties net zoals die op een circuswagen. De man keek naar me op en glimlachte, nam zijn pet af en stak hem uit. Ik gooide hem een paar van mijn nieuw verworven Nederlandse munten. Ik was niet zeker van hun waarde, maar hij boog diep en hervatte het spelen met een grote glimlach. Ik dacht aan hoe mooi Jane dat moment zou hebben gevonden."

Omdat hij de hele nacht in het vliegtuig had gezeten, was Stewart opgelucht toen hij het kantoor van meneer Smit belde. "Ik zou hem pas de volgende dag ontmoeten. Smit dacht dat ik daarna misschien mijn slaap moest inhalen zo'n lange vlucht. Het was inderdaad een lange reis geweest, maar ik was te opgewonden om me gelijk aan slaap over te geven. Ik keek uit het raam en aan de overkant, langs het kanaal. Het tafereel voor mij was als een schilderij dat tot leven kwam. Een zacht briesje dreef een paar bladeren in het water terwijl een fietser voorbij gleed. Hoe kon ik gaan slapen? Er was zoveel te zien en zoveel om over na te denken."

Stewart moest naar buiten toe om te zien wat zich allemaal buiten het hotel afspeelde. "Ik had geen tijd of energie voor een echte stadswandeling, maar ik gewoon zomaar een woonwijk in. De herinnering die mij daaruit opvalt lopen was mijn verrassing dat er in Den Haag echte huizen waren zoals die in Manhattan. Dit waren baksteen, met witte steen eromheen de ramen. Soms stonden ze dicht op elkaar, het ene na het andere huis naast elkaar en dicht op de straat, en direct aan de straat, zonder tuin aan de voorkant. Bij elke bocht die ik maakte, bleef ik maar wensen dat Jane er ook bij was om alles te zien. Ik durfde me voor te stellen dat de opdracht die ik had gekregen op een of andere manier zou worden uitgebreid, zodat ik terug zou moeten komen en Jane zou bij me zijn. Die nacht viel ik gemakkelijk, zelfverzekerd in slaap. Ik was vast van plan om te vinden wat ik nodig had om terug te brengen naar Jersey."

"Ik sliep heerlijk en trof bij het ontwaken mijn eerste Nederlandse ontbijt aan. Het leek wel een feestmaal. Een koud ontbijtbuffet, met allerlei soorten gesneden Hollandse kaas en vleeswaren, hardgekookte eieren en wel drie soorten brood – waaronder grof donkerbruin brood, in erg dunne sneetjes, dat me uitstekende smaakte met kaas."

Willem arriveerde stipt om 9.00 uur om Stewart te vergezellen naar het Esso Nederland hoofdgebouw. Stewart zag een enorm massief donkerrood fortachtig gebouw opdoemen aan de overkant van het park, toen ze bij een kruising kwamen aanrijden. De hele buurt leek overschaduwd door het pand, net als hoe de heerschappij van Standard Oil in de wereldoliemarkt een schaduw wierp over andere partijen. Willem legde uit dat Nederlanders het gebouw de bijnaam 'de Esso kerk' hadden gegeven. Het gebouw was ontworpen door een architect die naam had gemaakt met het ontwerpen van kerken. Grote glas-in-lood ramen en één hoge toren. Het was echter geen standaard kerktoren met een punt, het had eerder iets weg van de imposante torens van Notre Dame. Eenmaal binnengekomen was Stewart een tikkeltje overdonderd door het kantoor van Voorzitter Smit. "Ik had nog nooit zo'n kantoor gezien. Het was een imposante galmende ruimte met hoge plafonds en statige glas-in-lood ramen. Meneer Smit bleek een lang, blond en aantrekkelijk heerschap van eind vijftig te zijn, die gek genoeg door had kunnen gaan voor een broer van Willem."

Smits vriendelijke begroeting stelde Stewart onmiddellijk op zijn gemak. Smit had al een ontmoeting voor hen geregeld met de algemeen directeur van Shell Nederland in Rotterdam. Smit herhaalde vrijwel wat Stewart

had gehoord van de Esso-adviseur in New York. Shell had niet alleen matig enthousiast gereageerd op het bezoek van Stewart, maar ze waren het er ook niet mee eens dat hij naar het kantoor van NAM in Oldenzaal kon gaan, een klein stadje in de buurt van de Duitse grens. Terwijl dat allemaal niet zo veelbelovend klonk, stond buiten een grote zwarte limousine van Shell op ze te wachten om ze samen naar

Rotterdam te brengen.

Toen Jan en Cees erachter kwamen dat de Amerikaan al was vertrokken en ze hem pas zouden ontmoeten nadat hij terugkeerde uit Rotterdam, waren ze behoorlijk teleurgesteld. Ze waren echt trots op alle

informatie die ze zo snel hadden kunnen verzamelen en in het Engels hadden laten vertalen, om het Stewart makkelijk te maken. Ze konden het niet helpen dat ze zich afvroegen of en wanneer ze de kans zouden krijgen om hun zorgvuldig samengesteld rapport te presenteren.

Toen de auto Rotterdam naderde, vroeg Stewart zich af in wat voor staat de haven zou zijn. Van zijn diensttijd in de oorlog wist hij dat zowel de haven als het hart van de oude stad waren verwoest door het Duits

bombardementen in mei 1940. Hoewel er vijftien jaar was verstreken sinds het einde van de oorlog was hij verrast om te zien dat Rotterdam nog steeds aan het herbouwen was. "Toen we het centrum van Rotterdam inreden, wierp ik voor het eerst een blik op wat ik als een van de meest ontroerende oorlogsmonumenten ga

in heel Europa ben gaan beschouwen," herinnerde Stewart zich. "Midden op het plein stond

een monumentaal en onvergetelijk metaalwerk ter herdenking van de gruwelen van

de bombardementen van 1940 die het centrum van de stad vernietigden en de capitulatie van Nederland afdwongen."

Stewart en Smit betraden het moderne Shell-gebouw, dat anders indrukwekkend was dan Esso's oude en tikkeltje versleten 'kerk'. Ze werden het kantoor van Baren Scheffer binnengeleid, de managing director van Shell Nederland, die afwezig glimlachte toen Smit de Amerikaan introduceerde.

"Zoals ik gisteren met u heb besproken, mijnheer Scheffer," begon Smit, "onze mijnheer Stewart wil graag naar Oldenzaal gaan om de geologische gegevens van NAM te bekijken en met hun mensen te praten – liefst morgen, als het even kan – zodat hij per ommegaande verslag kan uitbrengen aan onze New Yorkse mensen."

Scheffer aarzelde geen moment om zijn standpunt duidelijk te maken: "Dus meneer Stewart, je denkt dat je een gasexpert bent. Onze eigen gasexperts uit Londen hebben deze kwestie al bestudeerd en we hebben onze beslissing genomen. We zijn van plan om een deel van het gas te verkopen aan de Staats Gas Bestuur voor de productie van wat we stadsgas noemen. Omdat dit zo'n kleine markt is, willen we onze elektriciteitscentrales de voornaamste afzetplek maken voor het aardgas. Jouw New Yorkse adviseur productie was hier vorige maand heeft toen Oldenzaal bezocht voor ons jaarlijkse budgetoverzicht. Wij zien geen noodzaak voor uw bezoek aan de NAM niet nodig."

Stewart wachtte niet op Smit om namens hem te reageren. "Welnu, mijnheer, ik beschouw mezelf niet als een expert, maar onze adviseur was niet zo zeker als u over die markten of over de omvang van die reserves. Het New Yorkse bestuur van Jersey heeft me hierheen gestuurd om NAM te bezoeken en zo met je mensen te praten, zodat ik een paar feiten zou kunnen verzamelen. Ik zou het zeker waarderen als ik daar de gelegenheid voor kreeg.

Het gedrag van Scheffer was hoffelijk, maar de kille afstandelijkheid die van zijn houding afdroop, maakte duidelijk dat de aanwezigheid van de twee mannen van Esso een onwelkome onderbreking van zijn dag was, die hem afhield van belangrijkere taken. "Zoals ik net zei, heren, we vinden een reisje naar Oldenzaal niet noodzakelijk. Het spijt ons dat u helemaal hierheen bent gekomen, maar laat vooral uw kantoor weten dat ze onze periodieke rapporten blijven ontvangen zoals gebruikelijk."

Zonder nog maar een woord uit te brengen, drukte Scheffer kort op een knop op zijn bureau, en een secretaresse verscheen om de mannen naar buiten te begeleiden.

Stewart voelde zich – begrijpelijkerwijs – ontmoedigd. Smit was woedend over het grove afwimpelen door Scheffer. Smit was niet alleen Scheffer's zakelijke gelijke, maar hij was ook de belichaming van Esso in Nederland en Shell's partner in NAM. Eén opmerking van Smit bleef Stewart altijd in het bijzonder bij: "New York gaat dit niet over zijn kant laten gaan."

*Douglass Stewart bij aankomst op Schiphol in november
1960. Toen hij terug ging naar New York, zou hij niet alleen
Esso op de hoogte brengen dat ze een flink probleem hadden
rondom de Groningse gasvondst. Hij zou ze bovendien
'sprankelend' gaan verrassen met zijn creatieve oplossing.*

*Het Esso hoofdgebouw in Den Haag had als bijnaam
"Essokerk" omdat het een toren had die deed denken aan een
kerk. Ook waren veel van de ramen van glas-in-lood.*

Hoofdstuk 6

Toch naar Oldenzaal

Terug bij het hoofdgebouw van Esso Nederland waren Jan en Cees verbouwereerd. Smits secretaresse vertelde hun dat de Amerikaan terug naar zijn hotel was gegaan en dat het verwachte bezoek aan Oldenzaal misschien helemaal niet meer plaatsvindt. Als vanzelf vroegen ze zich af of dit betekende dat al hun moeite om gegevens voor hun bezoeker te verzamelen, tevergeefs was geweest. Dat de reis naar Oldenzaal misschien niet door zou gaan was niet echt een verrassing voor hen. Iedereen op kantoor wist dondersgoed dat Shell NAM bestuurde alsof Esso niet bestond.

De twee mannen vroegen zich af wat deze Amerikaan uit New York precies uit Shell zou kunnen krijgen, wat een vriendelijke Nederlander niet kon. Was hij een dossiervreter, een theoretische kerel, of was hij een meer een ingenieur met hands-on veldervaring, die technisch slim genoeg om iets nuttigs van Shell los te peuteren? Na verloop van tijd zouden Jan en Cees erachter komen dat Douglass Stewart zowel praktijkervaring als technische en economische vaardigheden had, plus goed kon onderhandelen: allemaal zaken die uitstekend van pas zouden komen bij zijn volgende ontmoeting met Shell.

Stewart was aan het masterprogramma petroleum engineering van de Universiteit van Oklahoma begonnen nadat hij in 1945 terugkeerde uit de oorlog. Zijn scriptie stelde een mogelijk secundair terugwinprogramma voor met behulp van gasinjectie in een groot nieuw olieveld in de buurt van Oklahoma City. Hij onderzocht het feit dat, omdat er weinig exacte informatie en gegevens over het veld waren, het

zowel de wetenschap als de kunst van interpretatie nodig, evenals vooruitziende blik, om economische programma's te ontwikkelen die het herstel kunnen bevorderen. Stewart concludeerde dat als een succesvol programma zou kunnen worden uitgevoerd, dit zou de winst van het bestaande veld meer dan verdubbelen zou.

Op basis van zijn scriptie en zijn uitstekende cijfers werd hij uitgekozen en aangenomen als medewerker bij de petroleumtechniek tak bij Humble Oil in Texas. Het was in die tijd de gewoonte bij Humble om hun nieuwe ingenieurs in de zogeheten olieveld 'gangs' (bendes) te starten als gewone arbeiders, rouwdouwers. Ook was het bij Humble gangbaar om een bedrijfskamp op te zetten als er een belangrijke ontdekking plaatsvond,

dus hadden ze kleine kampen in heel Zuid-Texas.

Humble Oil-collega Harold Wright had zijn eerste ontmoeting met Stewart in een van die kampen. "Ik heb Doug voor het eerst ontmoet toen hij in Humble's district in Kingsville, Texas was. Hij liep ongeveer een jaar of twee voor op mij en was al ingenieur toen ik daar aankwam. Ik werd op een boorinstallatie ingedeeld, net zoals hij was geweest doen hij daar voor het eerst aankwam. Zoals veel van Humble's kampen, was Kingsville veertig mijl van overal vandaan, in alle richtingen, met niets anders dan dorre bosjes schroefboom mijlenver om je heen. In sommige kampen, er waren geen echte wegen, alleen bijeengepakt zand, wat nog best een handigheidje vroeg om er een voertuig door te krijgen. En de hitte was er moordend."

Stewart deed meer dan klagen over die hitte. Met zijn karakteristieke vindingrijkheid, bedacht hij iets dat eigenlijk nog niet eerder was geprobeerd.

"Er bestond niet zoiets als airconditioning in de kantoren aan de King Ranch, maar ik heb iets bedacht om het de mijne makkelijker te maken," zei Stewart. "Misschien waren het termieten of wat dan ook, maar de gebouwen stonden hoge stelten, dus er waaide een koele bries door de schaduw eronder. Mijn kantoor was aan de achterkant, dus ik pakte een aantal zeer grote dozen, heb die gevuld met houtkrullen en druppelde water erdoorheen. Vervolgens kwam er een luchtstroom op gong om die lucht erdoor te trekken, dan opende ik vervolgens de ramen zodat de koele lucht eronder zou terugkomen in mijn kantoor. Ik had het koelste kantoor van het hele gebouw. Het zag er een beetje raar uit, maar niemand heeft ooit iets tegen me gezegd

omdat het werkte."

Humble voorzag zijn bemanning niet van individuele huisvesting. Stewart sliep in de slaapzaal, at in de eetzaal van het rouwdouwerspension, en kreeg de taak toegewezen sloten te graven, pijpen met putten te verbinden en allerlei reparatiewerkzaamheden te doen. Een bende bestond in de regel uit een voorman en drie rouwdouwers met een tweetons dieplader, waarop een afneembaar stalen gelast "hondenhok" geladen was, met al het gereedschap erin, wat bij elke nieuwe locatie eruit werd getild. De 'gang' deed toen al het olieveldwerk.

Stewart herinnerde levendig zijn ervaringen in die baan. "Er was geen uitlaat voor het aardgas. Het werd afgebrand terwijl het opflakkerde van een vrijstaande pijp uit de oliebron. Het bedrijf gebruikte toen stoominstallaties, die minder efficiënt waren dan diesel, maar die gebruik konden maken van het gratis

aardgas, en deze platforms waren daarom zuiniger. Een van onze taken was het leggen van de gasleidingen van de tankbatterijen naar de plaats waar de volgende put zou worden geboord. Het was hard werken, maar wij jonge ingenieurs kreeg een gevoel voor deze praktische kant van de olie-industrie. In het bijzonder leerden we te werken met de jongens in het veld en ze te begrijpen."

Na ongeveer drie maanden aan de bende te hebben gewerkt, werd hij overgeplaatst aan de groep die de 'rough neck gang' heette. Zij boorden drilputten, het klokje rond door in drie ploegen van vijf mannen, onder toezicht van de "pusher" en elke bende geleid door de 'driller'. De slechtste klus en de op een na gevaarlijkste bovendien, was de rouwdouwer, die de ketting om elke boorpijp moest werpen, terwijl de buis werd gesponnen om de verbinding te bevestigen. De jonge ingenieurs begonnen met de nachtdienst en kregen als eerste de taak om de ketting te laten draaien.

Toen Stewart opklom van het draaien naar de derrickman-positie (hoog omhoog om de pijp in en uit het gat te rekken), hield hij dat niet lang vol. "Ik werd ontslagen van mijn baan als 'derrickman' toen ik per ongeluk een moersleutel negentig voet naar beneden op de vloer van de boortoren liet vallen," herinnerde Stewart zich. "Godzijdank raakte niemand gewond, maar dat kan de reden zijn geweest dat ik de volgende week eindelijk werd gepromoveerd tot een baan als junior veldingenieur in het veldkantoor."

Een van zijn eerste taken in die baan was om te leren hoe gas was geleverd aan de huizen van de arbeiders in het bedrijfskamp. "Elke week moest ik de drukregelaars op het hoofdstation controleren om te garanderen dat

het gas onder de juiste druk geleverd werd en de container met Calodorant aan te vullen, de stinkdierachtige geurstof die aan methaan wordt toegevoegd. Methaan heeft van zichzelf geur, en deze onaangename geur wordt toegevoegd als een veiligheidsmaatregel zodat bewoners het onmiddellijk weten als ze een

gaslek hebben."

Op een dag goot Stewart de stinkende vloeistof in de planthouder in zijn overall, een deel ervan zakte langs zijn broekspijp. Omdat hij de hele dag met het spul bezig was, werd zijn neus immuun voor de

geur, en had hij niet in de gaten dat hij een lopend 'gaslek' was. Na zijn dienst, haastte hij zich weg met een andere jonge ingenieur naar het dichtstbijzijnde stadje – dat was ongeveer veertig mijl rijden – om een film te zien. Kort nadat ze waren gaan zitten riep iemand: 'Gaslek! Iedereen naar buiten!' Dit resulteerde in een massale evacuatie van het theater. Stewart en zijn vriend vertrokken uit het theater met de rest van het publiek zonder op te biechten dat de bron van het "gaslek" een zekere junior ingenieur was.

Terug uit Rotterdam zat Stewart in zijn kamer in het Wittebrug Hotel en probeerde een manier te bedenken om het weggestuurd worden door Shell om te buigen.

Teruggaan naar New York met niets te melden, behalve dat hij het kantoor van Scheffer uitgeschopt was, paste bepaald niet bij een scenario dat Stewart had gehad toen hij uit het vliegtuig stapte. Wat voor idee hij ook probeerde zelf, alles kwam neer op de kreet "mislukte opdracht."

Toen de telefoon in zijn kamer een paar uur later ging, verwachtte Stewart eigenlijk meer slecht nieuws, maar in plaats daarvan had Smit een positief bericht, met slechts de geringste zweem van triomf in zijn stem. Precies zoals

Smit had voorspeld, had dat New York het afwimpelen door Scheffer niet lichtvaardig had opgevat.

Toen Smit was teruggekeerd naar zijn kantoor, had hij contact opgenomen met de president van Jersey, Monroe "Jack" Rathbone, om het hooghartige wegsturen door Scheffer te melden. Rathbone belde de baas van Scheffer, de algemeen directeur van Shell, in Londen. Smit vertelde Stewart niet exact wat er in dat trans-Atlantische telefoontje is gebeurd, hij zei gewoon: "Morgenochtend om negen uur staat een Shell-auto bij je hotel om je naar Oldenzaal te brengen. Je zult er een nacht blijven, en ze brengen je hier de volgende dag terug. Ik weet zeker dat je weet dat we allemaal benieuwd zijn naar wat je terugbrengt."

Stewart was verheugd over deze gang van zaken en dacht na over de achtbaan-achtige verschuivende verwachtingen en vooruitzichten van die dag. Zijn gedachten bleven teruggaan naar het oorlogsgedenkteken van de stad, en de manier waarop het zo beeldend getuigde van de gebeurtenis waarvoor het een monument was. De menselijke vorm van het monument had bijna met de hand uit het puin van het bombardement gevormd kunnen zijn, gemaakt door handen van woest vuur. Het hart van de figuur was uit zijn romp gerukt. In doodsangst smeekten zijn armen de hemel omdat zijn hart werd vernietigd door de wilde en opzettelijke bombardementen van een weerloze stad en haar onschuldige burgers. In totaal verloren 800 mensen het leven, en meer dan 78.000 waren er dakloos geraakt op die onvergeeflijke dag. Het monument staat nog steeds als een onvergetelijke berisping van de onmenselijkheid van de vernietiging en als eerbetoon

aan de onoverwinnelijke geest van het Nederlandse volk.

Dit levendige beeld van de Rotterdamse tragedie in oorlogstijd viel als een steen in de vijver van Stewarts geheugen, en rimpelingen ervan stuurden zijn gedachten naar de vernietiging die hij met eigen ogen had gezien in de Engelse steden Londen en Liverpool tijdens de oorlog.

De havens in Liverpool waren bijna onbruikbaar gemaakt door de Duitse parachutemijnen, die op de stad neerregenden vanaf mei 1940. Als logistiek ingenieur begreep Stewart maar al te goed waarvoor de bommen waren gemaakt.

"Deze verraderlijke dingen zijn ontworpen om te ontploffen nabij het oppervlak van

het water, dat dreunende golven uitzond die hele blokken van de stad verwoestten in de buurt van de ontploffing. De geest van die mensen tegenover dit alles was enorm hartverwarmend om te zien."

Stewart en zijn broer Francis waren aan het jagen geweest in Norman, Oklahoma, toen ze via de autoradio over Pearl Harbor hoorden. Hij was al een officier in actieve dienst, dus Francis keerde onmiddellijk terug naar Fort Sill.

Vanwege een ernstige aanval met longontsteking mislukten Stewarts eerste twee pogingen om Francis in actieve dienst te volgen. In plaats daarvan schreef hij zich in bij de opleiding tot logistiek officier terwijl hij ingenieursstudent aan Oklahoma Universiteit, waar hij was voorbereid op verantwoordelijkheden in de uitgestrekte organisatie die oorlogsapparatuur ontwikkelde en leveringen verrichtte aan de troepen in de frontlinie. Afstuderen aan de universiteit als tweede luitenant, werd hij "uitstekende logistiek ingenieur" genoemd en werd onmiddellijk geaccepteerd in actieve dienst. Na een korte geweertraining was hij dat

toegewezen aan het 944th Motor Vehicle Distribution (MVD) bedrijf.

In Bristol, Engeland, ging Stewart naar de School voor Bomherkenning, waar hij leerde om mijnen en bommen te vinden en te verwijderen. Het bataljon van zijn broer Francis was net aangekomen in het nabijgelegen Wales, en de broers konden elkaar twee keer zien voordat Stewart werd uitgezonden.

Eerst verzonden naar Noord-Ierland en vervolgens naar Tidworth, Engeland, bleef de compagnie van Stewart daar van mei tot juli voor de enorme opbouw van mannen en materiaal voor de naderende D-Day invasie.

"Mijn taak was om elke dag een speciaal detachement van ongeveer veertig mannen mee te nemen naar

de havens in Londen en voertuigen op te halen die aankwamen uit de States," zei Stewart. "Op dat moment werd Londen belegerd door de nieuwe Duitse V-1 en V-2 raketbommen. De aanblik van dergelijke verwoesting op de huizen van mensen waren een ontnuchterende herinnering aan waarom we zo ver weg waren van onze eigen families."

Ongeveer een maand na D-Day werd de compagnie van Stewart naar het rangeerterrein in Southampton gestuurd, om aan boord te gaan van een schip naar Frankrijk.

"We voeren in konvooi en kwamen op 4 juli uit Omaha Beach. Het was nacht toen we voor anker gingen en er een volle maan was. Het strand was een bleke strook wit zand onder een klif die zich uitstrekte over de horizon. Daar waren geen lichten. We hoorden motoren draaien en zagen luchtafweer in de verte. We klauterden langs de zijkanten van het schip op ladders naar landingsvaartuigen die ons naar het strand droegen, waar we in een nabijgelegen veld kampeerden. Jaren later, toen mijn broer en ik eindelijk aan het praten waren geraakt over wat ons in de oorlog was overkomen, kwamen we erachter dat we op hetzelfde moment op dat strand waren geland en amper 1500 meter bij elkaar vandaan waren geweest."

Vanwege een grote storm, waren de vele Omaha Beach-steigers, die tegen zulke hoge kosten in mannen en uitrusting in stelling waren gebracht, allemaal weggespoeld. Zonder pieren moesten de schepen die de te lossen voertuigen binnenbrachten voor de kust voor anker gaan. De matrozen lieten de jeeps, tanks en vrachtwagens zakken op wat ze Rhino-binnenschepen noemden. Dit waren eigenlijk maar gigantische stalen dozen aan elkaar geschroefd om een binnenschip te maken ter grootte van een olympisch zwembad, aangedreven door twee buitenboordmotoren. De binnenschepen werden dan bij vloed op de kust geramd. Het leger was slechts een paar kilometer verder in actie en had zo snel mogelijk elk voertuig hard nodig. Zodra het tij keerde, konden Stewart en zijn mannen in actie komen.

"Ik bestuurde een bulldozer en zodra het tij uitbrak, begon ik het natte zand een helling op te scheppen terwijl mijn team op het binnenschip sprong om de voertuigen klaar te maken voor gebruik. Tegen de 4tijd dat de oprit klaar was, konden de mannen alles van het strand naar de verzamelplaats voor voertuigen rijden. De gevaren van de landmijnen waar ik kort geleden op had zitten studeren in de veiligheid van een legerbasis werden hier onmiddellijk omgevormd tot de harde realiteit van het stoffelijk overschot van een soldaat die net uit elkaar was geblazen. Als iemand van ons geneigd was tot zelfgenoegzaamheid,

dat werd verdreven door de grimmige taak om wat er van hem over was in een lijkzak te verzamelen."

"Ik nam een paar van de mannen en onze mijndetectors en veegde het veld. Er waren een aantal niet-ontplofte bommen en mijnen, die ik in een krater heb geplaatst en heb opgeblazen. Onder die omstandigheden is er geen tijd voor om de schok van de abruptheid door te laten dringen, van het zo plotseling voorgoed verdwijnen van mensen met wie je lachte, rondrende en dingen leerde. Dat blijft daar hangen achter de kracht om door te moeten gaan. Het is alsof het allemaal verdwijnt in het witgloeiend moment van wat je aan het doen bent, maar tegelijk nooit loskomt van hetgeen in je eigen hoofd achterblijft."

Gisteren waren het levende en ademende jonge mannen, maar nu werden ze teruggebracht van het front als een lading oorlogsdoden, opgehoopt op de twee vrachtwagens van een halve ton op weg om gouden sterren in te worden in hun moeders ramen.

Een tijdelijke begraafplaats werd opgericht in de buurt van hun compagnie. Stewart ging hen een laatste eer betuigen. "Niets in het leven van een gewone man kan je voorbereiden op de eerste aanblik van de dood op zo'n enorme schaal. De lichamen van jongens die stierven in veldziekenhuizen waren naakt. Degenen die stierven in het veld waren nog steeds in uniform, sommige bevroren in groteske posities. Het gerucht ging dat

Duitsers gasgranaten gebruikten, dus we werden gewaarschuwd om onze gasmaskers bij de hand te houden. Op een nacht werd ik wakker van de roep van 'Gas!' Ik kon in eerste instantie mijn masker nergens vinden. Er zijn geen woorden om dat soort indringende angst te beschrijven.

"Tegen het vallen van de avond was iedereen om aan het vallen van uitputting. Hoewel wij

werden nooit direct beschoten, we brachten elke nacht door in vossenholten omdat de

Duitse vliegtuigen vlogen op weg naar bombardementen die we van mijlenver konden horen aankomen."

De doorbraak in St. Lo kwam op 25 juli. De hele dag was de lucht vol geallieerde vliegtuigen op weg naar het front in de buurt van St. Lo. Stewart en zijn mannen brachten konvooien vrachtwagens naar het gebied van Cherbourg en zagen de enorme vloot vliegtuigen. Stewarts detail bleef tot september op het strand en hij

ontving een derde aanbeveling voor hun optreden op het strand. Zijn compagnie kreeg toen de opdracht om een motorpool in Parijs te vormen.

Net zoals alles op dat strand van Normandië onvoorspelbaar was geweest, was Stewart die morgen in 1960 in Den Haag, op weg naar een nieuwe reeks onvoorspelbare gebeurtenissen. Hij werd enthousiast wakker om ermee aan de slag te gaan. Hij had een kleine tas voor de overnachting gepakt en maakte een lijst met vragen

Om mee te nemen. Beneden, in de ruime eetzaal van het De Wittebrug Hotel, verwonderde hij zich opnieuw over de Nederlandse ontbijt uitstalling, zo anders dan het Amerikaanse eieren-met-spek dat hij gewend was.

Om precies 9:00 uur stapte Stewart naar buiten om te zoeken naar de auto van Shell auto. Die was er, maar het was niet zomaar een auto. Het was een grote zwarte limousine, waaruit een oudere maar zeer kwieke grijsharige heer opdook die een tweedjasje droeg en een beslist opgewekte houding.

"Welkom in Nederland, mijn vriend," zei de oudere man. "Ik ben de coördinator voor de Europese ondernemingen voor geologische exploratie. Ik ben zelf al meer dan een jaar niet in Oldenzaal geweest, dus ik kan je vertellen dat ik even benieuwd ben als jij om meer te weten te komen over de gasontdekkingen van de NAM. Wij weten dat Esso vindt dat ze niet op de hoogte zijn gebracht van de vondsten, en dat verbaast me niets. Soms moeten we zelfs informatie bij hen loswrikken."

Hoewel Stewart op zijn gemak werd gesteld door de vriendelijke begroeting van de heer, hij kon zien dat de man vrij formeel was, en in het begin vond Stewart weinig raakvlak met hem als collega-zakenman. Geleidelijk aan begon de Nederlander wat los te komen en vertelde hoe hij Shell in talloze andere landen had gediend, op zoek naar olie en dat hij vele jaren in Indonesië had doorgebracht. Toen Stewart een beetje van zijn eigen achtergrond deelde in de Amerikaanse olievelden, begon zijn metgezel zijn formaliteit los te laten.

Toen Stewart vertelde de provincie Limburg te zijn overgestoken in de Zuidelijke Nederlanden tijdens de bevrijding in 1945, werd hij voor het eerst getroffen door de diepe dankbaarheid die zoveel Nederlanders voelden voor wat Amerikanen deden om Nederland uit vijf jaar van onderdrukking te bevrijden. Stewart zou dit de komende jaren nog talloze keren tegenkomen. Deze werd niet altijd overgebracht met woorden, maar eerder zoals in het geval van deze geoloog, met simpelweg een blik, een moment van diepe woordeloze

erkenning waar wel duizend woorden uit sprak.

De geoloog vertelde verder over enkele ontberingen die de Nederlanders hadden doorstaan tijdens de oorlog, vooral in de periode vlak voor de Britten en Amerikanen aankwamen. Stewart was zich er maar vaag van bewust geweest dat veel Shell-mensen en hun families in Indonesië waren gevangen gehouden

door de Japanners. De geoloog sprak met name over de vader van een Shell-man die hij kende die enkele jaren gevangen zat en bruut werd mishandeld voor zijn vrijlating aan het einde van de oorlog.

Toen de twee mannen over hun gedeelde interesses als wetenschappers begonnen te praten,

werd de geoloog openhartig vertelde het weinige dat hij wist van de ontdekkingen in Groningen. Tijdens de verschillende uren van de rit, Stewart was zeer dankbaar dat zijn nieuwe Nederlandse vriend de tijd nam om

onderweg de geschiedenis van interessante plaatsen aan te wijzen. De veranderende soorten

boerderijen van gebied tot gebied, de stadspleinen, de ongewone hooibergen, de lokale gebruiken en de verschillende soorten molens: het was allemaal zo anders dan alles in Amerika en, om eerlijk te zijn, stiekem spannend. Stewart vond het niet nodig zijn interesse en waardering onder stoelen of banken te steken.

De eerste stad buiten Den Haag was Gouda. Na het oversteken van een smalle gracht,

kwamen ze op het stadsplein. Voor hen was een klein grijs gotisch bouwwerk dat 'stadhuis' heette. Het was bedekt met rood-met-witte luiken en een kantachtige gevel, die zo uit een sprookjesland leek te zijn gevallen. Het gebouw had drie grote spitse torens en wel zes kleine torentjes. Hoge ronde ramen met een reeks beelden bedekten de gevel. Een ingewikkeld ontworpen dubbele trap leidde naar de entree op de eerste verdieping.

De geoloog legde uit dat het Stadhuis uit 1450 dateerde en dat er in heel Nederland net zoveel anderen waren.

Sommige waren zelfs nog groter en sierlijker. Achter dit Stadhuis stond een waardig en toch uitgebreid klein vierkant gebouw met twee verdiepingen uit de 1600s. Het was versierd met een charmant bas-reliëf dat liet zien hoe kaas werd gewogen. De eerste gedachte van Stewart was hoe jammer *het was dat de mooie steen helemaal zwart is door roet*. Toen hij het gebouw nader bekeek, besefte hij het dat de kaas die gewogen werd, zelfs in de jaren 1600, de beroemde ronde Goudse kaas met rode korst, bekend over de hele wereld.

Stewarts metgezel corrigeerde voorzichtig zijn verkeerde uitspraak. "U zegt het zo, mijn Amerikaanse vriend. Het is 'Howda', niet 'Gooda.'"

Verderop kwamen ze bij de oude stad Utrecht, met zijn 350-voet hoge vrijstaande Domtoren (kerktoren) die opsteeg uit een trapsgewijs smaller wordende top, met kantachtig bewerkte buitenkant. Er stond een kroon bovenop de toren in plaats van een puntige kerktoren. Grachten bogen zich overal door de stad en lagen ruim onder straatniveau. De grachten werden onderbroken door bruggen van hand gelegd baksteen en witte steen. Langs de grachten en straten stonden goed onderhouden rode bakstenen gebouwen, allemaal versierd met witte steen in lagen die aan zebrastrepen deden denken.

Stewart mijmerde over de manier waarop de oude, doorleefde geschiedenis van Nederland op elke straathoek van zich liet spreken. "Nederland is zo anders dam de Verenigde Staten zoals het zijn geschiedenis eert, maar ja, hebben ze er ook veel meer van dan wij."

Vijftien jaar waren verstreken sinds de oorlog het vredige en prachtige landschap verstoorde, maar in diverse steden waar ze passeerden, was het herstel van de vernietiging van de oorlog nog lang niet voltooid in

gebouwen en kerken. De geoloog raadde Stewart aan als hij ooit weer naar Nederland kwam, hij zou zeker het beroemde "Openluchtmuseum" moeten bezoeken, in de buurt van Arnhem. Daar waren typische huizen, windmolens, en ophaalbruggen uit zowel de oude als de modernere tijd uit alle delen van Nederland heen verplaatst en weer in elkaar gezet om voor toekomstige generaties een tastbaar verslag van hun verleden te behouden. In Arnhem was er ook een gedenkteken voor de mannen van de geallieerden die tevergeefs hun leven hadden verloren in een poging om de bezetting van Holland in september 1944 te beëindigen.

Het ruimhartige verhaal van de geoloog deed de uren voorbij vliegen.

Op het NAM-kantoor in Oldenzaal stond een grote groep geologen en ingenieurs op hen te wachten. Vandaag was de ontvangst zo hartelijk, een wereld van verschil met de afwijzing die Stewart had meegemaakt

de vorige dag in Rotterdam. De ontmoeting die Stewart het meest goed deed was die met de hoofdgeoloog van de NAM, Dir. H. A. Stheeman, wiens boorontdekking Nederlands aardgas in de krantenkoppen had gekregen.

"Stheeman was duidelijk erg trots op zijn bedrijf en vooral op zijn meest recente ontdekkingen in Slochteren en Groningen," zei Stewart. "Hij nam me mee naar een grote vergaderruimte vol met landkaarten waarop

de verschillende zoutkoepelformaties te zien waren. Er waren minstens tien mensen,

die allemaal heel open spraken over de verschillende ontdekkingen die ze hadden gedaan. Hun

theorie was dat het gas dat ze tot nu toe hadden ontdekt onder die formaties lag. Als ik alleen afging op de kaarten die ik kon zien, moeten er ongeveer vijfentwintig verspreid zijn geweest over een breed gebied, en ze waren op dat moment nog maar in hun derde put aan het boren."

Ondanks alle vriendelijkheid was het feit dat niemand van Shell zelfs een ruwe schatting van de mogelijkheden had gemaakt, voor Stewart een duidelijk teken dat de waarschijnlijke reserves veel groter waren dan alles wat NAM had officieel uitgegeven.

"Ik heb een kaartje van de zoutkoepels los weten te peuteren en ook gegevens gekregen over druk, zandporositeit en andere relevante gegevens waar ik mijn eigen berekeningen mee kon maken," zei Stewart. "Ik bedankte hen voor hun grote hoffelijkheid, terwijl mijn gedachten ondertussen over de mogelijkheden raasden, alleen van wat ik kon zien op dat kleine kaartje daar in mijn eigen handen."

De omvang van wat hij op die kaart zag, kan niet anders worden beschreven dan verbijsterend. Zelfs een conservatieve schatting liet zien dat de bewezen reserves meer waren dan de zestig miljard kubieke meter waar de ingenieurs van Shell het over hadden. Het leek meer op zes of zeven keer zoveel. Het was erg laat toen de geologische vergadering werd beëindigd. Stewart en de Haagse Shell geoloog verlieten het kantoor en stapten naar buiten op een ijzige oktoberavond. Terwijl de grote limousine van Shell hen snel wegreed, duizelde het Stewart van alle cijfers en mogelijkheden. "Stel dat er nog meer zoutkoepels waren

waar Shell zelf al van wist? Of wat als alle verdomde dingen waren verbonden? Dit zou iets enorms zijn. Voor zover ik wist, waren nergens anders zulke dikke gasformaties of van zo'n kwaliteit, met de mogelijke uitzondering van die in het Midden-Oosten."

De vroege schatting van iets dat in de buurt kwam van tien biljoen kubieke voet gas, zou in de toekomst met een veelvoud worden overschaduwd. Stewart wist zeker dat dit een kans was die eens in je leven voorbij kwam.

De limousine bracht de twee mannen naar een kleine, schilderachtige herberg met twee verdiepingen

aan de rand van Oldenzaal. Het was laat in het seizoen, en de twee mannen waren de enige gasten. Stewart kreeg boven een kleine kamer met alleen een wastafel en geen bad. Beneden was een gezellige, zij het wat donkere eetkamer. Hij en de geoloog zaten voor de gastvrije open haard hun aantekeningen naast elkaar te leggen. De geoloog stond erop dat ze een traditionele Jenever zouden delen, een sterke Nederlandse drank die, tot Stewarts verbazing, van aardappelen werd gemaakt.

De geoloog van Shell zou zelfs geen gok wagen over de grootte van de aardgas vondst, maar was het wel eens dat de ontdekkingen in dit vroege stadium de belofte van meer reserves in zich had. Stewart besloot zijn eigen enthousiaste gespeculeer voor zich te houden. Ze wendden zich in hun gesprek tot het verschil tussen Shell

en Standard Oil.

Hoewel Shell ongeveer twee keer zoveel werknemers had, maakte Jersey meer jaarlijkse winst dan Shell. Stewart kwam meteen naar buiten en vroeg de geoloog wat volgens hem de bedrijfsdoelstelling was van Shell en verwachtte een doel te horen dat vergelijkbaar was met de beoogde 15 procent rendement. Tot zijn grote zijn verbazing, antwoordde de Nederlander met grote oprechtheid: "Ik denk dat het doel van Shell Oil is om goed in het levensonderhoud van haar werknemers te voorzien." De geoloog merkte op dat Jersey altijd een lokale man aanstelde als hoofd van zijn buitenlandse filialen, terwijl Shell daarentegen meestal een

Nederlandse of Britse staatsburger als manager van zijn buitenlandse filialen. Het was ook het beleid van Shell om sommige staatsburgers in andere leidinggevende functies in te zetten om politieke redenen. Volgens hem was Shell daarom politieker verbonden in veel landen dan Jersey. Hij vermoedde dat omdat Shell

twee hoofdkantoren had, dat zou kunnen verklaren waarom ze de neiging hadden meer mensen te gebruiken.

Na een zwaar diner van hert, haas, gestoofde aardappelen en spruitjes, afgesloten met een cognac, zeiden de twee elkaar welterusten en gingen naar boven naar hun kamers. Stewart besefte dat hij een blunder had gemaakt. In tegenstelling tot een Amerikaans hotel was er geen toilet in zijn kamer en ook nergens op de verdieping een herentoilet. Er was alleen een deur met "OO" erop, die niet werd geopend. Nu behoorlijk ongemakkelijk, hij herinnerde zich dat er beneden een toilet was geweest bij de bar, en hij

struikelde in het donker naar de trap af. De volgende keer zou eraan denken te controleren waar de

essentiële voorzieningen waren.

De terugreis van de volgende dag naar Den Haag was al even interessant als de reis de dag ervoor. De hele weg terug ging de geoloog door met zijn verhaal en wees nog meer aan over de geschiedenis van Nederland. De

limousine stopte eerst op het kantoor van Shell in Den Haag om de geoloog af te zetten. Terwijl de auto het blok omcirkelde om terug te gaan naar het hotel van Stewart, werd hij geconfronteerd met de onverwachte aanblik van de Nederlandse geoloog – nog altijd even keurig gemutst in zijn kekke fedora-hoed –

die op zijn fiets naar huis trapte.

De volgende ochtend, op kantoor bij Esso, had Stewart zijn eerste ontmoeting met Van den Berg en Van der Post.

"Jan en Cees waren natuurlijk helemaal voorbereid en begonnen rustig alle feiten en cijfers uiteen te zetten die ze zouden hebben verzameld, "zei Stewart. "Ik heb me verontschuldigd dat ik geen Nederlands kon lezen en bedankten hen voor hun moeite om alles in het Engels te zetten, maar ik was niet rustig. ik

was kon geen seconde langer wachten om hun te vertellen waar ik mee weg was gekomen uit Oldenzaal."

De twee Nederlanders herkenden een charmante paradox in Stewart. Er hing een soort Saville Row grootstedelijkheid om hem heen, die evenwel meteen werd getemperd door de doe-maar-of-je-thuis-bent mentaliteit als hij ontwapenend zei, "Noem me Doug". De onthulling van zijn intellect en zijn stalen greep op economie volgde toen even stil en scherpzinnig als vandaag. Wat Jan en Cees ook mogen hebben geweten over de technische achtergrond van Stewart verdween net zo snel als hij voor hen de kaart van Groningen uitspreidde die hij had ontfutseld aan de NAM-geologen. Hun eigen enthousiasme werd snel aangestoken door wat hij daarna vertelde.

"De mogelijke gasreserves kunnen nog groter zijn als meer van die zoutkoepels productief zijn," verklaarde Stewart. "Ik kan niet wachten om deze mogelijke reserves en productie te vergelijken met de beschikbare markten."

Hij beschreef vervolgens de impactstudie die ze eerst nodig hadden. Dat zou rekening moeten houden met een breed scala van ontdekkingshoeveelheden en identificeren wat voor soort markten het gas zou kunnen bereiken en tegen welke prijzen.

Met het materiaal dat Cees en Jan hadden verzameld, konden ze zien hoe het potentieel overeenkwam met de lokale Nederlandse energiemarkten van het afgelopen jaar. De sectoren voor energieverbruik waren grofweg verdeeld elk voor een derde aan huishoudens, industrieën en energiecentrales. Stadsgas was slechts een onbeduidende 1 procent van de energiesector. Ze vonden de conclusie van Stewart
verbluffend als schokkend.

"Ik realiseerde me op dat moment dat als alles dat niet op wielen werd voortgedreven, op de een of andere manier plotseling op aardgasgebruik kon overstappen, er met de
huidige snelheid van energieverbruik, al genoeg gas was om alle olie- en kolenmarkten voor ongeveer vijfentwintig jaar te vervangen," zei Stewart.

Als het gas alleen naar de Nederlandse energiecentrales ging, zoals Shell had voorgesteld,
waren deze fabrieken de goedkoopste markt, en dit was ook de markt waar Esso een grote leverancier van stookolie was. Stewart moest even een stapje terug doen.

"Als ik bij die veronderstelling stopte, betekende dit dat ik terug zou gaan om alle Downstream
Afdelingen van Jersey te vertellen dat hun oliemarkten zouden verdwijnen. Ik had dus een groot probleem."

Toen Stewart de uitnodiging van Jan om die avond bij hem en zijn vrouw te eten, had hij geen idee dat de oplossing voor dat grote probleem op hem wachtte in het nette kleine herenhuis van Jan en Ciny.

—Hoofdstuk 7—

Is dat een gasleiding, Jan?

C iny, de vrouw van Jan, pikte Stewart en haar man op in haar gloednieuwe gele Volkswagen. Ze reden naar Wassenaar, een buitenwijk van Den Haag. In het centrum straalden de straten uit vanaf een prachtige oude windmolen uit 1688.

Stewart dacht dat de stad rond de molen zelf groter moest zijn geworden. "Wassenaar was een mooie plek, heel anders dan de dicht op elkaar gepakteappartementen en herenhuizen waar de meeste Nederlanders woonden," zei hij. "We reden langs grote vrijstaande huizen met rieten daken tussen met bomen omzoomde tuinen en lanen. Toen ze me vertelden dat dit de plek was waar de leidinggevenden van Aramco (Saudi Arabian Oil Company) en andere oliemaatschappijen hun huizen hadden, was ik eerlijk gezegd jaloers op hen.'

Terwijl Ciny aan het koken was, gaf Jan Stewart een rondleiding door het huis, dat was ingericht met modieus modern teakhout. Aan het einde van de kamer stond een eettafel, waarop een Perzisch tapijt lag dat je normaal op de vloer zou vinden. Het tentoonstellen van deze prachtige handgemaakte creaties op deze manier was een Nederlands gebruik dat Stewart nergens anders had gezien. Boven op het kleed, in het midden van de tafel, stond een prachtige zwarte tinnen koffiepot. Stewart dacht er meteen aan hoe Jane die zou hebben bewonderd als ze er was geweest.

Jan legde uit dat er verschillende soorten koffiepotten waren die hoorden bij specifieke streken in Nederland. 'Deze komt uit de stad Groningen, vlak bij het gasveld waar we het de hele dag over hebben gehad."

Terwijl ze genoten van de traditionele Jenever vóór het eten, viel het Stewart op dat de woon- en eetkamer werden verwarmd door een gloeiende kolenkachel in de open haard. Hij vroeg zich af waarom ze geen gas gebruikten om het huis te verwarmen.

Jan legde uit: "Doug, het is gewoon te duur. Het stadsgas moet eerst worden vervaardigd uit steenkool. Dat komt neer op zo'n $ 2,88 in Amerikaanse dollars. Dezelfde hoeveelheid stookolie kost slechts ongeveer dertig Amerikaanse cent en elektriciteit kost evenveel als stadsgas."

Op dat moment lichtte Stewarts blik op een ronde buis van een centimeter met een nippel die uit de vloer stak, achter de kachel. Hij sprong op en liep naar het kacheltje toe. "Jan, is dat een gasleiding?"

"Dat klopt," antwoordde Jan. "Elk huis in Nederland is voorzien van stadsgas. Het staat sinds het begin van de 19e eeuw in de bouwcode, toen gas werd gebruikt voor verlichting voordat we elektriciteit hadden. We hebben boven ook van die leidingen.'

"Jan, dat is het! Dát is het antwoord op het grote probleem. Als het hele systeem met elkaar zou kunnen worden verbonden, zou het aardgas rechtstreeks vanuit Groningen naar alle huishoudens in de stad kunnen worden geleid. We hebben het in de VS gedaan. Waarom zou het hier niet kunnen?"

Op dat moment werd hun gesprek verstoord door een luide *ka-boem* vanuit de keuken. Jan legde uit dat het geluid gemaakt werd door de stadsgasgeiser die iedere keer dat de warmwaterkraan open werd gezet, water verwarmde. Er was geen ander warm water in het huis tenzij het werd verwarmd op het gasfornuis. Ciny kwam uit de keuken en nodigde hen uit om aan tafel te gaan.

Toen Jan haar vertelde wat ze hadden besproken, begreep ze direct wat het voor Nederlandse huisvrouwen zou betekenen.

"Dat zou betekenen dat we altijd warm water in huis kunnen hebben, in een heuse badkuip," zei ze opgetogen. "Ik zou niet meer elke dag die smerige, roetige steenkool mijn huis in te hoeven laten brengen voor die kachel."

Jan wisselde een glimlach van verstandhouding met Ciny. "En het zou betekenen dat je niet elke ochtend in je eentje zou hoeven zitten rillen terwijl je wacht tot ik die kachel aan heb gekregen."

Stewarts gedachten vlogen gelijk verder dan dat ene huishouden. "Denk hier eens over na," zei hij. "Als we alle huizen op aardgas konden aansluiten, voor ongeveer dezelfde prijs als stookolie of kolen, zouden huiseigenaren al die kachels wegdoen. Ze zouden schone, efficiënte gasverwarming hebben."

Het stadsgas in het huis van Jan ging onder lage druk door oude gietijzeren pijpleidingen. Aardgas had tweemaal dezelfde energie-equivalent bij dezelfde druk; de leidingen waren waarschijnlijk gebouwd voor een veel grotere capaciteit dan de kleine hoeveelheid die nu werd gebruikt voor koken en waterverwarming. Stewart zag meteen dat dit een pasklare oplossing was die alleen nog maar hoefde te worden uitgevoerd.

Jan zag nog grotere implicaties. "Hoe zit het met al onze kleine industrieën - de kassen en aardewerkfabrieken?"

Stewart nam het idee van Jan over en borduurde erop voort. "Jan, met gasreserves van de omvang die in Groningen weten te vinden, met de potentiële markt die we in Nederland zien – reken maar dat er in de buurlanden België en Duitsland eenzelfde markt aan te boren valt. Het idee van Shell om dit naar energiecentrales te dumpen is klein bier. Misschien is er wel een grote markt voor aardgas aan de bovenkant van de energiemarkt. We zouden daar drie of vier keer de waarde kunnen krijgen dan we ooit bij energiecentrales kunnen krijgen."

De volgende dag doken Stewart, Van den Berg en Van der Post met opperste concentratie in alle gegevens die voorhanden waren in Esso's Haagse kantoren. Hoewel het enkele jaren zou duren om al deze steden en de individuele verbruikers over te zetten op aardgas, waren de bewezen gasreserves ruim voldoende om de huishoudelijke en kleine commerciële verbruikers in Nederland te bevoorraden. Het stond vast dat de reserves vele malen groter waren dan waar in Groningen over werd gespeculeerd. Het besef van de onaangeroerde markt buiten Nederland, in Duitsland en België, werd in Stewarts hoofd steeds groter. Zouden ze nog verder dan dat durven dromen?

Ze zagen zich gesteld voor de taak om alles te vinden wat ze moesten weten over de mogelijke markten en over pijpleidingsystemen in Nederland en in de andere landen. Waar waren de glas- en aardewerkfabrieken, de kassen en de fabrieken, niet alleen in Nederland, maar ook in Duitsland en België? In de antwoorden op die vragen lag een aardgasmarkt die nooit eerder had bestaan.

Stewarts gedachten vuurden non-stop vragen af, haast als een vlammenwerper.

Hoeveel gas zou een typisch huishouden gebruiken als het overstapte op gas, als je ervan uitging dat de prijs klopte, welk volume zou in de winter worden verbruikt in vergelijking met de zomer? Welke pijpleidingen bestonden al? Wiens eigendom waren ze? Welke hoofdleidingen en aftakkingen zouden er nodig zijn? Wat zou het allemaal kosten? Wat zou de impact zijn op de algemene winst van Jersey als het ene type markt zou worden gepenetreerd en afgezet werd tegen een andere?

Jan en Cees hadden bij elke stap antwoorden voor hem, maar er hing zoveel af van wat er onbeantwoord bleef. Ze zouden moeten omgaan met de reactie van de Nederlandse overheid, niet alleen vanwege de omvang van de gasvondsten, maar ook wat deze gloednieuwe en potentieel enorme gasmarkten voor hen zouden betekenen.

Als deze enorme nieuwe markt werkelijkheid zou worden, hadden de partners van NAM, Shell en Esso, alleen een "exploratielicentie". Ze konden het gas niet uit de grond halen tenzij de overheid hen een "productie concessie" verleende. De voorwaarden voor die concessie zou moeten worden onderhandeld. Tot slot: wie of welke entiteit zou het gas op die nieuwe markten verkopen? Afgezien van dit alles begreep Stewart dat een andere en veel urgentere vraag moest worden afgehandeld. "Ik vroeg me af hoe we Shell ervan konden overtuigen dat de verkoop van het gas aan een industriële markt niet de beste oplossing was. En hoe zat het met Jersey zelf? Ik zou ons eigen bedrijf moeten overtuigen voordat van dit potentieel gebruik zou kunnen worden gemaakt. Ik had meer hulp nodig voordat ik verslag uitbracht aan het bestuur van Jersey. Ik was niet van plan terug te gaan en problemen aan hen te presenteren zonder oplossing. Ik wilde hen de allergrootste sprankelende verrassing brengen die ik ooit had gepresenteerd.'

Stewart stelde een werkschema voor Jan en Cees dat hen de komende week bezig zou houden met het verzamelen van gegevens. Toen hij Nederland verliet, had Stewart er alle vertrouwen in dat hem zou worden gevraagd terug te keren en dat wanneer hij dat deed, alles wat hij nodig had er zou zijn.

Thuis in Connecticut waren de Stewart-kinderen, vooral de kleine Jane Ann, verzot op de Hollandse chocolaatjes en de kleine klompen die hij voor hen naar huis had gebracht. Hij was tegen zijn vrouw open over de mogelijkheid dat de volgende reis een langere zou zijn.

"Jane was niet dolblij met het idee dat, als Jersey net zo geïnteresseerd was in alles wat ik had geleerd als ik dacht dat ze zouden zijn, het zou betekenen dat ik naar Nederland zou moeten terugkeren," zei hij. "Zoals altijd moedigde ze me aan om alles te doen wat mijn baan maar vereiste, de vraag was alleen, voor hoe lang? Ik durfde daar niet eens over te speculeren."

Toen Stewart Jane de twee kleine keramische Nederlandse huisjes liet zien die hij van de luchtvaartmaatschappij had gekregen, was ze gefascineerd door het vakmanschap. Dat die twee kleine huisjes op een dag zouden uitgroeien tot een zeer lange rij die op hun schoorsteenmantel prijkte, was op dat moment nog slechts toekomstmuziek voor de Stewarts.

Op maandagochtend leek de treinrit naar Manhattan veel langer dan anders. Stewart zag er enorm naar uit om wat hij terugbracht uit Nederland om te delen met Priestman en Vasquez.

Maar Priestman begroette hem niet enthousiast. "Waarom duurde het zo lang?" Vroeg hij. "We dachten dat je na drie dagen terug zou zijn."

Stewart beschreef de situatie aan Priestman, maar zelfs toen hij de informatie bekeek die Stewart op zijn bureau legde, was hij niet wild enthousiast. Stewart besloot dat de volgende keer dat hij de feiten presenteerde, dat op een manier zou zijn die een veel positievere reactie zou uitlokken.

De afdeling productie organiseerde een vergadering met de afdelingshoofden van transport, marketing en economie, zodat alle downstream-afdelingen erbij zouden worden betrokken en volledig konden worden geïnformeerd. Er werd afgesproken dat Stewart terug moest gaan om een compleet plaatje te krijgen van waar ze mee te maken hadden. Omdat Martin Orlean voor zijn eerste reis zo goed had geholpen, vroeg hij toestemming om Martin om mee te laten gaan en dat was akkoord.

Nadat hij Jane had verzekerd dat hij zo snel mogelijk terug zou zijn, toog Stewart opnieuw naar Nederland. In de Haagse kantoren van Esso begonnen Orlean, Van den Berg, Van der Post en Stewart samen de gegevens door te spitten. Ze vergeleken casestudy's van alternatieve plannen met verschillende gasprijzen en verschillende marktbenaderingen, waaronder het plan van Shell om het gas naar elektriciteitscentrales te brengen.

Aan de andere kant van het spectrum, lijnrecht tegenover het idee van Shell, was Stewarts "premium market"-benadering waarbij de oliemaatschappijen het gas zouden verkopen aan de high-end markt in Nederland. Dit betekende dat alle huishoudens, kassen en kleine industrieën het eerst zouden worden bediend.

Alleen dan zou het overtollige gas worden geëxporteerd naar alle beschikbare en vergelijkbare markten over de Nederlandse grenzen.

Oliemaatschappijen stonden in die tijd niet stil bij de eindgebruiker. Stewart wist dat dat moest veranderen. "Als de hoeveelheid gas in Groningen zo groot was als waar ik zeker van was, zou er voldoende beschikbaar zijn voor export. In plaats van te verkopen aan een tussenpersoon bij de bron, moesten we verkopen aan de stads- en industriepoort."

Er waren geen pijpleidingen op de schaal die nodig zou zijn. Stewart wist dat Esso en Shell ze zouden moeten bouwen, eerst van de bronnen tot de grens met Nederland en daarna daarbuiten. Die pijpleidingen zouden de markt van hen maken.

"We zouden het gas via onze eigen pijpleidingen verkopen aan al die wachtende steden en industrieën in Duitsland, België en Frankrijk."

Wat nodig zou zijn om goedkeuring te verkrijgen voor een operatie op de schaal van deze enorme onderneming was documentatie over de kostenraming en toekomstprognoses die rekening hielden met zaken als marktgroei en vertragingen in de bouw. Stewart was er zeker van dat de economische aspecten van de studie die ze aan het ontwerpen waren, erin zouden slagen Jersey overstag te laten gaan voor zijn premium-marktbenadering, net zoals zijn recyclingvoorstel Humble had overtuigd.

Al deze gegevens moesten handmatig worden uitgezet op mechanische rekenmachines. De computers waren in die dagenbehoorlijk lijvig: ze namen hele kamers in beslag. In ieder geval was er toen geen enkele beschikbaar in de Nederlandse kantoren. De brutaliteit van het voorstel van Stewart werd alleen overtroffen door de omvang van de taak, vooral bij de pogingen om projecties te maken van de kosten van de benodigde pijpleidingen. In antwoord op het verzoek van Stewart om technische engineeringervaring stuurde Jersey Paul Miles van de Pipeline Group om deze kosten te helpen berekenen.

Naarmate de dagen en weken verstreken, bracht de scheiding van Jane en hun kinderen Stewart in een steeds donkerder humeur. Hij had Halloween al voor het eerst gemist. Hij had het zo druk gehad dat hij pas twee dagen later wist dat de jonge senator uit Massachusetts nu de president was. Hij miste zelfs Thanksgiving.

Zoals een zoemende mug die je hoort maar niet kunt vinden, kon Stewart niet uitsluiten dat het onderzoek niet op tijd zou worden afgerond zodat hij thuis zou zijn voor zijn trouwdag op kerstavond of voor kerstochtend met de kinderen. Hij had er nog niets over geschreven aan Jane, maar hij wist zeker dat zij ook al aan die dagen dacht, net als hij.

"Om onszelf op te vrolijken vertrokken Martin en ik een weekend naar Amsterdam", zei Stewart. "Het weer was al net zo grijs als ons humeur. Zelfs toen de felle lichten van de stad aangingen, drong het niet door tot in ons wazige gevoel, totdat ik een klein winkeltje tegenkwam. Daar probeerde ik iets te vinden om Jane te laten zien hoezeer ik het waardeerde dat ze zo sportief was over mijn afwezigheid die steeds langer leek te worden. Uitgerekend daar op een plank achter de toonbank zag ik een geweldige koffiepot, zoiets als degene die ik bij Jan thuis had gezien. Ik heb het gelijk gekocht. We hebben het nog steeds.

Nu ik iets had gevonden voor Jane dat ze ongetwijfeld gelijk zou herkennen als iets unieks, voelde ik mijn stemming verbeteren. "Met een lichter gemoed keerde Stewart terug naar de Essokerk, waar het harde werk van de vier mannen op een heel positieve manier samen begon te komen.

In de bijdrage van Jan van den Berg aan *Subterranean Commonwealth* van Wolf Kielich noemt hij Cees, Stewart, Martin, en zichzelf "de Esso Four".

Volgens hoogleraren Aad Correlje en Geert Verbong in hun onderzoek naar het Nederlandse gassysteem "De overgang van kolen naar gas: radicale verandering van het Nederlandse gassysteem", "Deze benadering vertegenwoordigde een volledig nieuwe visie op de rol van gas in energiemarkten, prijsstrategieën en de relatie tussen publieke en private activiteiten. "[6]

Niet alleen was het premium marktidee van Stewart een duidelijk pluspunt voor de verkoopcijfers van Jersey, het maximaliseerde bovendien de voordelen voor de Nederlandse overheid. Ze zouden een veel grotere inkomstenstroom ontvangen uit belastingen en royalty's als ze het gas op deze manier zouden verkopen dan ze ooit zouden ontvangen als ze het

---

6   Aad Correlje en Geert Verbong, *The Transition from Coal to Gas: Radical Change of the Dutch Gas System.*

plan van Shell zouden volgen om het gas naar energiecentrales te dumpen. Stewart hoefde het alleen maar te bewijzen.

Net toen alles goed leek te gaan, kwam er uit onverwachte hoek iets dat een enorm probleem leek.

Ze werden er door een jurist van Jersey op gewezen dat al het gas in Groningen al aan de Staatsgasbedrijf was verkocht. Jaren eerder had de NAM een contract gesloten met de Staatsgasbedrijf (SGB) om al het gas dat ontdekt werd aan hen te verkopen tegen prijzen die veel lager waren dan wat de premium market-benadering van Stewart zou kunnen opbrengen. Stewart besefte direct dat dit contract betekende dat Shell en Esso door hun eigen ontdekking van hun oliemarkten zouden worden weggevaagd.

"Sterker nog, het contract stelde dat de prijs nog lager zou zijn als er ooit grotere reserves werden gevonden", herinnerde Stewart zich. "Er was een take-or-pay-clausule die de Staatsgasbedrijf verplichtte om vooraf te betalen voor door NAM aangeboden gas en, als het bestuur in een bepaald jaar niet door niet gebruikte, hen dwong om het gas tegen een lage prijs te dumpen. De premium waarde en kwaliteiten van het gas zouden dus worden verkwist door zgn. onder-de-boiler verbranding, waar stookolie of kolen ook voor zouden volstaan. Ik vroeg me af of we niet gewoon het Staatsgasbedrijf-bedrijf van de overheid konden overnemen, dan zouden we het aan onszelf verkopen en dat verdraaide contract kunnen verscheuren."

Deze openbaring maakte het veel moeilijker om een manier te vinden om het gastransport en de marketing van gas voorbij de bron. Desondanks spoorde Stewart hen aan om het rapport aan het bestuur van Jersey af te ronden.

"Ik voelde me optimistisch dat we een goede kans hadden om een of andere deal te sluiten. We hebben ons premium-marktplan gepresenteerd om het gas bij het grote publiek thuis te brengen, tegen concurrerende prijzen en tegelijkertijd de winst van het gas naar de overheid te verhogen en ondertussen de openbare ruimte te verbeteren."

De oliemaatschappijen hadden zowel de motivatie als het kapitaal om in pijpleidingen te investeren, evenals de ervaring en technische mogelijkheden om het allemaal mogelijk te maken. Stewart liet de taak om het premium marktconcept door het labyrint van overheidskanalen te graven even liggenen wendde zich tot de dringender taak om Jersey te overtuigen. De Esso Four werkten aandachtig aan het voltooien van hun gedetailleerde rapport en aanbevelingen dat Stewart mee terug zou nemen naar New York.

Tegelijkertijd was Shell al druk bezig met diezelfde overheidskanalen en gedroeg het zich nog steeds alsof het geen partner had. Op 8 december spraken de Londense voorzitter van Shell, John Loudon, en Lykle Schepers van Royal Dutch af – zonder ook maar iemand van Esso erbij – voor hun eerste informele discussies over de vondst in Groningen met minister De Pous en premier J. Zijlstra.

Op 9 december stond er voor Bob Milbrath, een marketingmanager van Jersey, een bezoek aan Esso Nederland gepland. Het bezoek van Milbrath zou een soort oefening zijn voor hun rapport en voor de grootste Sprankelende Verrassing die Stewart ooit had gepresenteerd.

"We zaten allemaal angstig rond de grote directiekamertafel in de Essokerk toen Coen Smit en Bob Milbrath aankwamen," zei Stewart. "Toen ik Milbrath de twee ingebonden documenten overhandigde die we hadden samengesteld, was hij een beetje verrast. Hij had waarschijnlijk niet meer verwacht dan een standaardrapport over de mogelijke omvang van de gasreserves."

De twee boekwerken gaven de voordelen voor Esso en de Nederlandse overheid weer, van elk aspect van de premium market-benadering van Stewart. Ze hadden niet alleen de mogelijke gasreserves uiteengezet, maar ook alternatieve marketing- en economische mogelijkheden voorgesteld, waarbij alles werd onderbouwd met technische gegevens. Bovendien bood het team voorstellen voor oplossingen voor elk probleem.

Stewart begon zijn presentatie, zijn ogen op Milbrath. "Meneer Milbrath, we schatten dat NAM mogelijk een van de grootste gasvelden ter wereld heeft gevonden. De manier waarop deze reserves worden gebruikt, kan enerzijds een verstoring van de olie-industrie veroorzaken en de waarde van de hulpbron verspillen of, anderzijds, grotere winsten uit het gas opleveren en de waarde ervan optimaliseren. NAM heeft momenteel alleen een exploratievergunning en moet bij de overheid een concessie aanvragen. Verder heeft de NAM een contract gesloten om al het gas dat zij in Nederland vindt, tegen een lage prijs aan het Staatsgasbedrijf te verkopen voor de productie van stadsgas. Shell heeft voorgesteld het overtollige gas te verkopen aan energiecentrales en de zware industrie, wat ook goedkope markten zijn. We zien hier betere marktkansen op de markt voor woningverwarming en bepaalde lichte industrie. Dit zijn markten waarin Jersey niet deelneemt aan de Verenigde

Staten omdat we daar alleen verkopen aan de bron. Om van deze nieuwe markten te profiteren- die we de premiummarkt noemen – stellen we voor dat Esso en Shell naast de productieconcessie ook deelnemen aan het transport en de marketing van gas voorbij de bron.

Als deze gasreserves groot genoeg blijken, kunnen extra voordelen en inkomstenmogelijkheden worden gegenereerd door extra gas naar buurlanden te exporteren tegen een premium prijs."

Het team hield vervolgens hun formele presentatie en onderbouwde Stewarts verklaringen. Een ogenblik was het helemaal stil. Stewarts ogen waren nog steeds op Milbrath gericht. Hij zag dat Milbrath niet alleen verrast was, maar ook enthousiast. Milbrath stelde voor dat ze onmiddellijk naar Parijs zouden gaan omdat hij wist dat Wolfe Greeven, een van de directeuren bij Jersey, daar toevallig was. Milbrath belde hem ter plekke en Greeven stemde ermee in elkaar de volgende dag in Parijs te treffen.

Het team herhaalde hun presentatie in Parijs. Directeur Greeven was er ook zo door geprikkeld en verrast' dat hij hoogstpersoonlijk de week daarop een bestuursvergadering in New York belegde.

Voor Stewart had al het harde werk van de Esso Four niet alleen zijn vruchten afgeworpen, maar stond het ook vast dat zijn ideeën op de juiste manier zouden worden afgewogen die essentieel was om hem ermee door te laten gaan.

"Ik had me geen betere goedkeuring kunnen wensen dan dat Greeven die bestuursvergadering op de kalender had gezet," zei Stewart. "Ik had alles bereikt dat ik wilde, en meer dan dat. Op dat moment waren mijn gedachten echter niet meer over hoe het zou zijn als ik het plan aan het bestuur van Jersey presenteerde. Het enige wat ik wilde doen was vertrekken en naar huis gaan. Ik was in ons hele huwelijk nog nooit zo lang bij Jane weg geweest. Tegen de tijd dat ik in dat vliegtuig stapte, begon ik het gevoel te hebben dat slechts de helft van mij daar was. Het enige dat ik kon bedenken was dat ik thuis zou kunnen zijn voor onze kerstavond en kerstochtend met de kinderen. Jane zou het huis al vol kerst hebben, dat wist ik zeker. Tijdens die eindeloze vlucht dacht ik urenlang weemoedig terug aan hoe Jane en ik elkaar hadden ontmoet en ons gezin hadden gesticht.

Stewart had Jane ontmoet toen hij op de King Ranch werkte. De Texas A&I University was er vlakbij. Hij en een andere jonge ingenieur gingen naar een van de A & I-dansavonden, vanzelfsprekend in de groene cabriolet van Stewart, omdat die altijd meisjes aantrok Ze hadden goede hoop om wat van de studentes te gaan ontmoeten.

Bij deze dans was het echter geen studente die Stewart opviel. Hij keek naar een lang, slank meisje dat met iemand anders danste. Toen dat specifieke nummer voorbij was, stelde Stewart zich voor aan de levendige, statige schoonheid en hoorde dat haar naam ook echt 'levendig' was, Jane Lively. Ze was daar om haar twee zussen te bezoeken, van wie er een studente was, tijdens de schoolvakantie ter gelegenheid van George Washingtons verjaardag. Haar andere zus bleek te zijn getrouwd met een jonge man die een kantoorklerk was, die in hetzelfde Humble Oil-kamp woonde waar Stewart overnachtte. Stewart was altijd ondernemend en zocht die kerel de volgende ochtend meteen op en zorgde dat hij die dag na het werk thuis werd uitgenodigd voor het eten.

Harold Wright kende de Stewarts vanaf het allereerste begin van hun verkering. "Het duurde niet lang nadat Jane en Doug elkaar ontmoetten dat er nog maar één meisje in Dougs groene cabriolet te vinden was. In de eerste plaats was Jane gewoon een uitzonderlijke verschijning. Stel je een meisje voor dat een opvallende blondine is en relatief lang met een goed figuur. Voeg daar haar natuurlijke gratie en een gevoel van elegantie aan toe, gecombineerd met een uitgesproken dosis gezond verstand. Ze zou overal passen waar ze was. Doug was een leider, en dat was Jane ook."

Toen Stewart bij het huis van zijn collega kwam aanrijden voor het etentje waar hij zichzelf had laten uitnodigen, stond Jane daar. "Haar haar in staartjes, een spijkerbroek en geen schoenen, ze danste op de oprit met haar zus," herinnerde hij zich. "Ze accepteerde mijn uitnodiging en die nacht reden we naar een nachtclub in Corpus Christi voor onze eerste date. We waren de beste en slechtste dansers op de vloer omdat we de enigen waren die op die slome maandagavond dansten.

"Destijds werkte Jane op het hoofdkantoor van Braniff Airways en woonde ze in San Antonio. De hele zomer lang hebben we 150 mijl heen en weer gereden van daar naar Kingsville en terug. Op kerstavond trouwden Jane en ik in haar kerk in San Antonio. Onze huwelijksreis was in Houston, dus ik kon naar een vooropleiding van reservoirtechniek voor geselecteerde ingenieurs. Zij vond het prima. In al onze jaren samen was ze altijd geïnteresseerd in alles wat ik deed. Om een voorbeeld te noemen, ze was eens naast me toen ik moest gaan kijken naar een brandende oliebron.

De man die naar de bron kroop om dat vuur te stoppen met een zak vol dynamiet was Red Adair. Vele jaren later was het bedrijf van Adair verantwoordelijk voor het beëindigen van de oliebronbranden in Koeweit na de Golfoorlog. Ik moest hem zelf een keer bellen toen ik werd aangesteld als coördinator van Esso Eastern voor Australië, en een van onze bronnen in de Tasmaanse Golf was ontploft."

Stewart keek uit het raam van het vliegtuig en zag het maanlicht schijnen het winterse landschap van Newfoundland, met haar bevroren meren en ijzige velden.

De fonkelende lichten van de oostkust begonnen op te doemen.

"Ergens daar in die winternacht lag Connecticut en was mijn familie," zei hij. "Even was ik overweldigd door hoe lang ik weg was geweest en hoe diep ik hen miste.

"Toen we eindelijk geland waren, leek de taxirit naar Connecticut zelfs langer dan de vlucht. Er lag een dik pak sneeuw en de sneeuwschuivers hadden overal langs de snelweg bijna manshoge hopen sneeuw achtergelaten. Waren de schuivers al van de snelwegen naar de steden gegaan? Wat als de taxi de smalle weg naar het huis niet zou kunnen bereiken?"

Precies op dat moment reed de taxi door een bocht en daar was ineens Jane, omringd door sneeuw, die met schop in de hand de weg vrijmaakte.

"Ik stapte uit en nam de schop uit haar hand, en lachend sleepten we mijn koffer samen het huis in. Ik was zo blij om haar terug in mijn armen te hebben dat ik haar niet wilde laten gaan. De kinderen lagen al in bed, dus ze kregen hun kleine verrassingen pas de volgende dag. Jane vond die koffiepot beeldschoon!"

Tientallen jaren later is Stewarts bewondering voor zijn vrouw onverminderd groot. "Ik wist echt niet wat een geweldig persoon Jane was tot nadat we getrouwd waren. Ze was altijd de drijvende kracht achter partijtjes, dansfeesten, kaartavondjes en het kerkelijk gebeuren. In elke stad waar we ooit gingen wonen werd ze terstond leider van de vrouwengroep. Wie ik ook mee naar huis bracht, zij het een leidinggevende, een ambassadeur of een oliebronwerker, Jane wist altijd de juiste snaar te raken.

Nadat ik met pensioen ging bij Exxon, begon ik mijn eigen aardgasbedrijf in Houston. Naarmate het succes groeide, was ik veel vaker thuis. Jane hield ons leven altijd interessant door reizen naar exotische plaatsen zoals Nieuw-Guinea en Zuid-Afrika te plannen. Jane was een geweldige partner en mijn beste vriend voor de drieënvijftig jaar daarna."

In December 1961 gingen vier leden van het gasonderzoeksteam naar een feestje bij Esso. Achterste rij: Paul Miles en derde van rechts, Jan van den Berg. Voorste rij: Douglass Stewart en Martin Orlean.

Jan van den Berg nadat hij manager gasverkoop werd bij Gasunie.

Hoofdstuk 8

Een sprankelende verrassing voor Shell en Jersey

D e woensdag daarop was Stewart weer in het kantoor van Jersey, waar John D. Rockefeller vanaf zijn schilderij omlaag keek, toen hij opstond van de bestuurstafel en zijn 'sprankelende verrassing' presenteerde.

"Heren, in overeenstemming met uw instructies, heb ik de NAM-kantoren in Nederland bezocht, en – na uw tussenkomst, mijnheer Rathbone-, waren ze zeer bereidwillig. Ze lieten me alles zien wat ze wisten over de geologie en gegevens van de boorputten. Uit mijn analyse zijn de bewezen reserves zeer groot, waarschijnlijk om en nabij 350 miljard kubieke meter of 12 biljoen kubieke voet gas. Als het om olie ging, zou dit groter zijn dan de recente vondsten in Alaska. De zandlaag waar het gas is gevonden is van superieure kwaliteit en in de streek waar de ontdekkingsputten liggen is het 1000 voet dik met een uitzonderlijk hoge porositeit. Als de eerste vindplekken met elkaar worden verbonden, kan dit veld meerdere malen groter zijn. Met de hulp van een aantal uitstekende Esso-mensen in Nederland en onze eigen Martin Orlean, die de economische kant aan u zal uitleggen, hebben we een plan ontwikkeld om dit gas op een zeer winstgevende manier te benutten. We willen het als een premium brandstof verkopen aan de huishoudelijke en lichte industrie markten in plaats van het plan van Shell over te nemen om het tegen een lage prijs te verkopen aan energiecentrales en zware industrie.

"Om gebruik te kunnen maken van de optimale prijs die deze nieuwe premium-markten zullen ontwikkelen, zou Esso een nieuw beleid moeten voeren met betrekking tot aardgas. We gaan het niet meer alleen aan de bron verkopen. In plaats daarvan kunnen we meedoen vanaf de bron tot aan de consument. Wij kunnen aan de Nederlandse overheid laten zien hoe aardgas, verkocht als premium brandstof, de inkomsten aanzienlijk zal doen toenemen door te ontvangen belastingen en royalty's. Hiermee kan de overheid de levensstandaard van haar burgers verbeteren. Aardgas zal ook het gebruik van kolen terugdringen, wat nu nog woningen en de lucht vervuilt overal waar het wordt gebruikt. Gasoverschot op de Nederlandse premiummarkt kan tegelijkertijd helpen de handelsbalans van het land te verbeteren door het overtollige gas tegen de premiumprijs te exporteren. Buiten de Nederlandse grenzen zou Esso diezelfde onbenutte markt van huishoudens en lichte industrie kunnen domineren die in heel West-Europa bestaat. Als we investeren in pijpleidingen en marketing in die landen, door zelf aan geselecteerde industrieën en gemeenten te verkopen, loopt Esso voorop in een nieuwe bedrijfstak met een zo enorm winstpotentieel dat het nauwelijks kan worden berekend – het heeft immers nooit eerder zo bestaan in het Europees continent."

Orlean en Stewart lieten vervolgens grafieken zien van de onderzoeksresultaten die de beweringen van Stewart onderbouwden:

1. De waarschijnlijk bewezen reserves zijn 100 miljard kubieke meter. De uiteindelijke bronnen kunnen meer dan 350 miljard kubieke meter bedragen, het equivalent van 2 miljard vaten olie (een ontdekking ter grootte van de Alaska-reserves).

2. Tegen de premiumprijs zou ongeveer de helft van het gas op de binnenlandse Nederlandse markt worden verbruikt, en de andere helft zou beschikbaar zijn voor export naar vergelijkbare markten in nabijgelegen landen.

3. Het is de voorkeur van Shell om grote industriële en energiecentrales het grootste deel van het gas tegen een lage prijs te laten verbruiken, waar het voornamelijk stookolie zou verdringen. In plaats daarvan is het technisch haalbaar om het gas aan de veel grotere markt van huishoudens en commerciële consumenten te leveren als een premium brandstof voor de markt, met name ter vervanging van antraciet steenkool.

Toen voorzitter Rathbone om commentaar vroeg, was Bill Stott positief enthousiast over aardgas. Dit nieuwe voorstel zou de markt voor steenkool bedreigen en niet zijn stookoliemarkt. Als het door het bestuur werd goedgekeurd, zou het de controle over de nieuw voorgestelde onderneming geven aan zijn marketingafdeling, niet aan de producerende afdeling. (In dat laatste geval zou het onder de invloed van Velasquez zijn gekomen.) De anderen die commentaar gaven leken ook sterke voorstanders te zijn van de aanbevelingen. Milbrath zei dat hij persoonlijk in de eerste week van het nieuwe jaar naar

Den Haag en Londen zou gaan om te zorgen dat ze Shell konden overtuigen van de nieuwe aanpak.

Rathbone bedankte Stewart en Orlean voor hun werk en gaf aan dat het bestuur zou wachten op de beslissing van Shell. Priestman was er niet zo blij mee dat hij Stewart zou verliezen, maar hij dacht dat het nog maar voor een paar weken zou zijn. Stewart wist wel beter. Het zou een lang proces worden om Shell te overtuigen van de waarde van dit nieuwe idee, en misschien nog wel een grotere uitdaging om de Nederlandse regering te overtuigen de productie-concessie te verlenen die het allemaal mogelijk zou maken. Het kon nog wel eens moeilijker blijken te zijn om de regering te overtuigen van de ongekende stap van het toestaan van een machtige commerciële onderneming, zoals de twee oliegiganten, toegang te geven tot de gasmarketing- en pijpleidingactiviteiten in hun land.

Stewart en Orlean keerden terug naar Den Haag om de Nederlandse president van Esso, Coen Smit, bij te staan in onderhandelingen met de Nederlandse regering om de NAM-producerende concessie te verkrijgen. Jersey besefte dat Shell, als de exploitant van NAM, die onderhandelingen zou gaan leiden. Het zou nodig zijn om een manier te vinden om de staatsgasmaatschappij uit te kopen of om op een of andere manier een nieuwe onderneming te vormen met de staat als aandeelhouder.

Ze lieten de vraag hoe dat te realiseren open. Zelfs als deze doelen in Nederland werden behaald, was het Stewart duidelijk dat Jersey vrij van Shell wilde zijn bij het verkopen van het gas over de Nederlandse grens. Hij wist dat de exportlanden een andere grote uitdaging zouden zijn om aan te gaan.

"Er ontstond al een nieuwe 'startle' over exportmogelijkheden. Toen we de kamer verlieten, keek ik op naar het portret van John D. en ik zweer dat hij een heel klein beetje leek te glimlachen," zei Stewart.

Voormalig collega Harold Wright, die inmiddels op verzoek van Stewart naar het kantoor in New York was overgestapt, herinnerde zich een andere belangrijke en stevige verandering die Stewart voorstond en uiteindelijk ook realiseerde. "Ik was in New York terwijl Doug in Holland was. Naast het organiseren van het hele gebeuren, en door het premium marktconcept op tafel te krijgen, bereikte hij iets dat nog belangrijker was. Hij stond erop vergelijkbare brandstofprijzen voor aardgas op tafel te krijgen. Destijds werd aardgas door de oliemaatschappijen in de VS verkocht tegen veel minder dan de werkelijke goederenwaarde in vergelijking met andere brandstoffen. Prijzen voor brandstofequivalent

was een totale ommekeer in de manier waarop aardgas al jaren weer geprijsd. Hij moest een enorme hoeveelheid desinteresse en uitgesproken bezwaar tegen zijn ideeën overwinnen, maar ik zal je één ding vertellen, als Doug in een groep zat, werd hij uiteindelijk altijd voorzitter."

Het was maar een week tot Kerstmis, maar Jersey verspilde geen tijd. Shell vormde de eerste hindernis. Een van de bestuursleden van Jersey nam contact op met Lykle Schepers, directeur van Shell/ BPM in Den Haag, en maakte een afspraak voor Stewart en Coen Smit om hem in de eerste week van het komende jaar te spreken.

Stewart was dolblij dat hij en Jane samen hun trouwdag zouden vieren. Toen Jane ervoor koos het Dior-pak te dragen dat ze op hun huwelijksreis had gedragen, wat haar nog steeds perfect paste, besloot Stewart zijn oude officiersuniform aan te doen, waar hij zich net in kon wurmen.

Oudejaarsavond was dat jaar vooral leuk voor de Stewarts. Ze kwamen thuis van een feest met amper genoeg tijd voor Stewart om zich om te kleden en in een taxi te springen naar het vliegveld. Hij pakte een tas, gooide er haastig wat dingen in totdat hij even opkeek en zag dat Jane in de deuropening stond en hem wees op, de tas die ze al voor hem had voorbereid.

In het vliegtuig dommelde Stewart een beetje in en werd vervolgens wakker om zijn aantekeningen te bekijken voor de Shell-presentatie. Hij wist dat hij Shell evenveel van zijn plan moest overtuigen als hij dat bij het bestuur van Esso had moeten doen. Het was het kantoor van Shell in Londen dat het marktonderzoek had opgesteld waarop Shell haar onjuiste conclusie had gebaseerd om het Nederlandse gas aan energiecentrales te verkopen. Het aanwijzen van de fout in het standpunt van Shell was onderdeel geweest van Stewarts presentatie voor Esso. Als hij in de presentatie aan Shell zou stilstaan bij hun eigen kortzichtigheid, zou dat als het ware in hun eigen huis gebeuren. Zouden ze in de verdediging schieten of zou de brutaliteit ervan hen overhalen om de kant van Esso op te gaan?

Het werk van het overhalen van Shell tot het premium marktplan begon in het rondlopende oude kalkstenen Shell/ BPM-gebouw in Den Haag. Smit, Stewart, Orlean en Van den Berg werden het kantoor van Lykle Schepers binnengebracht, een van de meest invloedrijke industriëlen in Nederland. Het team hield in wezen dezelfde presentatie voor Schepers als ze voor het bestuur van Jersey hadden gedaan, waarbij ze de conclusie van Shell om aardgas af te danken naar de energiecentrales helemaal onderuithaalden.

De hartelijke begroeting van Lykle Schepers deed Stewarts zorgen als sneeuw voor de zon verdwijnen. Schepers luisterde aandachtig en deed zonder enige aarzeling zijn aanbeveling dat Stewart en zijn team onmiddellijk naar Londen zouden gaan, waarbij hij hen ervan verzekerde dat hij de noodzakelijke afspraak voor hen zou maken met het management van Shell. Dit plaatste het Esso-team niet alleen rechtstreeks bij de echte decisionmakers binnen Shell, maar ze zouden er ook zijn onder de hoede van Schepers.

Op weg naar Londen herinnerde Stewart zich dat hij er voor het laatst was geweest aan boord van de Queen Mary –, getransformeerd in een troepenschip – toen Londen leefde met de dreiging van suizende V1 en V2 bommen.

Terwijl de auto hen razendsnel door de ellenlange buitenwijken tussen Heathrow en Londen reed, zag hij een veel plezieriger uitzicht dan wat hij zich van de oorlogstijd herinnerde. De puinvrije straten van Londen waren nu geflankeerd door gerestaureerde gebouwen en moderne nieuwbouw. De monumenten voor Lord Nelson op Trafalgar Square en voor Eros in Piccadilly waren niet meer afgedekt met zandzakken en houten raamwerken, als bescherming tegen de bommen, nu stonden ze weer in alle glorie te pronken naast de duiven die hun buren waren.

Met die oude herinneringen voor ogen vormden het drukke verkeer in Londen, de zwarte taxi's en de felrode telefooncellen een warm welkom.

De volgende ochtend werd het team de enorme bestuurskamer van Shell binnengeleid, waar ze hun ideeën en hun conclusies met betrekking tot de denkfout in het onderzoek van Shell presenteerden. Er volgde een levendige discussie met de gasmarketingexperts van Shell. Ze wilden natuurlijk hun eigen positie niet loslaten en hun directe superieuren evenmin, die ervan uit waren gegaan dat hun standpunt het definitieve antwoord was.

Hoewel de gemoederen af en toe hoog opliepen, schaarde het Esso-team zich achter Stewart en schoot niet in de verdediging, maar kwam steeds weer terug bij de feiten waar de mensen van Shell nooit bij stil hadden gestaan. Toen Stewart en het team klaar waren, probeerde geen van de senior executives hun mensen ervan te weerhouden hun idee te rechtvaardigen om het gas tegen lage prijzen naar elektriciteitscentrales te dumpen, maar niemand probeerde het.

Stewart wist dat Schepers overtuigd was van de degelijkheid van het argument van het team in Den Haag, anders zou hij de vergadering nooit hebben belegd. Had hij Shell's leidinggevenden in Londen een seintje gegeven? Hoe dan ook, de technische lui van Shell leken hun weerstand tegen het Esso-plan geleidelijk kwijt te raken.

Plots kwam de discussie onverwacht abrupt tot stilstand en op een positieve noot bovendien, zeker in de optiek van Stewart en het Esso-team, toen de Shell-voorzitter de vergadering simpelweg toesprak met de woorden,

"Welnu, als niemand een beter idee heeft dan het Esso-team, laten we hun plan aannemen."

Dertig jaar later herinnerde Van den Berg zich in een brief aan Stewart dat dit een terechte beloning voor al hun werk. "Van alle dingen die we hebben meegemaakt, denk ik dat dat meest opwindende moment voor mij was."

De aandacht van het team ging nu regelrecht naar de vraag hoe ze de Nederlandse overheid moesten benaderen. Shell stemde niet alleen in met het Esso-plan, maar spanden zich ook als eerste in om contact op te nemen met premier Zilstra en minister van Economische Zaken De Pous om hen in te lichten dat NAM een nieuwe regeling wilde bespreken. Er werd een afspraak gemaakt met De Pous voor half maart.

In Den Haag werd een gezamenlijke Esso/Shell-taskforce gevormd die de opdracht kreeg om het rapport van het Esso-team in de Nederlandse taal over te zetten en een voorstel op te stellen met betrekking tot de gezamenlijke Esso/Shell-deelname aan de gassector. Esso's Coen Smit en de nieuwe algemeen directeur van Shell Nederland in Rotterdam, J.C. Boot, zouden de eerste contactpersonen met de overheid zijn.

Er dook een vraagje op in Stewarts gedachten. "Ik vroeg me een beetje af of de onbeschoftheid van Smit en mij van de vorige directeur van Shell in Rotterdam, toen we voor het eerst naar Oldenzaal probeerden te gaan, iets te maken had met dit nieuwe gezicht dat de leiding had over het Rotterdamse managementteam van Shell. Maar ik ben er nooit aan toe gekomen om het te vragen."

A. H. Klosterman, een pijpleidingingenieur, leidde het team van Shell. Stewart stond aan het hoofd van dat van Esso's team, dat bestond uit onder meer Van den Berg, Van der Post en Orlean. Voor Stewart was dit een bekende manier van doen, vergelijkbaar met gedetacheerd zijn in het leger, dat wil zeggen het leiden van een uitgekozen team dat is samengesteld om tot een specifieke oplossing te komen.

"Ik wist dat het niet voldoende zou zijn om de Nederlandse regering gewoon te vertellen: 'Het is in de VS gedaan. Je kunt het hier doen'", zei Stewart. "We moesten solide informatie presenteren die de daadwerkelijke benodigde investering kon onderbouwen om een stadsgasnetwerk in Nederland op te zetten. We moesten de reële prijsniveaus kunnen voorspellen voor zowel groot- als detailhandel." De economische expertise van Stewart was essentieel geweest toen hij bij Humble de gasrecycling had voorgesteld op het terrein King Ranch en ook toen hij zijn premium marktbenadering aan Esso en Shell presenteerde. Hij was ervan overtuigd dat het presenteren van de economische kant van dit nieuwe idee aan de Nederlandse regering de doorslag zou geven.

Hij bracht zijn idee eerst naar Van den Berg en Van der Post. "Jullie twee zijn hier dagelijks betrokken bij de energievoorziening. Is er een manier om een soort model te ontwikkelen dat ons een soort voorspelbaarheid zou geven voor de verschillende soorten consumenten die we mogelijk hebben? Ik bedoel, is er een stad in de buurt waar we kunnen kijken naar de economie van hun huidige gasnet en op de een of andere manier kunnen projecteren hoe groot het gebruik zou zijn als ze zouden ombouwen? Ik denk dat we zo'n projectie als basis kunnen gebruiken om het gebruik voor 'X' aantal jaren te extrapoleren."

Cees wist waar hij het kon vinden. "Ik ken de perfecte stad. Het is maar twintig minuten van Schiphol..."

Jan wachtte niet tot hij klaar was - ze maakten nog steeds elkaars zinnen af. "Hilversum!"

"Ja," zei Cees, "ik ken hem, de stadsgasbeheerder. We verkopen hem al een paar jaar propaan om zijn gasvoorziening te vergroten."

"Ze hebben ongeveer twintigduizend huishoudens en ..."

Cees maakte de zin van Jan voor hem af. "Enkele kleine industrieën. Als we hem kunnen overhalen zijn kostengegevens en het plan van hun leidingnetwerken, zouden we een goede indruk kunnen krijgen voor zowel de groothandel in de stad als de detailhandel in de huishoudens."

Precies waar Stewart op hoopte. "Denk je dat hij met ons zou samenwerken?"

Zogezegd zo gedaan. Net toen Cees de telefoon oppakte, opperde Stewart een waarschuwing. "Kun je hem geheimhouding laten beloven?" Jan en Cees waren hierdoor verbaasd, maar Stewart had er een goede reden voor. "Deze zou best eens politiek heet hangijzer kunnen zijn. De pers zou onze poging om deze informatie te verzamelen kunnen interpreteren alsof Shell en Esso van plan zijn de gasactiviteiten over te nemen terwijl we nog niet eens een productie-concessie hebben gekregen. Als de politici het zo opvatten, zullen alle mogelijke cijfers ter wereld niets betekenen.

We moeten iets samenstellen dat in de krachtigste bewoordingen aantoont dat de regering en het land echt kunnen profiteren van waar we het over hebben." Jan en Cees vonden beiden dat hun man in Hilversum technisch pienter was en dat hij ook een man van eer was die zou begrijpen waarom ze stilletjes te werk moesten gaan. Cees kreeg de Hilversum-manager gelijk aan de telefoon en het antwoord had niet beter of sneller kunnen zijn: "Ja, kom hierheen. We hebben al gelezen over dit aardgas. Wanneer kunnen we er wat van krijgen?"

Nu was het Cees waarschuwende woorden sprak: "Niet zo snel. Er valt nu nog niets te krijgen. Eerst bestuderen we wat de mogelijkheden zijn voordat er gas kan komen. We willen eerst naar u komen in Hilversum om te zien hoe we het klaar kunnen spelen. Het enige wat u hoeft te doen is er niet over praten totdat we een beeld krijgen van hoe het voor huishoudens en kleine steden werkt. Als we het niet op die manier doen, zullen de politici ons in de haren vliegen. Wat vindt u ervan om het zo te doen?"

De Hilversum-manager was hield woord. De volgende week togen de vier Esso-mannen naar het stadje Hilversum. In zekere zin bleek de bevolking de perfecte testcase voor de studie te zijn, omdat de stad zijn tijd vooruit was. Eeuwenlang was het een centrum voor textiel, maar in 1961 bracht de naoorlogse boom de stad al naar zijn huidige status als het mediacentrum van de natie. Zelfs het door Frank Lloyd Wright ontworpen door de prairie geïnspireerde stadhuis, gelegen op een groot stuk land met een meer en een fontein, sprak al de taal van de toekomst.

Stewart was kalmpjes onder de indruk van de stad en van de manager van de gasfabriek. "Hij was erg enthousiast over het feit dat zijn stad als voorbeeld diende voor heel Nederland. Hij hield al ons werk geheim totdat we minister De Pous konden ontmoeten, zodat de overheid de beschikking kon hebben over alle mogelijke verzamelde gegevens. Dan konden de overheidsexperts en ambtenaren het zelf onderzoeken. Ze konden zelf bepalen of het plan haalbaar was."

Opnieuw stonden Stewart en het team voor de taak om handmatig een groot aantal nauwgezette berekeningen uit te voeren op ouderwetse mechanische rekenmachines. Toch konden ze dankzij de medewerking van de Hilversum-manager een gedetailleerd model samenstellen van hoe aardgas in een gemiddelde Nederlandse stad kon worden geïntroduceerd, samen met de waarschijnlijke kosten en prijsstructuur.

Belangrijker nog, de Hilversum-studie projecteerde de manieren waarop de vraag in de loop van een periode van vijftien jaar zou groeien. Op een paar wijzigingen in kosten- en prijsschattingen na heeft deze studie de tand des tijds doorstaan. In 1988 noemde Gasunie de studie van de Esso Four als "de hoeksteen voor het succes van de aardgasindustrie in Nederland."

Het team van Stewart was niet alleen bezig met het ontwikkelen van de Hilversum-studie voor de Nederlandse overheid, maar ze waren ook druk bezig met het opstarten van exportstudies naar Duitsland en België. Medio januari was Milbrath tevreden dat de plannen voor de exportstudies klaar waren. Op maandag 23 januari was er een vergadering met het bestuur van Esso's volledige eigendom Esso A.G., hun Duitse marketingfiliaal in Hamburg.

Op vrijdag de twintigste, in Den Haag, besloot Milbrath tijdens een vroeg dinertje te bekijken wat Stewart en het team in Hamburg zouden presenteren. Toen ze besloten om naar het badplaatsje Scheveningen te gaan, was Stewart blij dat ze niet het hele weekend hadden verwacht.

"Het was een heldere dag," vertelde Stewart. "De kille Noordzeelucht ging ons door merg en been toen we uit de taxi stapten, maar ik was vastbesloten om langs de beroemde Scheveningse zeedijk te lopen."

Ondanks de ijzige wind, gingen de anderen met Stewart mee om dit onvoorstelbare bouwwerk te bewonderen. Het was geconstrueerd om hoogwater van zeven meter te weerstaan en woeste winterse stormachtige wind – iets dat die dag de meeuwen uiteenjoeg langs de branding. De mannen hadden nog niet besloten waar ze gingen eten, dus ze doken de eerste de beste kroeg in voor een Jenever.

Inmiddels was Stewart aardig gewend aan Jenever. "Je kunt Jenever het beste zo drinken, ijskoud op een ijskoude dag, die je gelukkig vaak zat hebt in Nederland. Martin noemt het altijd een soort Nederlandse tequila."

Aangezien Stewart alle teampresentaties tot nu toe had geleid, vertelde Milbrath hen dat hij nadat hij hen had voorgesteld het woord aan Stewart en Orlean zou overdragen in de vergadering op maandag. De mannen stapten naar buiten om de ijzige wind net lang genoeg te trotseren om aan te komen in wat Stewart zich herinnert als het beroemdste Indonesische restaurant van Scheveningen, de Bali. Hij had nog nooit zoiets meegemaakt.

"Aan de muren hingen authentieke inheemse schilderijen en poppen uit Indonesië. Onze zintuigen werden aangevallen door de scherpe geuren van de kruiden en het pittige, bijna olieachtige, aroma dat vanuit de keuken opsteeg. Het ene na het andere exotisch gerecht verscheen uit de keuken: aromatische rijst, kokosnoot gewoon en gefrituurd – saté op spiesjes, pindasauzen en vurige sauzen van pepers, sommige rode, sommige gele en sommige zwarte, die allemaal naar gedroogde vis roken. Sterker nog, hoe smeriger iets rook, hoe lekkerder het smaakte. Er moeten wel vijfentwintig verschillende gerechten zijn geweest, vergezeld van garnalen en kroepoek, en goudgeel Nederlands bier om het allemaal weg te spoelen."

Na het eten verplaatsten de mannen zich naar de rookruimte om te genieten van sigaren, cognac en koffie.

"Maar goed ook dat ik de rest van het weekend had om uit te rusten en de geur van het restaurant uit mijn jas te krijgen," zei Stewart. "Gelukkig was het pas vrijdag en hadden we een weekend vrij om de historische omgeving van Den Haag te verkennen."

Stewart kon haast niet wachten tot de vergadering van maandagochtend, maar had geen idee hoe het team zou worden ontvangen. "Dit was een filiaal van Jersey, en als het moederbedrijf iets wilde, zouden ze misschien in de houdingspringen. Maar aan de andere kant kan een filiaal ook zijn hakken in het zand zetten en alleen maar de indruk wekken mee te doen."

In dit geval zou het moederbedrijf de filiaalonderneming niet vragen om een beproefde methode over te nemen. In plaats daarvan kreeg het de kans om op onbekend terrein af te stappen voor een product waar zelfs nog geen pijpleidingen voor waren om het te transporteren. Wat het team wel wist over Esso A.G. was dat ze snel hadden gereageerd toen Jersey besloot om hen na de oorlog stookolie te laten verkopen, en ze waren er al snel heel succesvol in geworden.

Tenzij Hamburg kon worden overtuigd om het voortouw te nemen op de onderzoeken, zou alles waarvan Stewart dacht dat het kon worden bereikt, slechts een idee blijven. Gelukkig was er al een oplossing voorhanden om hen te overtuigen. Die oplossing heette Hans Löblich, het hoofd van hun afdeling energieverkoop. Hij en zijn gezin verheugden zich op hun lang geplande ski-weekend in Beieren. De bezoekers uit Den Haag stonden op het punt om dat om zeep te helpen.

Hoofdstuk 9

Een aanwinst voor het team

H ans Löblich was een lange, blonde intellectueel van begin
veertig, met eclectische smaken. Hij had een ijzersterke en
wiskundige geest die feilloos alles dat pretentieus of pompeus was
doorprikte. Ook had hij een onverwacht eigenzinnig gevoel voor humor,
gecombineerd met een onwaarschijnlijke handigheid om zeer complexe
zaken om te zetten in begrijpelijke termen, zonder de kern van de zaak
kwijt te raken.

Ongeveer op hetzelfde moment dat het Haagse Esso-team had
besloten zich voor te bereiden op de vergadering van maandag tijdens
het diner in Scheveningen, bekeek Löblich een brief die hij eerder
aan een staalfabriek in het Ruhrgebied had gedicteerd. Hij stelde een
nieuw proces voor in hun bedrijf dat tegelijkertijd de efficiëntie van de
hoogovens kon verhogen en steenkool kon vervangen door Esso-stookolie.
De laatste tijd had hij veel werk op zijn bordje gehad en hij was veel
meer van huis weg geweest dan hij eigenlijk wilde. Hij keek er naar uit
om die dag vroeg zijn kantoor vroeg te verlaten als een manier om zijn
familie voor alle lange werkdagen goed te maken. Toen hij die ochtend
het huis verliet, waren zijn vrouw, Gisela, en hun tienermeisjes, Gabi en
Monika, vol enthousiasme en praatten ze over wat ze gingen inpakken
voor hun komende skireis. Net toen Hans zijn handtekening onder de
brief zette, stapte zijn secretaresse het kantoor binnen. Hans wilde graag
weg en overhandigde haar de brief. "Het spijt me zo, mijnheer, maar Herr
Kratzmuller heeft u meteen in zijn kantoor nodig."

Löblich zag de bui al hangen en liep naar beneden.

Kratzmuller was een no-nonsense type en met niet meer dan een knikje zette hij een streep door de plannen van het gezin Löblich voor hun skireisje. "Löblich, we krijgen maandag een belangrijke Jersey delegatie uit Nederland op bezoek. Ze willen ons ontmoeten om een grote aardgasvondst te bespreken en te bekijken of er een markt voor dat gas is in Duitsland. We moeten zo snel mogelijk zoveel mogelijk informatie voor hen hebben over de kolengasindustrie hier en over alle aardgasproductie in Duitsland. Ik wil dat ze bij aankomst gelijk duidelijk hebben dat dit kantoor volledig ter zake kundig is.

"Je moet je op alle mogelijke vragen voorbereiden. Ik hoop dat je geen plannen hebt voor het weekend, maar dit is een noodgeval."

Löblichs hoffelijke antwoord liet geen enkele teleurstelling blijken. "Niets dat ik niet kan uitstellen."

Grimmig gestemd keerde Hans terug naar zijn kantoor om Gisela te bellen met het slechte nieuws, en hij hoopte dat ze de teleurstelling van de meisjes zou verzachten door hen eraan te herinneren dat de sneeuw in deze tijd van het jaar echt nog een paar weken kon duren. De onverwacht milde en stijgende temperatuur van de afgelopen dagen deed overigens niets om zijn eigen hoop daarop in leven te houden. Het beloofde een heel lang weekend te worden.

Op maandagochtend reed het Haagse team naar Schiphol om op een klein Lufthansa-vliegtuig naar Hamburg te stappen. Er hing een dichte mist vlak boven de grond en Stewart maakte zich zorgen over het weer. Toen de mist een beetje opsteeg, taxiede het kleine vliegtuig over de startbaan. Vanuit de lucht kon hij nog steeds niets van de grond zien, zelfs toen ze de afdaling naar Hamburg inzetten.

"De aanblik van lange schoorstenen die boven de mist uitstaken, gaf een gebed in dat deze piloot de startbaan wist te vinden", zei Stewart. "Er was geen grond te zien totdat we slechts een paar voet boven het donkere, vochtige oppervlak zweefden."

Januari had het hele landschap van Hamburg geschilderd in gedempte grijstinten. Vanuit de Esso AG-limousine zagen ze tijdens de rit langs de rivier de Alster weinig overgebleven littekens van de bombardementen van de geallieerden die 50 procent van de woonwijken van Hamburg en 40 procent van de industriegebieden en 80 procent van de havenfaciliteiten te gronde richtten. In plaats van verwoesting, viel het Stewart op hoe vindingrijk waarmee de stad zichzelf had hersteld in voorspoed. "Ons hotel, de Vier Jahrzeiten (Vier Seizoenen), was deel van deze energieke

en aantrekkelijke verbouwing en restauratie," zei hij. "Alle gebouwen in
de buurt waren witte of grijze steen met roet en kleine winkeltjes aan de
straatkant. Drukke mensen haastten zich naar hun werk, maar er was
weinig verkeer, want er waren toen maar weinig auto's."

Stewart stapte uit de limousine in de onmiskenbare doordringende
geur van brandende coke, waardoor hij zich afvroeg of Hamburg ooit
iets had meegemaakt zoals de dodelijke kolen-gerelateerde smogwolken
in Londen in de vroege jaren 1950. (Later stelde hij vast dat dit niet
het geval was geweest in Duitsland omdat de dominante brandstof
daar cokes was, en niet kolen, zoals in Engeland.) Tijdens zijn recente
bezoek aan Londen was zijn aandacht getrokken door een krantenartikel
dat vertelde over de ernstige gevolgen van die dodelijke smog. Hij had
later substantiële gegevens ontvangen over het effect van steenkool op
steden waar het de meest voorkomende brandstof voor huishoudens en
industrie was.

"Het debat over de vraag of kolenrook de gezondheid van de mens
beïnvloedde, eindigde de winter van 1952-53 in Londen," zei Stewart.
"Op 8 december kwam koele lucht van over het Kanaal over de Thames
Valley en bewoog niet. Binnen een week waren er 3.000 meer doden
gevallen dan anders. De medische essayist David Bates – in die tijd
nog een jonge arts met ervaring in oorlogsgeneeskunde - herinnerde
zich in een Frontline-rapport van Devra Davis op de Amerikaanse Tv-
zender PBS dat ambtenaren zich niet konden voorstellen dat het milieu
meer burgerslachtoffers in Londen zou kunnen veroorzaken dan enig
incident van de oorlog. Door haar omvang alleen kon deze ramp niet
worden genegeerd. In een week stierven 4.703 mensen, vergeleken met
1.852 in dezelfde week van het voorgaande jaar. Bates vertelde over de
terughoudendheid van ambtenaren om te accepteren dat zoveel mensen
plotseling dood waren gevallen alleen door het inademen van vuile lucht,
en merkte op dat 'het publiek dit eerder besefte dan de regering van dat
moment'."

"Een parlementslid plaatste dit gebeuren in zijn context toen hij aan
Harold Macmillan, vroeg, de toenmalig minister van Volkshuisvesting:
'Beseft de minister niet dat vorige maand alleen al in Groot-Londen
letterlijk meer mensen door luchtvervuiling zijn gestikt dan er zijn
omgekomen in het verkeer in het hele land in 1952?'"

Met die feiten in zijn achterhoofd begon Stewart in daaropvolgende
presentaties te wijzen op de manier waarop aardgas zelfs de mogelijkheid

van zo'n soort ramp elimineerde. Stewart was ervan overtuigd dat in de marketing deze informatie zou moeten worden meegenomen, in materiaal dat ontworpen zou worden om voordelen van aardgas uit te leggen aan gemiddelde huishoudens. Hij was er ook van overtuigd dat de informatie zo belangrijk was dat deze zou moeten worden opgenomen in de presentatie aan de Nederlandse overheid. Kijkend naar de skyline van Hamburg, zei Stewart tegen zichzelf: "Deze mensen hebben ons en ons gas nodig."

Die ochtend liep Hans Löblich eerder dan normaal Esso A.G binnen en met alles binnen handbereik voor de vergadering met die Jersey-mannen uit Amerika. Niet in de laatste plaats omdat hij in het weekend de ondubbelzinnige steun van zijn familie had gehad, ondanks hun teleurstelling over de vertraagde skireis.

Die vergadering op maandagochtend bleek onvergetelijk te zijn, zowel door de statuur van de aanwezigen als de diepgang van de presentatie door het Esso-team. De aanwezigen van A.G. waren Löblich; de plaatsvervangend voorzitter, Dr. Theel; en Dir. Kratzmuller. Dr. Geyer, directeur van Esso A.G., zat de vergadering voor en introduceerde de bezoekers.

Vertegenwoordigers van Jersey waren Stewart; Paul Temple, een advocaat van de producerende afdeling van New York; Martin Orlean; en Bob Milbrath.

Milbrath opende de vergadering. "Zoals je misschien hebt gehoord, heeft onze 50 procent-dochter NAM, beheerd door Shell, een grote aardgasvondst gedaan in Nederland. Jersey denkt dat de ontdekking van dit grote gasveld van groot belang zal zijn, zowel vanuit het oogpunt van productiewinst als vanwege de toekomstige impact op marketing. Het Shell-bestuur in Londen heeft onlangs de basisideeën van ons team goedgekeurd voor de marketing van het gas in Nederland. Ons Jersey-team is al bezig met het helpen van het Nederlandse gelieerde team van Shell bij de onderhandelingen met de Nederlandse overheid om de productie-concessie te verkrijgen voor het eindgebruik van het aardgas."

Daarmee introduceerde Milbrath Stewart als de projectmanager van het Jersey-team. Stewart herhaalde de presentatie die hij in Londen en New York had gegeven, maar deze keer zette hij ook kort de geschiedenis van de ontdekking zelf uiteen. Hij legde ook zijn premiummarktwaardeconcept uit en de wens van Jersey om deel te nemen aan gastransport en marketing. "Hoewel het op dit moment onduidelijk is hoe het exportgas zal worden verkocht, zijn we al bezig met onze eigen onderzoeken om dat te bepalen. Voor zover wij weten, is Shell zich niet bewust van onze intentie en zijn ze nog niet op zoek naar exportmarkten. Hun plan om het gas af te voeren door het tegen een lage prijs aan energiecentrales te verkopen, in concurrentie met stookolie, is buitengewoon kortzichtig. Wij bij Esso kunnen bepalen waar de gasdistributiebedrijven zich in Duitsland bevinden. Wat zijn hun rechten? Wat zijn de prijzen en de omvang van de potentiële premium energiemarkten die door aardgas te penetreren zijn? Laat ons degenen zijn die uitzoeken of Esso zijn eigen pijpleidingen kan leggen. Op dit moment kan ik niet zeggen of Esso zijn aandeel onafhankelijk van Shell of NAM kan verkopen. Voorlopig is dat onze hoop en we zullen doorgaan alsof dat mogelijk is. Jersey heeft een fout gemaakt door niet in de distributie van aardgas in de VS te belanden. We hoeven die fout in Europa niet te herhalen."

Löblich herinnerde zich hoezeer hij onder de indruk was dat Stewart al wist dat aardgas in Noord-Duitsland werd geproduceerd. Stewart stelde precies de juiste vragen over het gebied. Wat Löblich bijzonder verrassend vond, was dat Stewart zo openhartig was over de onafhankelijkheid van Esso's marketing.

"Als het economisch haalbaar is, is Esso stellig van plan deel te nemen aan het transport en de verkoop van aardgas via pijpleidingen hier in Duitsland," vervolgde Stewart. "We willen hier een marketingstudiegroep opzetten in samenwerking met uw kantoor, maar ik kan niet genoeg benadrukken dat we onze exportintenties volledig geheim moeten houden, zelfs van andere Esso-afdelingen, om de kolengasdistributeurs niet te alarmeren. We willen geen inmenging van welke kant dan ook tijdens onze onderhandelingen. Ook al zijn we in gezamenlijke onderhandelingen met Shell voor de productieconcessie, we informeren hen niet over onze exportverwachtingen."

Nog verrassender voor iedereen was de waarschuwing van Stewart met betrekking tot de kolengasindustrie. Totdat degenen die bij het onderzoek betrokken waren alle antwoorden hadden, zouden ze alleen met mensen in die industrie spreken alsof Esso het over de mogelijkheid had om uit Afrika geïmporteerd nafta (LPG) of vloeibaar aardgas te leveren dat.

"We moeten niemand inseinen wat we hier willen bereiken totdat we de feiten hebben en weten wat we daadwerkelijk kunnen doen," waarschuwde Stewart.

Milbrath bedankte Stewart voor zijn uitgebreide presentatie en droeg de bijeenkomst over aan Herr Kratzmuller, die Löblich introduceerde. Niemand tijdens de vergadering had enig idee van de hoeveelheid werk die Löblich het afgelopen weekend had verzet om de groep toe te kunnen spreken, maar de reikwijdte en diepte van zijn presentatie wekte Stewarts bewondering. Hoe Löblich de Duitse gasindustrie samenvatte gaf hun antwoorden en toepasselijke verwijzingen naar de vragen die Stewart zojuist had gesteld. Het vergrootte ook het beeld uit dat ze allemaal hadden van waarmee ze te maken zouden krijgen als ze erin wilden slagen het Nederlandse gas te exporteren.

Alle belangrijke spelers in Duitsland verdeelden het laag BTU-stadsgas dat werd gegenereerd uit hoogovens, cokesfabriek of kleine stadscentrales, vooral diegenen die gas uit cokes produceerden voor stadsdistributie. De belangrijkste gasdistributeur van Duitsland was Ruhrgas, indertijd eigendom van verschillende staal- en kolenbelangen.

Löblich wees op verschillende moeilijkheden waarmee het bedrijf werd geconfronteerd. Met name de inspanningen van Ruhrgas waren onderwerp van zijn betoog. "Ruhrgas probeert agressief hun gasgebied en verkoop uit te breiden. Ze zijn momenteel in conflict met kleinere distributeurs in het zuiden van Duitsland." In de regio Düsseldorf was Thyssengas de meest prominente distributeur, die toen eigendom was van Baron Heinrich Thyssen-Bornemisza van de beroemde industriële familie in Duitsland. Verder ging het onder anderen om Saarferngas en Gas Union in Beieren, samen met kleinere lokale gasdistributeurs zoals Weser Ems en nog een paar, zoals één in Hamburg zelf.

Löblich ging verder. "We hebben al enkele contacten met gasdistributeurs via de verkoop van LPG. Er is een grote markt voor centrale verwarming in sommige Duitse steden die momenteel worden toevoer hebben uit cokes en stookolie. Er zullen hier in Duitsland zeker veel grotere premiummarkten zijn dan in Nederland."

Stewart was vooral verheugd dat zijn premium-marktplan erkend werd. Hij had verwacht dat de groep positief zou reageren, maar in plaats daarvan onderbrak Dr. Geyer, de algemeen directeur van Esso A.G. Löblich met een beslist negatieve toon, en richtte het woord rechtstreeks tot de Jersey-groep. "We moeten ook onze Amerikaanse vrienden vertellen dat alle instellingen die Herr Löblich heeft aangehaald, diep verankerd zijn in onze samenleving. De grote staal- en kolenbedrijven die ze bezitten bestaan al meer dan honderd jaar. Ze hebben grote politieke invloed. Ze zullen niet aarzelen om actief hun belangen te beschermen. In mijn optiek, mijnheer Stewart, zult u moeite hebben om over de Nederlandse grens te komen. Maar als u wenst dat wij de mogelijkheden toch bestuderen, zullen wij samenwerken. We hebben veel vertrouwen in onze Herr Löblich. Hij was pionier toen we toetraden tot de stookoliesector. Hij is het die met uw team zal werken." Voor Stewart was de keuze van Löblich om het nieuwe studieteam te leiden de belangrijkste ontwikkeling die het resultaat was van de vergadering. "Hans had de unieke mogelijkheid om enorme hoeveelheden gegevens te verzamelen zonder het voordeel van moderne high-speed computers. Vanwege zijn brede marketingervaring in Duitsland en zijn vele connecties, speelde hij een sleutelrol bij de ontwikkeling van ons exportprogramma. Hans was gewoon de juiste man op de juiste plaats. Hij had binnen handbereik, of in elk geval binnen zijn werkbereik, de mogelijkheid om alleen de feiten te bekijken die we nodig hadden om onze ideeën te toetsen in deze nieuwe bezigheid van export en marketing van aardgas in Duitsland."

Op de terugweg uit Hamburg dacht de groep na over wat ze tijdens hun vergadering hadden bereikt.

Milbrath had een goed gevoel over de reactie van het Duitse bestuur op de presentatie, maar hij was wel aangedaan door de voorzichtigheid van Dr. Geyer. "Jullie hebben het geweldig gedaan, Doug. Het lijdt geen twijfel dat hun bestuur het potentieel begrijpt van wat hier met aardgas zou kunnen gebeuren. Maar ik denk dat Jerry Geyer weet waar hij het over heeft wat betreft de kolen- en staalmensen en hun politieke invloed. Ik denk dat de oppositie fel zal zijn. Het zou me niet verbazen als het zelfs lelijk werd, Doug."

Stewart had een veel positiever standpunt. "Bob, voordat dat zelfs de kans krijgt om naar de oppervlakte te drijven, zullen de onderzoeken die hun bestuur vandaag heeft geautoriseerd ons helpen om methodes te vinden om alle obstakels te overwinnen die de gasdistributeurs ons toewerpen. Als er een zwakke plek in hun dijk zit, zullen we die vinden. We hebben er het geld en de knowhow voor."

Orleans sceptische karakter liet zich niet snel gewonnen geven door Stewarts altijd aanwezige optimisme. "En die kerel van hun, Doug?

Die Löblich lijkt behoorlijk stil. Denk je echt dat hij uit het juiste hout gesneden is om snel genoeg te komen met wat we nodig hebben?"

Het antwoord van Stewart was stellig. "Martin, zodra ik inzag op welke specifieke markten we nodig hadden, kwam Löblich meteen terug met een schatting van de omvang die ze zouden kunnen zijn. Het is duidelijk dat hij wist dat we die vraag zouden stellen. Hij was goed voorbereid. Zag je niet hoe hij reageerde toen Geyer zijn twijfels over de oude garde naar voren bracht? Ik kon vanaf de overkant van de kamer zijn hersens op volle toeren zien draaien. Hij is Geyer een paar stappen voor. Wanneer we die jongens het soort winst laten zien dat onze studie zal onthullen, zullen we alle bezwaren die ze kunnen verzinnen van tafel vegen."

Orlean hield voet bij stuk. "Je bent wel verdomde bijdehand, Doug. Vertel ons wat er gebeurt als Shell ontdekt dat we deze onderzoeken doen, voordat de concessie veilig is."

Stewart antwoordde: "Kalm aan, Martin. Shell kan niet achter die concessie aan zonder ons aan hun zijde. Dat gaan ze niet verknallen alleen omdat we vooruitlopen op een aantal marketingmogelijkheden."

Milbrath gooide het over een andere boeg. "We weten al dat de Duitse gasdistributeurs huishoudens niet als een primaire markt zien. Een grotere zorg kan zijn dat de steenkoolindustrie en deze cokesfabrieksinstallaties die steenkoolgas produceren niet zomaar opzijgaan. Er zal misschien een poging gedaan worden om een wolk van twijfel of zelfs een uitgesproken vermoeden over de veiligheid van aardgas, te planten, in de hoofden van de *Hausfrauen*."

Hoewel de internationale milieubeweging pas over tien jaar zou worden gelanceerd, liep Stewart al op die gedachtegang vooruit. "Als ze die tactiek uitproberen, kan het wel eens averechts werken voor ze. In de afgelopen tien jaar is in Engelandtwee keer de rook van kolenverbranding gemengd met mist in een dodelijke smog veranderd. Toen ik vorige maand in Engeland was hoorde ik daarover. Er zijn tig verhalen over te vinden."

Toen Orlean zei dat hij zich er in het nieuws vaag iets van herinnerde, wees Stewart hem er fijntjes op: 'In de VS was het misschien alleen maar een nieuwsverhaal verdomd als het niet waar is, hier was het flink wat meer dan dat. Als

die oude kolenjongens ook maar proberen onterechte twijfels te zaaien over aardgas, zullen wij de Europese huisvrouwen en moeders wel even helpen herinneren aan wat kolenbrand en smog met kinderen en ouderen deed aan de overkant van het Kanaal. Dat zal de kolenindustrie een klap geven die ze niet te boven komen.

Milbrath vroeg zich af hoe dat argument zou gelden voor de industriële markt. Stewart had zijn antwoord klaar. "Shell heeft al verklaard dat ze vinden dat het aardgas in Nederland naar de industrie moet gaan. Zelfs als ze willen exporteren, zal dat daar ook de markt zijn waar ze achteraangaan. Dus, Bob, mijn argument werkt daar ook. Hoeveel Engelse fabrieken met kolengestookte ketels moesten hun deuren sluiten tijdens die moordende smog?

Orleans scepsis bleek niet zo snel te verdampen. "Doug, eerlijk waar, je denkt toch niet dat we dit kunnen verkopen op basis van het schoner maken van de lucht, in plaats van op financiële besparingen?"

Milbrath had genoeg gehad van het gediscussieer. "Vergeet dat gedoe maar. We hebben een groter probleem dan het bedenken van marketingscenario's. Shell heeft Esso nooit serieus genomen in deze fiftyfifty-deal. Ze runnen de show in Nederland alsof we niet bestaan."

Stewart wierp tegen: "Bob, het is alleen Nederlands grondgebied tot aan de grens."

"Nou en?"

"Dat gas gaat nergens heen zonder pijpleidingen, en als het Esso-pijpleidingen zijn, kopen we het allemaal aan de grens, en eet de rest van Europa uit onze hand."

Orlean kon het niet geloven. "Doug, je denkt toch niet echt dat het bestuur van Jersey in zijn eentje die grote pijpleiding gaat doorduwen?"

Dat dacht Stewart mooi wel. "We laten dat bestuur gewoon zien dat we de grote gasbedrijven en distributeurs met exclusieve contracten voor ons kunnen winnen. We hebben de hele verdomde markt te pakken. Nou en, dat Shell de controle heeft in Nederland.

Over de grens zullen we hen mijlenver vooruit zijn. Esso ziet wel in dat het soort winst waar we het over hebben die pijpleiding rechtvaardigt. Wie zou dat niet kunnen zien?"

Milbraths pragmatische kant liet nu van zich horen. "Doug, het is niet denkbaar dat iemand al die contacten kan leggen en bovendien het soort toezeggingen krijgt waar je het over hebt, zonder dat Shell daar woord van krijgt."

Stewart had een duidelijke strategie voor ogen. "Oké, Bob, misschien niet voor onbepaalde tijd, maar als elk bedrijf dat we benaderen denkt dat zij de enige zijn die het gas krijgt, zullen ze niets verraden, zeker als we laten doorschemeren dat ze het in Esso-pijpleidingen krijgen."

Milbrath was het daarmee eens. "Als Shell ziet dat we de klanten hebben, zullen ze in een 'New York minute' overstag gaan met het exportidee."

Orleans bezorgdheid bleef opspelen. "Doug, we hebben geen productieconcessie, we hebben geen pijpleidingen, we hebben geen enkel Duits bedrijf aan de lijn. Over welke klanten hebben we het?"

Stewart kon het niet laten. "En België dan? Het is naast de deur." Stewart deed meer dan een spelletje spelen met Orlean. Hij was er vast van overtuigd wat er moest gebeuren. "Ik heb geen enkele twijfel over hoe ik hiermee verder moet. Het plan zou de voordelen voor alle betrokkenen vergroten."

Stewart zegt dat hij "zo verdomd zeker was dat ik wist hoe ik het voor elkaar moest krijgen, dat ik soms een beetje gepikeerd deed tegen hen die mijn enthousiasme niet deelden", maar hij erkende ook dat zijn zekerheid over klanten buiten de grenzen van Holland slechts een vermoeden zou blijven, tenzij het team erin slaagde de Nederlandse regering ervan te overtuigen dat de beste en hoogst haalbare manier om het pas ontdekte aardgas te verkopen, het exporteren was van dat wat er niet voor binnenlands gebruik nodig was. Hun presentatie aan de regering moest hen laten inzien dat verkrijgen van de beste exportprijs voor hun gas zoveel inkomsten voor de overheid zou genereren dat het de bevolking er in ongedachte mate van zou kunnen profiteren.

Zelfs als Stewart en zijn team erin slaagden Esso te overtuigen dat de omvang van de markt de enorme investeringen in de vereiste pijpleidingen rechtvaardigde, en zelfs als de twee reuzen tot een overeenkomst kwamen om samen te werken bij het op de markt brengen van het gas buiten de grenzen van Nederland, dan nog had de overheid de macht om te besluiten alles zelf te doen. Het feit bleef dat Esso en Shell het gas niet eens uit de grond konden halen totdat de regering een beslissing nam.

Nederland leefde nog steeds binnen de beperkingen van fysiek, economisch en psychologisch herstel van alles wat het tijdens de Tweede Wereldoorlog was overkomen. De Gouden Eeuw die ooit het land definieerde, was slechts een herinnering. De toekomst van het land en de belofte van een nieuwe Gouden Eeuw waren als een stip op de horizon, bij veel van de beslissingen die de regering te nemen had. Voor de twee bedrijven, en voor Stewart en zijn team, verbleekten alles bij twee zeer prangende vragen waarop niemand een antwoord kon eisen. Aan welke entiteit en wanneer zou de Nederlandse regering de productieconcessie verlenen?

Hoofdstuk 10

Staatszaken

D e 'Gouden Eeuw' van Nederland uit de zeventiende eeuw verwijst naar het meest welvarende tijdperk in zijn geschiedenis. Opeenvolgende golven van buitenlandse overheersing veranderden de sociale en economische omstandigheden, waarna de eb en vloed van de economische neergang het land in de daaropvolgende eeuwen bepaalden. De ontdekking van het enorme aardgasveld in Groningen luidde de mogelijkheid in van een nieuwe gouden eeuw van voorspoed, waardigheid en erkenning.

Deze nieuwe economische bloei werd in gang gezet onder de bezielde leiding van J.W. De Pous en de leden van de regeringscommissies die hij had benoemd. In zijn rol als minister van Economische Zaken mag het belang en het leiderschap van deze man niet worden onderschat. Professor Arne Kaijser beschrijft de invloed van De Pous op de introductie van zijn selectie van The Governance of Large Technical Systems, gemaakt voor Routledge Studies in Business Organisations and Networks, uitgegeven door Oliver Coutard:

> *Als minister van Economische Zaken had De Pous veel macht. Zijn algemene verantwoordelijkheden hadden betrekking op het industrie- en energiebeleid. Hij had sterke invloed op de Nederlandse Staatsmijnen. . . zijn troef tijdens het onderhandelingsproces was dat hij, in overeenstemming met de Nederlandse mijnbouwwetgeving, verantwoordelijk was voor het verlenen van de productieconcessie voor*

aardgas die de NAM wilde veiligstellen. Hij realiseerde zich bij een in een vroeg stadium dat de Groningen-kwestie de grootste kwestie was die zijn ministerie ooit had behandeld. Hij koos ervoor om slechts een handvol personeelsleden bij het ministerie te betrekken, om het risico op het lekken van belangrijke informatie te minimaliseren. Zijn naaste medewerker op het gebied van gas was L. G. Wansink, die verantwoordelijk was voor het dagelijkse contact met de andere spelers tijdens de onderhandelingen[7]

Het belang van Wansink in de onderhandelingen van de regering met vertegenwoordigers van oliemaatschappijen werd benadrukt in het artikel van professor Kaijser *"Van Slochteren tot Wassenaar: de oprichting van een aardgasregime in Nederland, 1960-1963."*

Toen hij terugblikte, erkende Stewart dat iedereen, inclusief hijzelf, te optimistisch was over de timing en voortgang van de onderhandelingen met de regering. "We waren niet alleen ongelooflijk optimistisch. We waren ook naïef en brutaal om te denken dat we (Esso en Shell) snel een deal met de overheid konden bereiken. Dit was een programma dat het leven van elke Nederlandse burger zou beïnvloeden. Er moesten twee en een half miljoen huishoudens worden omgebouwd, duizenden kleine bedrijven, industrieën, stadsgasnetwerken en honderden miljoenen Nederlandse guldens zouden moeten worden geïnvesteerd in pijpleidingen en gasbronnen. Het is onmogelijk om de grote zorg en intensieve afweging waarmee De Pous en de regeringscomités de beslissingen hebben genomen te overschatten."

De meest indringende taak voor de Shell/ Esso-werkgroep was het maken van een presentatie voor de overheid die voldoende duidelijk en inhoudelijk moest worden weergegeven om De Pous en zijn commissie ervan te overtuigen dat hun voorstel echt het beste met de bevolking voorhad. Stewart was ervan overtuigd dat de regering positief zou reageren op het Hilversum-onderzoek. De presentatie van het team moest de regering een ondubbelzinnige demonstratie geven van de immense waarde die de gecombineerde technologische expertise, ervaring en kapitaal van Shell en Esso voor het project kon opleveren. Hij drong er ook bij het team op aan om in het rapport prioriteit te geven aan de

---

7   Arne Kaijser, in: The Governance of Large Technical Systems.

manieren waarop het premium marktconcept de waarde van het aardgas op de markt optimaliseerde.

Midden in de discussies van het team over de verschillende manieren om hun zaak te presenteren, bracht Jan van den Berg meest overtuigende punt naar voren. Hij geloofde hartstochtelijk dat het presenteren van de zeer persoonlijke en krachtige behoeften van het gewone Nederlandse huishouden van het grootste belang was. Jan was vastbesloten in zijn overtuiging dat er niets anders was dat dit voor de regering zo krachtig zou illustreren hoe de toekomst van het land en zijn burgers ten goede zou kunnen worden veranderd. "Het lijdt geen twijfel dat de economische kant sterk meespeelt, maar we moeten er ook voor zorgen dat de regering stilstaat bij wat het zal betekenen voor gewone mensen om aardgas in huis te hebben.," zei Jan. "We willen dat de regering nadenkt hoe gewone mensen de temperatuur in verschillende kamers kunnen regelen, hoe ze eindelijk centrale verwarming kunnen hebben in plaats van een kachel in iedere kamer. Die verwarmingseenheden zijn goedkoop, dus onze bevolking zal geld besparen op bouwkosten en olietanks, en niet te vergeten de rommel en bodem van steenkool. Jij woont al je hele leven zo in Amerika, Doug. Je kunt je niet eens voorstellen hoe het hier voor ons is."

"Jan had gelijk. Het leven was heel anders voor het gemiddelde Nederlandse huishouden vóór de komst van aardgas. Josina Droppert uit Leiden: "We hadden een houten opslagloods aan de achterkant van het huis waar we de zwarte steenkool bewaarden. Elk jaar, voor de winter, kochten we zoveel kolen als we nodig hadden om de winter door te komen. Het werd afgeleverd in stoffen zakken, gedragen op de schouders van de bezorgers."

"We hadden één fornuis voor het hele huis, dat in de achterkamer stond. Die kamer kon met schuifdeuren worden afgesloten van de voorkamer. Zodra het erg koud werd, was dat de enige kamer waar we verbleven. Boven waren de slaapkamers, zonder enige verwarming. Er lag altijd ijs op de ramen, en als kinderen kleedden we ons beneden uit als het erg koud was."

"De kachel brandde altijd, dag en nacht, hoewel 's nachts de hitte iets zachter werd gezet. Daar moest je handig in zijn, ik weet nog goed at het vuur soms 's nachts uitging en mijn moeder dan helemaal panisch werd.

"Een vriend van de familie maakte een stalen buis met kleine gaten erin aan het platte uiteinde, en een slang werd bevestigd aan het andere uiteinde van het gasfornuis waarop we kookten. Je draaide het gas open en stak het platte uiteinde aan, zodat je behoorlijk dikke vlammen had. Het platte uiteinde werd vervolgens in de kachel geplaatst. Daarvoor moest de kachel natuurlijk worden ontdaan van oude as en worden gevuld met nieuwe kolen, een behoorlijk smerige klus.

"Je kon het fornuis niet aanraken als het echt brandde, maar als klein kind geloofde ik de waarschuwingen niet, dus mijn ouders lieten me mijn vinger branden!

"Toen de meeste huishoudens overschakelden van steenkool naar aardgas, waren wij niet de eersten omdat we het niet zo breed hadden."

Doordat hij zich zo goed uitdrukte en een gevoel van urgentie liet zien, liet Jan van den Berg een heel nieuw licht voor het team schijnen op de problemen, en raakte iedereen ervan overtuigd dat deze voordelen een prominente plaats in de presentatie zouden moeten hebben.

Jan wees ook op iets dat jaren later enorm profetisch zou blijken te zijn. "In het westelijke deel van ons land zijn het niet alleen de kolenkachels in huizen die veel roet produceren, maar ook de stookolie in de kassen - misschien doen die het nog wel meer. Als ze in plaats daarvan op aardgas zouden werken, zou dat een zegen zijn voor de landbouwindustrie. Als er meer kassen worden gebouwd, hebben onze mensen gedurende het hele jaar beter voedsel."

In die tijd kon iedere volwassene in het land zich levendig de oorlog herinneren en dan vooral de ontberingen van de hongerwinter, waarbij dertigduizend Nederlanders om het leven kwamen. Het gebruik van gas in kassen zou de kwaliteit en beschikbaarheid van producten van eigen bodem verbeteren en zou een belangrijke rol spelen in de presentatie van het team.

In de voorjaarsuitgave van *The Lamp* door Exxon-Mobil in 2002, meldde schrijver Shelley Moore: "Door de jaren heen heeft de gasrevolutie nieuwe industrieën gestimuleerd. Het gebied tussen Rotterdam en Den Haag staat bijvoorbeeld bekend als de 'glazen stad' vanwege het landschap van met gas verwarmde kassen. Deze faciliteiten hebben Nederland tot een belangrijke exporteur gemaakt van tomaten, komkommers en andere producten die normaal gesproken alleen in warmere regio's van de wereld floreren."

Stewart beschouwde de ideeën van den Berg als belangrijke factoren waardoor de regering de presentatie van het team uiteindelijk zou accepteren. "Omdat Jan zich zo bewust was van en zorgen maakte over het dagelijkse leven van zijn landgenoten, zorgden we ervoor dat we in onze volgende presentatie aan de regering op diepgaande wijze stil stonden bij de maatschappelijke en persoonlijke voordelen – die het leven zouden veranderen – van het leveren van het aardgas, in eerste instantie, naar de woningen van de Nederlanders en daarna naar lichte industrieën zoals de kassen. "In die presentatie aan de regering werd ook voorgesteld dat NAM de entiteit zou moeten zijn waaraan de productieconcessie werd verleend en dat NAM de producerende faciliteiten zou ontwikkelen. Bovendien werd in de presentatie voorgesteld dat NAM het gas zou verkopen aan een Esso/Shell-distributiesysteem dat voor 100 procent eigendom was. Dit systeem zou het gas door heel Nederland leveren en transporteren, en het ook verkopen aan de Nederlandse huishoudens en aan industrieën en gemeenten. Hoewel in het voorstel werd gespecificeerd dat NAM het gas ook zou exporteren, was het exportproces niet nauwkeurig omschreven.

Toen het inmiddels samengestelde Esso/Shell-team -bestaande uit Stewart, Van den Berg, Van der Post en Martin Orlean van Esso en Shell's A. H. Klosterman en zijn collega's - de Engelse presentatie af hadden, maakte Shell de Nederlandse vertaling klaar. Half maart was de presentatie klaar. Tot Stewarts verbazing accepteerde minister De Pous hun uitnodiging om in Esso's Nederland Huis naar hun presentatie te komen in plaats van een overheidsgebouw.

Vanwege het langdurige belang van Shell voor Nederland, was J.J. Boot van Shell de belangrijkste woordvoerder. Esso's Coen Smit stond hem terzijde. Stewart leidde de presentatie en zette de voornaamste punten uiteen voor De Pous en de andere regeringsvertegenwoordigers. Klosterman, Orlean en Van den Berg volgden met individuele bijdragen.

Minister De Pous reageerde positief op het 'premium' plan, dat het Gronings gas bestemde voor zowel huishoudens als commerciële afnemers; maar tegelijkertijd uitte hij grote bezorgdheid dat de oliemaatschappijen de enige distributeurs zouden zijn van de natuurlijke hulpbronnen van zijn land. Hij wees erop dat de Staatsgasbedrijf, de Staatsmijnen in Limburg en andere kleine gemeentelijke groepen al caloriearm gas distribueerden en hij merkte dat hij niet van plan hen in dit proces buiten te sluiten.

De minister maakte zich ook zorgen over wat het zou betekenen als twee internationale bedrijven zouden toetreden tot wat tot nu toe een staatsmonopolie was. Minister De Pous speelde zijn kaarten erg zorgvuldig, waarbij hij bleef staan op een rol voor de Staatsmijnen. Deze groep was voor 100 procent in handen van de staat, maar fungeerde toch primair als een goed geleide commerciële onderneming, die relatief onafhankelijk was van de overheid. Hij vond dat Staatsmijnen in omvang en expertise het best gekwalificeerd waren om het voorstel van het team te beoordelen.

Het was ook de overtuiging van De Pous dat Staatsmijnen op een heel belangrijke manier een evenwicht zouden brengen tussen wat Shell en Esso op tafel brachten. Toen minister De Pous suggereerde dat Shell en Esso de Staatsmijnen zouden treffen, was het overduidelijk dat het de Staatsmijnen zouden zijn die de aanbeveling zouden doen hoe de zaken zouden verlopen.

Stewart wist dat dit geen suggestie was; het was een bevel.

Nadat De Pous en zijn groep waren vertrokken, was het tijd voor iedereen om hun das los te maken, hun colbert uit te trekken en erachter te komen wat er was gebeurd. Stewart vond de reactie van de minister bovenal bemoedigend. Wat hem het meest interesseerde, was wat er *niet* was gebeurd. "Ze hadden kunnen zeggen: 'We doen het zelf', maar dat deden ze niet."

Stewart en het team beschouwden die beperking als een klein stempel van acceptatie voor hun zorgvuldig opgebouwde presentatie. Ze herkenden ook dat het niet alleen Staatsmijnen zouden zijn die tijdens de volgende vergadering aan tafel zouden komen; het was de regering zelf. Met slechts een maand om te ontdekken hoe ze dit nieuwe en mogelijk lastige terrein van het combineren van handel en overheid kunnen doorkruisen, besloten Shell en Esso de beste manier om het voorstel te herzien. Omdat NAM een productiebedrijf was en geen marketingbedrijf, was het logisch om een nieuw bedrijf op te richten dat zich uitsluitend op marketing richt.

Omdat De Pous vond dat Staatsmijnen een rol zouden moeten spelen, zou het nieuwe bedrijf daarom een derde Esso, een derde Shell en een derde Staatsmijnen zijn. Er waren ook aanvullende financiële en fiscale redenen, waardoor dit logisch was. Omdat de overheid al tien procent royalty's had, en daarnaast inkomstenbelastingen op productiewinsten, die ze zouden heffen tegen NAM, kozen de oliemaatschappijen ervoor om Staatsmijnen geen deel van de productie-inkomsten aan te bieden.

Voor Stewart en Orlean vloog de maand om. Ze pendelden heen en weer tussen Den Haag – waar ze samenwerkten met Van den Berg en Van der Post, om zich voor te bereiden op de bijeenkomst van de Nederlandse Staatsmijnen - en Hamburg om daar het team van Löblich te helpen met de Duitse onderzoeken.

Hoewel er geen zekerheid bestond over de productieconcessie of de mogelijkheid om het gas te exporteren, was Löblich met het Hamburg-team hard op zoek naar aardgas voor de Duitse markt. Hij deed er alles aan om zijn werk zo geheim mogelijk te houden, zelfs voor de meeste Esso-mensen.

Nu dat hij was overgeplaatst van zijn functie als hoofd energieverkoop bij Esso AG, verhuisde Löblich naar een privékantoor in een villa in de buurt van het Four Seasons Hotel aan de rivier de Alster. Löblich herinnerde zich dat ze experts van de moedermaatschappijen hadden met de ontbrekende technische kennis over de problemen van gasdistributie en transport. Ze hadden geen contact met de buitenwereld en werkten zeer geheim. De detailgerichte geest van Löblich voedde hun zoektocht naar antwoorden.

"Omdat we wisten hoe aantrekkelijk de verkoop voor deze praktisch zwavelvrije brandstof zou zijn voor de premiummarkt die Stewart had beschreven, wilden we meteen vaststellen waar de verkoopmarkten waren, hoe groot ze zouden zijn en hoe de prijs eruit zou moeten zien," zei Löblich. "Ik had in eerste instantie de leiding over de ideeën, maar ze begonnen snel te groeien.

"We kregen informatie van verschillende van onze andere afdelingen binnen." Om bij zijn werk te helpen, had Löblich een assistent, Dr. Dobmeier, en een secretaresse toegewezen gekregen. Hij had toegang tot Esso's Dr. Elfert op de afdeling nationale economie van Esso AG en tot de heer Jani op de afdeling marktonderzoek. Via Jerry Laufs, een Amerikaan die gedetacheerd was aan het project vanuit Jersey marketing in New York, had Löblich toegang tot alles wat alle afdelingen in New York te bieden hadden.

Löblich beschreef de enormiteit van de complexe taak van het team. "Nadat ik deze verantwoordelijkheid op me had genomen, was een van de eerste dingen waar Doug ons om vroeg een vooronderzoek naar het potentieel van gasverkopen met betrekking tot regionale toekomstige volumes en prijzen. Omdat er in die tijd geen echt aardgasbedrijf was in Duitsland, werd het bepalen van deze mogelijkheden de grote uitdaging voor mij. Slechts een week na de briefing van Doug kwam Martin Orlean naar Hamburg om met ons te werken."

Kort gezegd was het hun taak om het mogelijke verkooppotentieel voor aardgas voor het hele land te achterhalen, evenals voor de regionale mogelijkheden in elke stad en elk district. Ze hadden ook de verschillende mogelijke prijzen nodig voor afzonderlijke gebruiksgebieden en de kosten voor transport en distributie van aardgas.

De groep van Löblich legde ook contacten met Ruhrgas en Thyssengas, precies zoals Stewart had voorgesteld, maar altijd onder het mom dat ze gesplitste nafta en raffinaderijgas verkochten en de mogelijke beschikbaarheid van bevroren vloeibaar gemaakt gas uit Esso's fabriek in Libië.

In al die discussies kon Löblich een hoge mate van belangstelling ontwaren. "Hoewel deze bedrijven heel graag aardgas wilden krijgen, wisten ze niet dat Esso al zeker wist dat het beschikbaar zou zijn. Stewart en Orlean waren vaak bij ons gedurende de hele inspanning, hielpen en begeleidden en deden nieuwe suggesties."

Terwijl hun landen ooit militaire tegenstanders waren, deelden Stewart en Löblich in de loop van hun vele ontmoetingen om deze onderzoeken op te stellen niet alleen hun werk, maar ook hun ervaringen uit de eerste hand met oorlog en de nasleep ervan. Löblich was een afgestudeerd ingenieur die in de jaren '30 als jong adjunct-stagiair bij de Duitse marine leerde tanken. Hij en zijn vrouw, Gisela, waren tijdens de oorlog getrouwd, toen hij een jonge marineofficier was. Hij bereikte uiteindelijk het niveau van technisch officier op het slagschip Blücher.

Toen het schip een Noorse fjord binnenging, schoten de Noren drie torpedo's af vanaf de kust, die het schip zonken met directe treffers op twee van de drie ketelruimen. Löblich was gelukkig in de derde stookruimte en werd gered. Diezelfde torpedo's waren in 1906 door zijn eigen land voor Noorwegen geïnstalleerd, lang voor de Eerste Wereldoorlog. Dat ze nog in zulke goede staat waren om te worden ingezet om een indringer neer te halen, was een bewijs van de technische uitmuntendheid van zijn land. Dit was een ironie waarover Löblich in de daaropvolgende jaren regelmatig zou nadenken.

Nadat Löblich ontsnapte uit het zinkende schip, keerde hij terug naar actieve dienst als uitvoerend officier op een torpedojager. Gisela wist heel lang niet wat het lot van haar man was. En Löblich moest leven met de vreselijke angst dat hij haar lot niet kende, toen het nieuws hem bereikte kwam van luchtaanvallen op steden in heel Duitsland. Bijzonder beangstigend voor hem was het nieuws van de bombardementen en vernietiging van hun geboortestad Hamburg met zo'n kolossaal aantal burgerslachtoffers.

Toen de vijandelijkheden waren afgelopen, was Löblich kort een Britse krijgsgevangene. Hij kreeg de gevaarlijke taak toegewezen, en voerde die moedig uit, van het naoorlogse mijnenvegers opruimen, zodat havens weer vrij zouden zijn voor commercieel en recreatieverkeer in vredestijd. Zijn uiteindelijke verantwoordelijkheid was het overdragen van zijn schip aan de Russen, en daarna keerde hij terug naar het burgerleven om te helpen de economie van zijn land weer op te bouwen.

Door de jaren heen van het Nederlandse gasproject ontwikkelden Stewart, Löblich en hun vrouwen een blijvende vriendschap die continenten en vele decennia zou overstijgen. In 1999 brachten Löblich en Gisela een verrassingsbezoek aan de vijftigste huwelijksdag van Stewarts, en hij bracht daarbij de waardering van het Duitse volk over voor alles wat Stewart had gedaan tijdens de jaren van het Nederlandse gasproject.

"Ongeveer vijfendertig jaar geleden was Doug op weg van New York naar Den Haag," zei Löblich in zijn toespraak. "Er was een groot probleem omdat de Nederlanders allemaal aardgas in de grond hadden. In 1963 was er geen aardgas in Duitsland. Met Doug zijn we een onderzoek gestart, maar we wisten niet hoe we aardgas moesten verkopen. Doug en Martin Orlean kwamen ons hierbij helpen en hielpen ook de bij het overtuigen van de hoogste stadsgasmensen om die bezigheid op te geven en over te stappen op aardgas. Doug Stewart en zijn partner moedigden ons aan. Elke keer dat ze kwamen, hadden ze nieuwe ideeën. We waren succesvol in Duitsland vanwege die gestage aanmoediging. Vijfendertig jaar later is aardgas 32 procent van de energie in Duitsland. We genieten van dit aardgas in Duitsland en bedanken u hiervoor. We wensen jou en Jane alle goeds in het volgende decennium en dat je in goede gezondheid bent en geniet van je gezin."

In 1960 was dat alles nog toekomstmuziek. Orlean en Stewart werkten nauw samen met het Duitse team en gaven hun alle nuttige informatie door, die het team in Den Haag had ontwikkeld.

Orlean was vooral onder de indruk van de efficiëntie van Löblich. "Bijna alles wat in elke vergadering werd gezegd, werd genoteerd. Hans was fantastisch als het ging om het documenteren en archiveren van zaken. Hij maakte me altijd bang. Zo efficiënt was hij. Niet zoals ik of Doug."

Löblich waardeerde de samenwerking en coördinatie van Stewart en Orlean en het Haagse team zeer. Hij herinnerde zich een specifiek probleem waarvoor de pragmatische Orlean de perfecte oplossing had. "Op een gegeven moment berekende onze groep dat de bestaande gasnetten snel vol zouden raken, en dan zouden er enorme kosten nodig zijn om gas naar de huishoudens te distribueren vanwege de zeer grote lasten, vooral tijdens piekvraagperioden. We concludeerden dat het hele ding oneconomisch zou zijn totdat Martin ons bezocht en legde uit dat het probleem goedkoop kon worden opgelost door de lagedrukroosters te bedekken met een paar hogedrukleidingen die aardgas door regulatoren naar belangrijke punten voeren."

Nederlandse Staatsmijnen

Op 6 april werden Stewart, Orlean en Smit naar de ontmoeting met Nederlandse Staatsmijnen gebracht door Willem in de grote Esso-limousine, terwijl Van den Berg er alleen heen ging in zijn gloednieuwe gele Volkswagen. Hij meldde zich bij de voordeur, armen vol met alle dia's van de zichtgrafiek en andere gegevens die de teams hadden voorbereid voor de vergadering, maar ontdekte toen dat hij bruusk werd tegengehouden door de portier van de Staatsmijnen, die hem meedeelde dat er een belangrijke vergadering gaande was en hem vroeg waar hij zomaar dacht dat "mensen zoals Jan" heen wilde. De altijd aanwezige charme van Jan kon bij mensen van alle rangen en standen worden ingezet, en het duurde niet lang voordat hij de man ervan overtuigde dat wat hij in zijn armen had zijn plaats aan diezelfde vergadertafel rechtvaardigde.

Toen het team de presentatie beëindigde, pareerde Staatsmijnen doodleuk het enthousiasme van het team door aan te kondigen dat ze hun eigen onderzoek hadden uitgevoerd. Tot ontsteltenis van Stewart en het team kwam het eigen onderzoek van Staatsmijnen tot een conclusie vergelijkbaar met het oorspronkelijke Shell-onderzoek. Staatsmijnen verwachtten alle inspanningen te richten op zware industrie en energiecentrales. Staatsmijnen begrepen eenvoudigweg nog niet de belangrijkste bewering van het team dat de belangrijkste kans zich op de binnenlandse premiummarkt voor huishoudens bevond. De leden van het team deden hun best om geen teleurstelling te tonen. Het resultaat was zeker minder dan ze hadden gehoopt, maar ze waren opgelucht dat de presentatie niet volledig was afgewezen. Staatsmijnen kwamen overeen om hun suggesties te herzien en een tweede bijeenkomst te houden op 27 april in Rotterdam.

Uiteindelijk, wat betreft het onderwerp binnenland, bogen Staatsmijnen af in de richting van het team vanwege de Hilversumse onderzoek, die vanaf het eerste begin in de oorspronkelijke presentatie aan De Pous had gestaan. Het was het Hilversum-onderzoek dat hielp bij het vaststellen van prijsniveaus en dat de basis werd voor alles wat volgde.

In zijn boek *Subterranean Commonwealth* verwijst Wolf Kielich naar het Hilversum-onderzoek en naar het team van Stewart, Van der Post, Van den Berg en Orlean als de Esso Four, in het bijzonder om hun vasthoudendheid te prijzen. "De Esso Four liet zich niet van het veld afhouden. Ze wilden onomstotelijk bewijzen dat hun plan niet alleen uitvoerbaar was, maar dat het economisch voor distributeurs enorme mogelijkheden bood."[8]

Kielich citeerde ook Van den Berg die uitlegde dat het door hun team gebruikte, illustreerde wat er in de loop van twintig jaar zou gebeuren met een gasbedrijf met twintigduizend aansluitingen. "Met dit theoretische model konden we de theorie van lage consumentenverkopen en redelijke inkoopprijzen van bedrijven die leiden tot goede winsten voor het gasbedrijf in de context van de omstandigheden in Nederland volledig rechtvaardigen." Van den Berg vatte het eindresultaat samen. "Het vormde de basis voor alle verdere ontwikkelingen."

Wat ze op dat moment niet wisten, was dat kort na die bijeenkomst van 6 april, Staatsmijnen een vertegenwoordiger naar de Verenigde Staten stuurde om daar toonaangevende gasdistributeurs te bezoeken. Dat bezoek bevestigde voor Staatsmijnen dat het Hilversum-onderzoek van het Haagse team een geldigheid had die ze niet konden ontkennen. In Nederland zou een grote markt voor woningverwarming kunnen worden verkregen, vergelijkbaar met wat ze in Amerika aantroffen.

Hun erkenning van die mogelijkheid werd een hoogtepunt van de vergadering op de zevenentwintigste, maar ze brachten iets anders mee naar die bijeenkomst, dat tot in New York en Londen door dreunde.

---

8   Wolf Kielich, Subterranean Commonwealth.

De Nederlandse Staatsmijnen presenteerde het Haagse team met hun nieuwe visie op hoe dingen moeten worden gedaan. Ze waren nu niet alleen enthousiast over de mogelijkheden van de premiummarkt en met het idee om te delen in de marketinginkomsten, maar ze hadden nu ook geheel nieuwe omzeteisen. Staatsmijnen verwachtten niet alleen deel te nemen aan marketinginkomsten, maar ze wilden ook een derde van de productie-inkomsten. Nog schokkender was dat ze ook een derde eisten van alles dat als export over de grens ging.

De waardige heer Boot van Shell gaf geen krimp, ondanks zijn grote ontzetting niet over deze verbluffende wending van gebeurtenissen. Hij legde zachtjes uit dat dit uitermate ernstige onderwerpen waren die met de moedermaatschappijen moesten worden beoordeeld. Coen Smit van Esso adviseerde de vertegenwoordigers van de Nederlandse Staatsmijnen dat dit nieuwe idee in overweging zou worden genomen, maar na de bijeenkomst had het team het gevoel dat ze een impasse hadden bereikt die ze niet konden omzeilen.

De moeilijke taak om de dramatische verschuiving van de Staatsmijnen ten opzichte van Jersey over te brengen, lag bij Stewart. Het enige goede aan deze reis terug naar New York was dat hij weer naar huis kon gaan naar Jane en de kinderen. Deze laatste reis was niet zomaar weken geduurd; het waren maanden geweest. Hij was nog nooit zo lang bij Jane en hun gezin weg geweest.

In New York was Jersey totaal niet onder de indruk van het feit dat Staatsmijnen een zeer cruciaal onderdeel van het voorstel van het Haagse team had aanvaard, dat wil zeggen dat Staatsmijnen (in feite de Nederlandse regering) het idee volgde dat Esso en Shell als partners met hen zou deelnemen aan de binnenlandse gasactiviteiten. In plaats daarvan focuste het kantoor in New York zich op het verzoek van de Staatsmijnen om deel te nemen aan exportmarketing. Stewart was perplex door de houding van Jersey. "Ze ontploften werkelijk. Geen van de Jersey-mensen was aanwezig geweest voor onze zwaarbevochten onderhandelingen, maar nu wilden ze heroverwegen hoe ons team daar was gekomen."

Jersey keek natuurlijk naar de onderhandelingen met de Staatsmijnen door het vizier van hun bezorgdheid over de nieuwe eisen van de regeringen van het Midden-Oosten voor een direct belang bij zowel productie als wereldwijde marketing. In die tijd waren deze landen volledig afgesloten van deze winsten door oude contracten. De oliemaatschappijen duidden het verlangen van die regeringen om te delen in de winst van hun natuurlijke rijkdom buiten hun grenzen als het 'sjeikeffect'.

De oprichting van de organisatie van de aardolie-exporterende landen (OPEC) in september van het jaar daarvoor in Bagdad had de bezorgdheid van Esso over het behouden van controle over die winstcentra vergroot. Het was nog niet duidelijk dat de geboorte van de OPEC de dag aankondigde waarop het Midden-Oosten zou ophouden beroepen te doen. Hoewel die gebeurtenis net onder de horizon lag, hadden de oliemaatschappijen de dag niet zien aankomen dat de landen in het Midden-Oosten buitenlandse oliemaatschappijen gewoon uit buitenspel ouden zetten door de hele industrie te nationaliseren en al hun activa toe te eigenen.

Het schrikbeeld van die toekomst was eigenlijk al in 1951 aan het licht gekomen toen de Majlis, het democratisch gekozen Iraanse parlement, stemde om de olie-industrie van Iran te nationaliseren en de controle te grijpen van het Britse eigendom en de geëxploiteerde AIOC (Anglo-Iranian Oil company).[9]

Dr. Mohammad Mossadegh werd op 28 april van datzelfde jaar na de moord op de vorige premier tot premier benoemd. Mossadegh had genoeg macht om de Nationalisatiewet van Iran af te dwingen tot 19 augustus 1953, toen hij werd gearresteerd in een staatsgreep die werd geholpen door de inlichtingendiensten van Groot-Brittannië en de Verenigde Staten, en de Sjah de macht overnam.

Nationalisatie dook in 1956 weer op met een van haar vele gezichten, toen Egyptische president Nasser het Suezkanaal nationaliseerde. Esso zat niet stil tijdens deze crises van de jaren '50, maar had al een geheime langeafstandsstudiegroep opgezet die keek naar wat nationalisatie zou betekenen, met name in Venezuela.

Om het sjeikeffect te omzeilen, had Shell een idee bedacht om de Nederlandse overheid extra deel te laten nemen aan de producerende winst door een partnership te vormen met Nederlandse Staatsmijnen, die de productie delen in de bron. NAM zou de operator zijn en zou het gas verkopen aan een nieuw binnenlands bedrijf, en NAM zou dan overtollig gas verkopen voor export.

9   *Mossadegh Conference: May 3 to May 6 2001,* Northwestern University, Ter gelegenheid van het vijftigjarig jubileum van de regering van Dr. Mossadegh (1951–1953), © 1995, 1999, 2004 Alaa K. Ashmawy

Smit en Stewart beseften allebei dat het politiek noodzakelijk zou zijn om mee te gaan met het idee van Shell, maar het was Stewart die dit aan Stott en de andere leidinggevenden in New York moest verkopen. Stott was buiten zinnen van woede. Zijn tirade over de 'hebzuchtige Nederlandse regering' werd doorspekt met wat hij beschouwde als de brutaliteit van die 'ondankbare Midden-Oosterse sjeiks' omdat ze 'zich hardhandig naar binnen probeerden te werken in' de internationale marketingkant van de olie-industrie.

In de ogen van Stott betrof, kwam het weggeven van een deel van de marketingtaart aan de Nederlanders, al was het alleen voor de binnenlandse markt, neer op een stap die de weg zou effenen voor het aan de sjeiks moeten geven waar ze om vroegen: dat grote stuk van de Midden-Oosterse taart.

Stewart probeerde Stott te laten inzien waar ze in Nederland mee te maken hadden. "Ik heb erop gewezen dat het niet allemaal slecht was om Staatsmijnen in de productiekant van het bedrijf te hebben. Anders zou er altijd druk van de overheid zijn om de bronprijs te verlagen en de winst van productie naar marketing te verplaatsen. Ik legde uit dat we misschien geen totale winst zouden verliezen, omdat het aandeel dat aan Staatsmijnen in productie wordt gegeven, grotendeels zou worden gecompenseerd door de hoge commerciële bronprijs, waardoor het gas naar de premiummarkt zou worden gestuurd, waar de winst zo veel hoger zou zijn. Als de regering aan beide kanten betrokken zou zijn, zouden ze eerder geneigd zijn om de prijs van de commerciële bron te bevoordelen. De lagere bronprijs zou concurreren met Stotts gesloten kijk op zijn markten voor kostbare stookolie. Hij snapte gewoon niet dat aardgas een heel nieuw verschijnsel was, een heel nieuw bedrijf, met omzetkansen die nooit eerder hadden bestaan." Stewart stond oog in oog met een 'generatiekloof'. Stott vertegenwoordigde het oude denken binnen het bedrijf. Hij werd over het algemeen gevreesd door zijn ondergeschikten, die hem koppig en meedogenloos vonden. Het stookoliebedrijf was zijn model, dat wil zeggen: een groot marktaandeel maar niet veel winst. Stewart vertegenwoordigde de toekomst, dat wil zeggen: een gloednieuw bedrijf met een potentieel voor enorme bedrijfswinst.

Het oneens zijn met Stott was niet zonder gevolgen. Door nieuwe ideeën over prijzen en nieuwe inkomstenmogelijkheden te presenteren, was Upstream Stewart marketingadvies aan het geven aan 'Downstream' Stott.

"Ik heb mijn best gedaan om de oude garde te laten kijken naar de toekomst die we te bieden hadden. Ik heb erop gewezen dat dit partnerschap dat de Nederlandse regering suggereerde zeer de voorkeur verdiende vergeleken met nationalisatie en als een soort extra belasting kon worden beschouwd die de sjeiks in het Midden-Oosten niet zou aanmoedigen."

Zijn poging om het bewustzijn van Esso's oude garde te vergroten slaagde. Uit de reactie van Stewarts superieuren op zijn rapport bleek echter dat deze mannen niet begrepen hoe ingewikkeld en tijdrovend het Nederlandse gasproject zou worden. Ze geloofden eigenlijk dat het allemaal binnen een paar maanden zou worden klaargespeeld.

Hoofdstuk 11

Familiegeschiedenis

Het Nederlandse gasproject was de grootste uitdaging in de carrière van Stewart en het najagen ervan had hem bij Jane en zijn gezin weggehaald. Jane's geduld tijdens die lange afwezigheden was een bron van kracht, vooral tijdens deze laatste scheiding van enkele maanden. Maar er was geen vervanging voor Jane's dagelijkse aanwezigheid, haar boeiende geest en de omgeving die ze voor hun leven samen had gecreëerd.

Toen Stewart zei dat hij "Jane niet echt kende totdat hij met haar trouwde", was de uitdrukking meer dan zijn ontdekking van haar kwaliteiten waardoor ze zo goed bij elkaar pasten. Naast Jane's praktische aard, brachten haar leiderschapskwaliteiten, organisatie en flexibiliteit, en het diepe kameraadschap dat hij met haar had, zoveel verlichting in Stewarts persoonlijk leven, dat niets anders eraan kon tippen.

Zonder Jane om bij thuis te komen, werd het leven voor Stewart eentonig en saai. Hij wilde de kilometers tussen hen weggummen en Jane en de kinderen bij zich hebben. Hij wist dat hij niet kon verwachten dat het bedrijf iets anders goedkeurde dan een bezoek van zijn familie. Hij probeerde het niet eens. Hij vroeg eenvoudigweg, en het bedrijf stemde ermee in, dat hij zijn familie "voor de zomer" liet overkomen. Hij had geen idee hoe hij hen langer bij zich zou kunnen houden. Hij was er echter zeker van dat hij een manier zou vinden om dat voor elkaar te krijgen, net zo zeker als hij was dat de Nederlandse gasonderhandelingen zouden verlopen zoals hij had voorspeld.

Die avond ging Stewart naar huis en bracht het gelukkige nieuws uit dat Jane en het gezin hem voor de zomer in Nederland konden vergezellen. Op de dag dat ze de deur van hun huis in Connecticut sloten, hadden ze geen van beiden gedacht dat het nog vier jaar zou duren voordat ze hun leven in de Verenigde Staten zouden hervatten.

Zodra vrienden van de Stewarts het nieuws hoorden dat het gezin voor de naar Nederland ging, barstte er een reeks afscheidsetentjes en verrassingsfeesten voor het paar los.

De snelheid waarmee het gezin klaar was om te vertrekken verbaasde Stewart geen moment. "Zoals altijd, stortte Jane zich meteen op de taak die ze moest uitvoeren, dit keer om zichzelf en de kinderen uit al het vertrouwde te halen. Het avontuur voor ons leek haar organisatorische vaardigheden gewoon tot nieuwe hoogten te brengen."

De Stewart-kinderen hadden levendige herinneringen aan hun zeereis en hun jaren in Holland. De oudste zoon, Douglass Jr., inmiddels een film-editor in Los Angeles, herinnerde zich zijn reactie toen hij zich realiseerde dat de familie naar het buitenland ging. "Ik wist niets over Nederland behalve windmolens, klompen en tulpen, dus ik wist niet zo goed wat me te wachten stond. In het begin betekende het gaan naar Europa net zoiets als elf verschillende immunisatie-injecties, en tegen de tijd dat ik daarmee klaar was, was het hele naar het buitenland gaan helemaal niet leuk meer. Mijn armen deden wekenlang pijn.'"

Doug Stewart Sr. verwonderde zich nog steeds over de kalmte van zijn vrouw. "Op zeer korte termijn waren Jane en de kinderen en ik, samen met onze inmiddels zwangere kleine teckel, Trudy, klaar om te vertrekken. We deden het huis op slot en vertrokken naar Europa op het mooie schip Liberté."

Jane Ann, de enige dochter van Stewarts, nu kunstenaar en productie-ontwerper in de filmindustrie, herinnerde zich met name het vertrek van de Liberté. "Onze vrienden uit Connecticut kwamen naar de haven in New York om ons te zien vertrekken. Ik herinner me dat ze op het schip kwamen en naar onze passagiershutten keken, en toen stonden we daar, op het dek, naar beneden te kijken vanaf de reling naar hen die ons vanaf de kant naar ons wuifden. Als ik er nu aan denk, lijkt het alsof ik me in een van die prachtige oude zwart-wit films uit de jaren 30 bevind. Het was heel, heel opwindend voor een tienjarige."

Haar vader herinnerde zich 'opwindend' als de orde van de dag aan boord van de Liberté. "Het bedrijf stuurde ons eersteklas, wat in die dagen formele kleding voor het diner betekende. Ik vond het allemaal behoorlijk deftig voor een

doodgewone jongen uit Muskogee in Oklahoma"

Jongere zoon Mark, nu voorganger in Boise, Idaho, herinnerde met plezier de ervaring aan boord. "We drie kinderen hadden een kamer voor onszelf, met onze ouders in een aangrenzende kamer. We bleven bijna elke nacht laat op. Toen onze ouders gingen dansen, braken de kussengevechten uit. Ik denk dat mijn zus altijd heeft gewonnen."

Volgens Jane Ann waren de nachten misschien niet zo laat als voor hen als drie kleine kinderen leken. "De Liberté betekende echt vrijheid voor ons. Zodra onze ouders de deur voor ons sloten, brak de hel los. Toen gebeurden die kussengevechten. Ik herinner me dat het een heel stoer was dat we 's nachts sinaasappelsap bij de roomservice bestelden - gewoon omdat we dat konden. Ik herinner me dat mijn vader en moeder helemaal opgedoft naar onze kamer kwamen, moeder in een formele jurk en vader in zijn smoking, op weg om te eten aan de kapiteinstafel of in de grote balzaal."

Doug Jr. herinnerde zich het fantastische eten en de passagiershutten. "Het was een geweldig avontuur om in onze hut biefstuk en friet te kunnen bestellen. En we moesten onze snorkels en vinnen uitproberen in het zoutwaterzwembad. Uiteindelijk kwamen we erachter dat de Noordzee bij Nederland geen geschikte plek was om te duiken, maar het had iets interessants om te oefenen in het zwembad van het schip terwijl het schommelde."

Mark herinnerde zich ook die zwembaden. "De ene was zoet water, de andere zout water. Het was het leukst toen het schip schommelde omdat het enorme golven maakte. Het was zelfs een beetje eng als dat gebeurde. Ik wist dat als ik overboord zou vallen, het met me gedaan zou zijn. Kleine Trudy kreeg veel aandacht. Ze werd in een kennel gehouden met de andere honden, en we moesten haar door de tralies aaien en haar lekkere hapjes van de eettafel brengen.'

Doug Jr. wist dat als eerste dat de overtocht bijna ten einde liep. "Ik herinner me dat ik aan het einde van de reis naar de voorkant van de boot ging en naar de Franse kustlijn keek die dichterbij kwam. De magische reis stond op het punt te eindigen."

De eerste plaats waar de familie verbleef was Kasteel Oud Wassenaar genaamd, dat was omgebouwd tot een hotel in de stad Wassenaar.

Doug Sr. vond het kasteel een prachtige verwennerij. "De gasindustrie begon er steeds leuker uit te zien. Interessant was dat drie jaar later op deze plek de definitieve regelingen voor een overeenkomst met de Nederlandse regering werden ondertekend."

Het echte leven begon onmiddellijk voor het gezin en was een signaal van de intentie van Stewart dat dit niet zomaar een zomervakantie met zijn gezin zou worden. "Het was vroeg in het voorjaar, en we wilden niet dat de kinderen een heel semester van school zouden missen, dus hebben we ze ingeschreven bij de Nederlandse Montessorischool."

De eerste ochtend gingen de kinderen naar school in een koude aprilregen gehuld in hun gele Amerikaanse regenkleding. Doug Jr. ontdekte dat dit een volledig on-Nederlandse look was en liep in een klap tegen de taalbarrière op. "Meestal was die school een uithoudingstest. Kun je je voorstellen dat je probeert een totaal nieuwe manier van meten (het metrische systeem) en een nieuw geldsysteem (gulden) te leren in een taal die je niet sprak? Gelukkig was er een andere Amerikaanse jongen in de klas die me hielp met het schoolwerk. Ik herinner me dat ik een heel belangrijke les met respect heb geleerd. Je moet de leraar eerst door de deur laten komen voordat je er zelf doorheen probeerde te lopen. Yikes! Ik was blij toen het zomervakantie was."

De herinneringen van Jane Ann aan de Montessorischool waren veel gelukkiger. Ze was pas een jaar of tien en pikte de taal heel snel op. "De oudere kinderen hielpen ons jongere kinderen en ik kreeg veel hulp. Destijds hielden ze van Amerikanen. Ik werd uitgenodigd bij veel kinderen thuis. Ik dacht niet dat school moeilijk was omdat we allemaal nieuwe dingen leerden. Ik herinner me dat het, voor mij, allemaal tijdelijk zou zijn."

Het Kasteel Oud Wassenaar was prijzig en na een paar weken zocht Stewart naar andere accommodatie. Woningen waren nog steeds moeilijk te verkrijgen in Nederland omdat er sinds de oorlog erg weinig gebouwd was.

Ze vonden een zomerverhuur in een klein herenhuis in de buitenwijk Voorburg, waaraan Jane Ann goede herinneringen had. "Dat huis stond voor een kanaal dat was bedekt met groen mos, en we hebben onze kleine Trudy laten denken dat het gras was. Ze was niet erg blij met het water."

Stewart dacht dat ze de afbraak van de taalbarrière konden bespoedigen met de aankoop van enkele Nederlands-Engelse taal langspeelplaten. "Later verwierf ik ook Duitse en Franse taalboeken en -platen, en hoewel ik geleidelijk aan enige kennis van al die talen opdeed, zou ik me in situaties bevinden waarin ik probeerde Nederlands te spreken met onze Duitse vrienden en Duits met de Fransen. Jane begon meteen Nederlandse lessen te volgen en begon al snel een beetje Nederlands te praten zodat ze kon communiceren met de leveranciers van dagelijkse boodschappen. Op een dag klopte een van hen op onze deur en na een kort gesprek in het Nederlands ging Jane naar boven om onze was voor hem te halen, terwijl hij weer kippen ging binnenbrengen. Hij was de slager, niet de wasserette. Dat bleef voorgoed een verhaal dat ze graag vertelde."

Dochter Jane Ann was zich nu bewust van een cultureel verschil dat ze op geen enkele manier kon herkennen als een kind, maar dat haar zeer positief beïnvloedde. "Mijn tweede klas in Connecticut ging naar de Bronx Zoo, terwijl mijn tweede klas in Nederland naar Parijs ging, een enorme culturele kloof waarvan ik me toen niet bewust was.

"We hebben het Nederlandse leven volledig omarmd. In een jaar schaatste ik bijna de hele weg naar school op de grachten. Dat was echt leuk. Sommige kinderen gebruikten nog steeds houten schaatsen, net als Hans Brinker. En dan waren er nog steeds mensen die zich dagelijks in traditionele Nederlandse klederdracht kleedden."

Little Trudy is eindelijk bevallen van haar pups. Stewart herinnerde zich dat ze wekenlang fascinerend waren. "De kinderen zorgden echt voor hen en onze Nederlandse buren kwamen langs en ze hielden van hen. We hebben voor allemaal een huis gevonden."

De band die Jane Ann voelde met de Nederlandse mensen die ze ontmoette, was echt een hartelijke. "Ik heb nooit kritiek gevoeld van de Nederlanders. Ze gaven me het gevoel dat ik heel speciaal was. Er waren niet veel Amerikaanse kinderen."

Zoals Stewart verwachtte, sleepten de onderhandelingen over de Staatsmijnen zich voort. Toen hun zomervakantie zijn einde naderde, nam de druk voor hem enorm toe om permanente huisvesting te vinden waarmee hij zijn gezin bij zich kon houden.

"Toen we de kinderen naar het zomerkamp stuurden, werden we geconfronteerd met het feit dat de tijd om was. Jane en ik wilden nooit meer uit elkaar zijn. Ik wist niet hoe ik het zou gaan spelen, maar ik was niet van plan mijn familie naar de VS terug te sturen. Half augustus zag het woningtekort er somberder uit dan ooit. "Jane had al vroeg haar weg gevonden naar de Amerikaanse gemeenschap van Den Haag, meestal in de buitenwijk Wassenaar. Er waren een vrouwenclub, een Amerikaanse kerk en een Amerikaanse school. Jane's persoonlijkheid trok snel een vriendenkring aan, waaronder de Amerikaanse ambassadeur in Nederland. Zijn uitnodiging voor een receptie op een avond bleek een bepalend moment voor de familie Stewart. Tijdens een gesprek met de Amerikaanse assistent-consul leerde Stewart dat de consul diezelfde week nog uit Nederland werd overgeplaatst. De consul huurde een huis aan de rand van Rijksdorp, een buitenwijk van Wassenaar.

"Toen hij zei dat voor zover hij wist, het huis niet was verhuurd, vroeg ik om de naam van de huisbaas, verontschuldigde me zodra het beleefd was, greep Jane en we glipten de deur uit in de stromende regen om dat huis te vinden," zei Stewart. "Daar, op de zijkant van een kleine heuvel, genesteld in groepje bomen, was een drie verdiepingen tellende villa met rieten dak. Er brandde geen licht in het huis, en we konden niets binnen zien, maar in onze wanhopige situatie moesten we het hebben. Inmiddels was de regen een zondvloed geworden. De ruitenwissers hadden moeite het bij te houden terwijl we verwoed naar een telefooncel zochten. Gelukkig hebben we er niet alleen een gevonden. We hebben er een gevonden die werkte. En gelukkig sprak de verhuurder Engels. Dus terwijl ik daar in de regen op een telefoon stond, sloot ik een deal voor een huurcontract van vier jaar voor een huis waar we nog niet eens binnen waren geweest. Om er maar niet van te spreken dat Jersey had me daarheen gestuurd voor wat ze dachten dat het een opdracht van drie maanden zou worden. Ik wist tot in mijn vezels wat Jersey gewoon niet begreep. Ik schatte dat dit project wel eens een jaar of langer zou kunnen duren."

Hij kon niet weten dat zijn voorspelling van een "jaar of meer" zeer conservatief zou blijken te zijn. Wat Stewart wist, daar die nacht in het donker en de regen stond, was dat zijn dagen in Nederland niet meer eentonig en saai zouden worden. Hij zou Jane en zijn gezin bij zich hebben, hoe lang deze baan ook zou duren.

Het gebied van Rijksdorp, ligt aan de duinen. Het was eigenlijk maar een heel klein dorp. Stewarts herinnering aan het huis was zo fris als een nieuwe foto. "Het huis stond op vijf hectare, op een soort smal gevormd perceel, met de oprit en een kleine garage in een tussen de bomen voor het huis. Je kwam door een poort van de weg voor het pand en liep toen naar het huis. In zekere zin was het niet zo'n groot huis, maar met zijn rieten dak voelde het als een heel eigenaardig sprookjesachtig huis."

De week daarna, toen Stewart en Jane het huis in bezit namen, ontdekten ze dat huren in Nederland niet zoiets was als huren in Amerika. Hier was het aan de huurder om alles in te richten behalve de buitenmuren, leek het wel. Er waren geen lampen, alleen bengelende draden; geen fornuis; geen koelkast; geen gordijnen. Ze waren zelfs verantwoordelijk voor het installeren van behang en vloerbedekking.

"Omdat we alleen voor een zomerbezoek zouden komen, hadden we geen meubels," zei Stewart. "Gelukkig had een van de echtparen die Jane via de Amerikaanse gemeenschap ontmoette, eigenlijk twee huishoudens met meubels. Ze hebben ons wat van hun spullen geleend, maar het was in het begin vrij karig ingericht."

De vrouw van Jan van den Berg, Ciny, herinnerde zich vooral de vindingrijkheid van Jane. "Ze zou een groezelige zwarte pot van een vlooienmarkt mee naar huis nemen, en de volgende keer dat je het ding zag, was het omgetoverd in een glimmend zilveren theeservies dat eruitzag alsof het net uit een exclusieve winkel kwam."

De kinderen waren nog steeds op kamp, dus ongeveer een week lang zette Stewart zijn Boy Scout-vaardigheden aan het werk en bouwde hij houtvuren in de achtertuin om warme koffie en toast voor zichzelf en Jane te maken. "Ik ging naar al mijn onderhandelingen terwijl ik stonk naar houtrook," zei hij. "Ik weet zeker dat mijn collega's opgelucht waren toen we een elektrische brander kochten."

Jane Ann hield van het huis en herinnerde zich dat ze een van de kamers onder het puntige dak had. "Ik herinner me dat ik het zo tof vond dat ik een eigen wastafel had, midden in mijn kamer, wat geweldig was. Ik kon mijn tanden poetsen als ik opstond. Het was heel romantisch, bijna alsof je in een sprookje leefde."

Doug Jr. vond overblijfselen van een minder sprookjesachtige tijd in Nederland. "Het zandduin achter ons huis zou volgens de geruchten een uitgelezen plek zijn geweest voor een Duits machinegeweernest tijdens de Tweede Wereldoorlog. Het verhaal was dat ons huis het eerste huis was geweest dat was ingenomen tijdens de oorlogsperiode, toen soldaten met parachutes in die tulpenvelden landden. Toen ik daar op een dag speelde, ontdekten mijn vriend Chris Reardon en ik een oude telefoonkabel in het zand."

Stewarts jongste, Mark, en zijn vrienden speelden op diezelfde zandduin, en hij herinnerde zich dat verhaal ook. "Ik speelde soldaat op die zandduin, en ooit vonden mijn vriend en ik wat oude machinegeweergranaten die me het verhaal over het machinegeweernest bewezen."

Stewart ontmoette de huidige eigenaren van het huis, Liz en Emiel van Veen, toen hij in 2005 een nostalgisch bezoek bracht. Het echtpaar Van Veen verifieerde het verhaal over de machinegeweernesten en enkele andere gebeurtenissen die tijdens de oorlog rond het huis plaatsvonden. In mei 1940 kwamen Duitse luchtlandingstroepen precies rond die wijk van Rijksdorp neer om nabijgelegen luchthavens over te nemen.

Emiel legde uit dat het huis werd ingenomen als een soort hoofdkwartier. "In 1942 werden de inwoners van Rijksdorp gedwongen te evacueren omdat de Duitsers begonnen met het bouwen van betonnen pillendoosjes in de duinen als onderdeel van wat zij de Atlantikwall noemden. Dit was bedoeld om een invasie van de geallieerden tegen te houden of te ontmoedigen. Natuurlijk wilde het Duitse leger niet dat er mensen zouden rondneuzen, dus moest iedereen hun huizen verlaten. Slechts twee Nederlanders die sympathiseerden met de Duitsers mochten blijven. De wijk was goed afgesloten voor Nederlanders die er woonden. Ze zetten een hek van prikkeldraad rond watergeulen en bouwden houten schuilplaatsen rondom Rijksdorp als onderdeel van die Atlantikwall. Op 5 september 1944, op wat wij Dolle Dinsdag ('Crazy Tuesday') noemen, was er een wild gerucht dat de Duitsers op het punt stonden te vluchten omdat geallieerde troepen Rotterdam naderden. Dit gerucht zorgde ervoor dat mensen in en rond Den Haag jubelend de straat op gingen om het te vieren. Helaas bleek het nog niet waar te zijn. De bezetters namen wraak door alle huizen van Rijksdorp te plunderen. Na de bevrijding, in mei 1945, werden de huizen in Rijksdorp teruggegeven aan hun eigenaren. Daarna woonden, Jonkheer Quarles van Uffort, stiefvader van Audrey Hepburn, en haar moeder nog vele jaren in ons huis."

Misschien omdat ze een kunstenaar is, had Jane Ann kleurrijke herinneringen aan hun huis en hun leven in Nederland. "De ontbijtzaal keek uit over een eindeloos lappendeken gemaakt van alle soorten en kleuren tulpen. Wij kinderen dachten dat de tulpen van ons waren. We wisten niet dat de kleine gracht die ons scheidde van de bloemen, ongeveer twee voetbreed, iets officieels was, maar we kwamen er al snel achter de eerste keer dat we over die gracht stapten om die tulpen te plukken. Een strenge man verscheen uit het niets om ons te waarschuwen dat die bloemen alleen voor het kijken waren."

Jane's moeder had ook een ervaring met de tulpen aan de andere kant van de gracht. Ze nodigde de vrouwen uit van het team met wie Stewart aan het werk was om op een ochtend te komen om de tulpen in al hun glorie te zien.

Ciny van den Berg herinnerde zich het evenement. "Jane was erg enthousiast voor ons om dat veld met bloemen te zien. Er waren de vrouw van Paul Miles, Caroline, en de vrouw van Martin Orlean, Sylvia, en ikzelf. Jane bereidde een heerlijke koffieochtend voor ons, recht voor de ramen die uitkeken op de tulpen. Maar toen ze de gordijnen voor ons opende, kwamen we erachter dat de tulpen 's nachts allemaal waren gerooid en er niets anders over was dan aarde en bruine stoppels."

Stewart herinnerde zich een gelukkiger moment dat hij deelde met zijn vrouw. "Op een dag dook er een witte duif op met een kleine zwarte band om zijn nek, en ik ving het mooie kleine ding voor haar. We hebben er een grote kooi voor gekocht en die daar in Jane's keuken geplaatst. We kochten een maatje voor de vogel op de markt en brachten hem thuis naar onze kleine duif. Ze moeten gelukkig zijn geweest aangezien ze 'jonkies kregen."

In de jaren dat de Stewarts in Nederland woonden, hadden ze de gelegenheid om de meeste van de schilderachtige steden en boerderijen in Nederland en de buurlanden te zien met de auto en per boot. In een brief met nieuwtjes aan haar zus beschrijft Jane Stewart een van die vakanties.

We zijn afgelopen weekend met de kinderen naar Gent geweest. Het was de verjaardag van de koningin en ook een nationale feestdag. Er was een prachtig paneel van Eyck in een kerk die we wilden zien. Het wordt de "Aanbidding van het Lam" genoemd. Het was echt beeldschoon. We bezochten ook het huis waar Louis zijn toevlucht zocht toen Napoleon terugkeerde voor zijn 100 dagen. Het is nog steeds volledig ingericht en is prachtig bewaard gebleven als museum.

De kinderen zijn stapelgek op Belgische gefrituurde aardappelen. In Nederland doen de kleine kraampjes die ze verkopen er mayonaise op (ik vond dit moeilijk te eten). Maar in België doen ze ook mayonaise of ingelegde uien op mosselen, die als een rood-oranje oester zijn. Het is de meest idiote combinatie die je ooit hebt gezien of geproefd.

De kinderen zijn deze zomer echt op kamp gericht, naar kampen in de buurt van Geissen, Duitsland, en het lijkt erop dat het vreselijk goede zomerkampen zijn. En dan zullen we ze daar eind juli ophalen en voor drie weken naar Arosa, Zwitserland gaan. Het is een prachtige plek en een zeer goed skigebied. Ze hebben alles, van paardrijden tot snorkelen. En ze gaan alle drie gaan, dus Mark hoeft niet eenzaam te zijn. Twee van de kinderen uit zijn klas zullen er ook zijn.

Terug naar ons: Doug en ik gaan door naar Italië, door Oostenrijk en waar we nog meer kunnen komen in die tijd. Ik heb ze thuis nog geen nacht alleen gelaten met een oppas sinds ik hier kwam, en ik wilde eigenlijk dat ze Pompeï en Rome zouden zien, maar Doug zei dat ze een keer kunnen komen als ze groter zijn.

Er was een speciale vertoning op de Amerikaanse ambassade van Jackie's rondleiding door het Witte Huis. Ik was ook uitgenodigd, en het was geweldig, niet?

Doug vertrekt vandaag naar Brussel, daarna naar Londen en vrijdag terug. Met de lunch van May Fellowship Day en het moeder-dochter banket, zal ik het druk zat hebben. Maar we hebben er nog steeds een hekel aan als hij van ons weg is.

Veel liefs van ons allemaal. Schrijf snel. Jane

Terugkijkend had Stewart geen spijt. "Ik zou mijn carrière misschien verder hebben ontwikkeld als ik bereid was geweest om die weekends en vakanties met mijn gezin op te geven, maar dat heb ik nooit gedaan. Ik heb Jane beloofd dat het weekend aan haar en mij en de kinderen toebehoorde. Nu alle kinderen allemaal volwassen zijn en Jane is overleden, weet ik dat we er goed aan hebben gedaan onszelf voor het werk te plaatsen. Jane ging met me mee naar vele prachtige sociale evenementen die bij het werk hoorden, en het delen van die gelegenheden met haar is voor mij een dierbare herinnering."

Jane's vriendinnen uit Weston, Connecticut, gaven een
afscheidsfeestje voor haar en veel van hen kwamen
het schip uitzwaaiden toen ze vertrokken.

Aan boord van de Liberté waren de diners allemaal zeer formeel.
Rechts zitten Jane en Doug. Ondertussen waren de kinderen
kussengevechten aan het houden in hun statige hut.

De familie Stewart bij hun huis in Rijksdorp, Wassenaar. Van links naar rechts: Doug jr., Jane, Jane Ann en Mark Allan.

Jane Stewart zit een bijeenkomst voor van de American Women's Club of The Hague.

Hoofdstuk 12

Naar Brussel en meer en terug naar huis!

D e onderhandelingen over de Staatsmijnen verliepen net zo langzaam als Stewart voorspelde. Een derde vergadering vond plaats op 15 mei, waarbij het Esso/Shell-team hun sterke bezwaren uitte tegen deelneming van de staat

in productie en export. Nog twee vergaderingen in juni leverden een zogenaamde 'aide-mémoire' op, dat zij op drieëntwintigste aan minister De Pous presenteerden. Dit keer gaven ze toe aan de eis van Staatsmijnen om deel te nemen aan de productie, terwijl ze het recht bleven behouden voor NAM om exportverkopen te doen. De bedenkingen van de minister over de gezamenlijke operaties bleven bestaan. Het was Stewart duidelijk dat De Pous niet zou instemmen met enig voorstel dat de regering in een minderheidspositie plaatste.

"Minister De Pous stelde een commissie aan onder leiding van prof. W. C. L. van der Grinten, die voorzitter was, naast H. Vos, lid van de Eerste Kamer namens de Partij van de Arbeid van de Eerste Kamer, en Th. P. Tromp, een ex-minister van Openbare Werken," zei Stewart. "Maanden gingen voorbij terwijl ze praatten met politici, gemeenteraden, gasfabrieken, Staatsmijnen en anderen. We bleven overleg plegen met het ministerie, maar stap voor stap werd ons oorspronkelijke voorstel geërodeerd, gewijzigd en hervormd."

Vergaderingen kropen door de maand augustus en zouden zeker blijven doorgaan tot diep in de herfst. Stewart was vastbesloten in zijn overtuiging dat de onderhandelingen uiteindelijk zouden worden opgelost. Omdat alle vroege voorspellingen over de omvang van de vondst in Groningen waren overtroffen, verloor het Esso-team geen moment bij het doen van hun exportstudies niet. Er was geen spoor van twijfel bij Stewart dat alle nabijgelegen landen - België, Frankrijk, Oostenrijk en zelfs Groot-Brittannië aan de overkant van het Kanaal - enthousiast zijn voor aardgas. Gesterkt door de gegevens in het Hilversum-onderzoek en door wat de studies in Duitsland onthulden, leek België de meest natuurlijke plaats voor de volgende onderzoeksronde.

Op weg naar het Belgische hoofdkantoor van Esso bracht de trein Stewart en Orlean door dorpen uit de middeleeuwen. "De eerste grote stad was Delft, beroemd om zijn grachten en kobaltblauw getrimd aardewerk," zei Stewart. "Die industrie zou zeker aardgas willen. We gleden langs laaggelegen velden met grazende runderen en boerderijen met rieten daken. Hier en daar lagen grote stapels hooi en soms hoge vuilheuvels waarnaar zowel vee als boeren konden vluchten in tijden van overstroming."

In het door de rivierdelta doorkruiste land tussen Nederland en België, is het land breed en vlak. Over de grens ligt Antwerpen, met zijn grote haven. In het westen liggen Gent en Brugge, wiens parels van middeleeuwse architectuur door de tijd werden ingehaald toen eeuwen geleden de toegang naar de zee verzandde. In het oosten ligt het industriële vestingstadje Luik. Ten zuiden van Brussel ligt Charleroi, in het kolengebied. In de verte is Bastogne, het toneel van de Slag om de Ardennen uit de Tweede Wereldoorlog. De laatste keer dat Stewart hier op doorreis was, leidde hij een konvooi na de bevrijding van Parijs.

In november 1944 werd Luitenant Stewart uitgezonden op een dienst om leiding te geven aan veertig mannen om een konvooi vrachtwagens en voertuigen van de havens naar St. Dizier in Frankrijk te brengen om daar een vloot motoren te vormen. In december keerde hij terug naar het oosten van Charleroi, waar de Duitsers oprukten naar Bastogne om hun offensief voor de Slag om de Ardennen te lanceren. Vóór hem en zijn mannen speelde zich de bitterste en meest indringende strijd af voor de geallieerde strijdkrachten.

"We konden de grote kanonnen horen, maar toen haperden ze, het weer sloeg om en de lucht klaarde op," herinnerde Stewart zich. "Eindelijk, waren daar in de lucht, onze bommenwerpers op weg naar het front."

Tegen Kerstmis was de compagnie van Stewart op tijd in de buurt van het dorp Charleroi de allesbepalende Slag om de Ardennen in Bastogne.

Ze kregen de opdracht om zich in te graven om het dorp te beschermen voor het geval dat de Duitsers Bastogne zouden overvallen. De strijd woedde bitter, met massale verliezen te betreuren, voordat de Duitsers eindelijk werden gedwongen zich terug te trekken.

Uit waardering voor de bescherming van het 944e gezelschap presenteerden dorpsambtenaren Medaille van Appreciatie aan Stewart voordat ze verder gingen. De slagvelden die de compagnie passeerde, waren bezaaid met iets dat leek op een reusachtige, groteske legpuzzel.

"Ik nam een konvooi door Bastogne," zei Stewart. "De stad lag in puin, en de omliggende velden waren bezaaid met opgeblazen Duitse tanks die geen benzine meer hadden. Wit geverfd om ze in de sneeuw te camoufleren, doemden ze nu op in scherp reliëf tegen de ontdooiende bodem. Eén veld was een zee van verlaten fietsen die de Duitsers in hun eerste opmars hadden gebruikt. Bomen die eeuwenlang het platteland hadden overschaduwd, lagen nu als verbrijzelde. Tegen de tijd dat we erdoorheen gingen, waren de menselijke resten van het bloedbad al weggehaald, zowel militairen als burgerslachtoffers, De omgekomen paarden, lagen in de zon te rotten naast hun omgevallen wagens, waren het stille bewijs dat de Duitsers er veel slechter aan toe waren dan wij voor zover de uitrusting betreft. Ik ben er zeker van dat hun soldaten leden in de bittere kou en sneeuw, net als onze mannen. Soldaten moesten op de grond slapen of een schuur of hooiberg vinden, en daar waren er maar weinig van in de bosrijke Ardennen."

In 1944 ging de compagnie van Stewart door Nederlands Limburg, en daarna verder Duitsland in. Ze trokken in het voetspoor van de frontlinietroepen en passeerden met hun konvooi vrachtwagens die de andere kant opreden, bomvol met uitgemergelde, skeletachtige mannen die met een holle blik naar hen staarden. "Eerst dachten we dat ze krijgsgevangenen waren vanwege hun gestreepte, versleten kleren, maar toen realiseerden we ons door hun geschoren hoofden dat deze kapotgemaakte mensen net uit concentratiekampen waren gered. We hadden alleen nog geruchten gehoord over wat de eerste troepen op daar ter plekke hadden aangetroffen, maar nu keken we de rauwheid van de overlevenden recht in het gezicht, al zouden we pas veel later ten volle beseffen wat de omvang was van hun beproevingen.

. We zwaaiden en juichten hen toe terwijl ze voorbijkwamen, maar ze waren te zwak en getraumatiseerd om terug te groeten. Ze konden alleen maar gevoelloos terug staren."

Vanuit Charleroi trokken ze door Gembloux in België, waar de Fransen en Britten de eerste veldslag van de oorlog hadden gevochten voordat de overgebleven soldaten naar de stranden van Duinkerken werden gedreven. Stewart en een van die jonge Franse soldaten waren voorbestemd om elkaar te ontmoeten in een vreedzame achtervolging die hetzelfde grondgebied zou betreffen.

Op 10 mei 1940 bevond een jonge Franse soldaat, Yves Monod, zich in de regio Luik in de buurt van Gembloux, in het Verkenningsregiment van het Achtste Bataljon van het Franse leger toen zijn eerste contact met het Duitse leger plaatsvond in een gevecht in de Luik regio van België. Hoewel zij en de Britse strijdkrachten die zich bij hen voerden, de strijd wonnen, begon een groter gevecht op de twaalfde vlakbij Gembloux. De Duitsers pareerden met zo'n geweldige luchtmacht dat bijna 400.000 mannen zich moesten terugtrekken op de stranden van Duinkerken, aan de Noordzee. De grootste marineschepen konden niet dicht genoeg bij het strand komen om hen te redden, dus in een van de meest heroïsche en gedurfde reddingen van de oorlog, reageerden bijna 900 gewone Engelse burgers op een oproep en vertrokken in stormachtige zeeën in elk soort particulier schip dat het Engelse Kanaal kon oversteken. In totaal werden 338.226 troepen op deze manier gedurende meerdere dagen geëvacueerd.

Op 30 mei zette het regiment van Yves onder zeer moeilijke omstandigheden op een Engelse torpedojager koers naar Dover. Zes dagen later keerden ze door Bournemouth terug en stapten over op een schip terug naar Plymouth, in de wetenschap ze weer op weg waren om te vechten. Net toen ze de haven moesten verlaten, werden ze bemoedigd door het geluid van de 'Marseillaise' die door de haven galmde, met dank aan het Plymouth Army orkest. In een moedige maar vergeefse poging om de opmars van de vijand te vertragen, gingen

Yves en een deel van zijn regiment de confrontatie aan in Saumu aan de rand van La Loire. De strijd van het regiment ging door tot 27 juni, toen de Wapenstilstand van 1940 tussen Frankrijk en Duitsland werd ondertekend.

Kapitein Francis Stewart en 2ᵉ Luitenant Douglass Stewart in Wales, VK, vlak voor de invasie in Normandië. Ze kwamen beiden aan op 3 juli 1944 aan op Omaha Beach.

Van links naar rechts: Kapitein Cameron, Lt. Douglass Stewart en twee sergeanten aan de Normandische kust in juli 1944.

Stewart's company, the 944 Ordinance Motor Vehicle Distribution Company, was stationed in Charleroi, Belgium, during the December 1944 "Battle of the Bulge." The company received a Commemorative Medal from the town for its defense. Here, Stewart, on the left, led a platoon receiving the medal at the Town Hall.

Toen Stewart en Orlean uit de trein stapten in het Brussel van 1961, was er geen overblijfsel meer van de oorlog, behalve de gedenktekens voor degenen wier leven in het conflict werd opgeëist. De twee mannen bevonden zich in het centrum van een stad die blaakte van commercieel succes.

De Grote Markt was slechts een straat verwijderd van hun hotel. De vergadering was pas om één uur, dus Stewart benutte de tijd door de buurt te verkennen. Toen hij een hoek om ging, deed hij een stap terug in de tijd. Vóór hem stonden de prachtige zeventiende-eeuwse gildehallen uit de tijd dat België het centrum was van de Europese wol- en linnenweverij. Helaas waren hun met goud getrimde gevels vervuild met het residu van eeuwen roet uit het verbranden van kolen om de woningen in de stad te verwarmen en de industrie te voorzien van brandstof. "Ik dacht toen dat als we gewoon maar schoon aardgas in België konden krijgen, we de stad zouden kunnen helpen schoon te worden," zei Stewart. "Als je de laatste tijd op de Grote Markt bent geweest, weet je dat het ons is gelukt, uiteraard met de hulp van een leger schoonmakers."

Die middag ontmoetten Stewart en Orlean het Belgische Esso-bestuur en diverse managers en economen. Ze presenteerden in wezen dezelfde presentatie die ze in Duitsland hadden gehouden en verzamelden waardevolle informatie om terug te brengen naar het team in Den Haag.

"We vernamen dat Distrigaz in België het enige grote interstedelijk gasdistributiebedrijf was", aldus Stewart. "Ze verbonden een aantal kleinere onafhankelijke gasdistributiebedrijven en gemeenten. Het grootste onafhankelijke bedrijf was Imperial Continental, gevestigd in de regio Antwerpen."

Imperial Continental was de belichaming van de 'oude garde' van dit land. Ze waren een van de vroegste gasbedrijven in Europa, opgericht in de vroege 19e eeuw, toen gas voor het eerst werd gebruikt voor straatverlichting. Verrassend genoeg was Imperial eigenlijk geen Belgisch bedrijf; het was Brits eigendom, dat zijn aandelen openlijk verkocht op de Londense aandelenmarkt. Stewart vroeg zich af of het mogelijk zou zijn om gewoon de aandelen van het bedrijf op te kopen en het te bezitten, maar dat idee moest worden verworpen vanwege de complexiteit van een dergelijke transactie.

Het belangrijkste en krachtigste element van de Belgische oude garde was geen kolen- of staalbedrijf of zelfs een gasbedrijf. Het was in plaats daarvan een van de grootste financiële huizen in Brussel. De Société Générale is een bank die dateert van 4 mei 1864, de datum van het door Napoleon III ondertekende machtigingsbesluit en de maand waarin het bedrijf werknemers begon aan te nemen en kantoren ging opzetten.

De ambities van de bank werden weerspiegeld in de oorspronkelijke statuten, toen deze destijds zeer ongebruikelijke bedrijfsvorm aannam, die van een naamloze vennootschap of 'société anonyme'. Tegen 1870 had de bank vijftien kantoren in Parijs en tweeëndertig in de Franse provincies. Het vestigde een permanent kantoor in Londen in 1871. Vanaf het begin droeg het bord boven de ingang van de kantoren het gegraveerde, geëmailleerde glazen opschrift "Société Générale" - wat de ontwikkeling van handel en industrie in Frankrijk ten goede kwam.

Omdat dat motto overeenkwam met Stewarts eigen bedoelingen, leek het een positief voorteken te zijn voor zijn missie aldaar. Veel van de andere kleine Belgische distributiebedrijven, evenals de veel grotere Distrigaz, werden allemaal op de een of andere manier financieel bestuurd door de Société.

Huisverwarming was geavanceerder in België dan in Nederland, maar steenkool domineerde nog steeds stookolie. Allerlei industrieën, met name staal- en kolenmijnen, waren voornamelijk verspreid langs de Maas, die ruwweg noord en zuid door het midden van het land stroomde. Esso België had ongeveer 20 procent van de oliemarkten in België en een grote raffinaderij in Antwerpen. Het lage BTU-stadsgas dat in België werd gedistribueerd, was grotendeels afkomstig van staalfabrieken en gemeentelijke gasfabrieken. Er was geen aardgas.

Stewart was blij te horen dat Esso België het voorbeeld volgde van Esso Duitsland en ermee instemde om onderzoeken op te zetten voor een toekomstig gasbedrijf en een analyse van het marktpotentieel volgens dezelfde lijn als de studies die in Hamburg werden uitgevoerd. Twee economen en een jurist werden op de taak gezet. Voor de diep verankerde Belgische industrie, zou Esso worden beschouwd als een "nieuwe jongetje in de klas". Stewart wist dat er geen manier was om zeker te zijn dat België een onderzoek door het"

Esso het bijdehandje "serieus zou nemen. In België althans zou deze nieuwe gasindustrie in particuliere handen zijn.

Vanuit België was Parijs de volgende halte. Onderweg met Orlean herinnerde Stewart zijn eerste bezoek daar, zeventien jaar eerder. Toen had hij aan het hoofd gestaan van een legerkonvooi een paar dagen nadat Parijs in 1944 was bevrijd.

"Mijn opdracht was het opzetten van een vloot motorvoertuigen in het Bois de Vincennes. We hadden geen problemen om Parijs te vinden, maar we kwamen 's nachts aan en wisten alleen dat het park ten oosten van de stad lag. We sliepen allemaal gewoon op het trottoir en dachten dat we dat park 's morgens zouden vinden. We werden wakker omringd door een menigte burgers die in het Frans tegen ons aan het babbelen waren, uiteraard heel blij ons te zien. De lokale bevolking liet ons hun faciliteiten gebruiken, en toen brachten ze ons wijn en brood en vertelden ons waar we dat park konden vinden waar we onze vrachtwagens moesten houden. Terwijl we ons door de straten voortbewogen, schoten menigten van weldoeners om ons heen. De jongens kusten alle meisjes, vlaggen zwaaiden - het was een onvergetelijke scène. De troepen die al het gevecht hadden uitgevoerd, waren als eerste langsgereden, maar ze moesten blijven doorrijden, dus wij waren de gelukkigen die het gejuich en de aandacht kregen."

Op die triomferende dag zat Yves Monod –die met zijn vrouw Solange was getrouwd toen hij terugkeerde van het front – op een fiets op zoek naar melk voor zijn pasgeboren babydochter zonder te weten dat een van de troepen die in dat park kampeerden een jonge Amerikaanse luitenant was die op een dag zijn zakelijke collega zou zijn.

Tegen 1961, wat was er veel veranderd.

"We waren gewoon voetgangers," zei Stewart. "Er waren overal auto's. Het was mistig en regende deze keer en niemand stopte met hun drukke bezigheden om Martin en mij een tweede blik te gunnen.

"Het enorme vergulde pluche rode interieur van het George V Hotel was indrukwekkend. Vanuit het restaurant dreef de knoflookachtige geur van het beroemde eten op – het viel lang niet tegen om in Frankrijk te zijn en de gasmarkt te onderzoeken."

De gasindustrie in Frankrijk, zowel nieuw als oud, behoorde toe aan een lang gevestigde overheids-monopolie. Met dat feit in het achterhoofd vroeg Stewart zich af of Esso Frankrijk überhaupt te overtuigen zou zijn om een onderzoek te doen.

Het Esso-gebouw keek uit over de stad vanaf een heuvel twee mijl ten noorden van de Champs Elysées. Nadat hij kort was voorgesteld aan het bestuur, was Stewart verrast om te ontdekken dat de vergadering niet op kantoor zou plaatsvinden, maar tijdens de lunch in een eetzaal in het penthouse, aan een grote witte met linnen gedrapeerde tafel compleet met bloemen, wijnglazen en goudomrande borden.

"Ik was onder de indruk, maar op de een of andere manier kwam het portret van John D. in me op en ik vroeg me af of hij misprijzend op onze dure lunch neer zou kijken. Met typisch Amerikaanse bravoure lanceerde ik mijn inmiddels goed gerepeteerde Nederlandse gasverhaal en waagde te beweren dat het mogelijk was dat het gas misschien helemaal naar Parijs reikte en dat we het gas rechtstreeks in Frankrijk zouden willen verkopen vanuit onze eigen pijpleidingen.

"Serge Sheer, de president van Esso Frankrijk, zat aan mijn rechterkant. Hij onderbrak mijn praatje door voorover te reiken, mijn harde broodje van mijn boterbord te plukken en op het witte tafelkleed voor mijn bord te leggen. 'In Frankrijk,' zei hij, 'is het gebruikelijk om je brood op het tafelkleed te leggen.'"

Was hij behulpzaam voor een brutale jonge Amerikaan, of vertelde hij Stewart op zijn Gallische manier dat er veel te leren was over Frankrijk? Stewart had niet eerder gemerkt dat 'op tafel' precies was waar iedereen zijn brood had geplaatst. Hij zou de komende dagen nog veel meer over Frankrijk te weten komen.

Onder het genot van forel met amandelen en Pouilly-Fuissé witte wijn, ontdekte Stewart dat er aardgasproductie was in het zuiden van het land nabij Lacq, en er al een behoorlijk gasnetwerk was ten zuiden van Parijs. De regering had Gaz de France opgericht als een virtueel monopolie om aardgas te distribueren. Hoewel het er kennelijk een grote markt voor Nederlands gas in Frankrijk zou kunnen zijn, leek de kans klein dat Esso kon deelnemen aan direct marketing en transport via pijpleidingen. De Esso-filialen in Duitsland en België hadden snel gereageerd op het idee van onderzoeken als een manier om hun eigen toekomstige financiële mogelijkheden te onderscheiden, maar Stewart moest een andere aanpak kiezen met het filiaal in Parijs omdat hun primaire doelwit de lichte industrie was, waar Esso Frankrijk een groot deel van zijn oliemarkt in Frankrijk had.

"Het lukte me hen te overtuigen om een onderzoek te starten naar de juridische aspecten van wat er zou gebeuren met een particuliere onderneming die zich bezighoudt met een overheids-monopolie in Frankrijk. Ze kwamen ook overeen een onderzoek uit te voeren naar de mogelijke aardgasmarkten die zich zouden kunnen ontwikkelen uit de import van Nederlands gas. Ze hebben een econoom en een jurist toegewezen."

Hoewel die beslissing het einde van de dagelijkse gang van zaken leek te zijn, verliet niemand de tafel. Cognac en sigaren moesten worden geproefd voordat Stewart en Orlean hun Franse collega's vaarwel konden zeggen, terwijl ze beloofden hun op de hoogte te houden. Stewart herinnerde zich dat ze nauwelijks hun vlucht terug naar Londen haalden, waar hun volgende afspraak met Esso UK zou zijn.

In Londen zouden Stewart en Orlean opnieuw een Esso-filiaal moeten overtuigen dat het waardevol is om een onderzoek te doen wanneer het gasbedrijf in handen is van een monopolie, namelijk de British Gas Council. In hun discussie tijdens de vlucht naar Londen baarde dit Orlean zorgen, maar Stewart wilde er graag heen.

"Toen we landden, was er niets veranderd ten opzichte van onze vorige ontmoeting met Shell", zei Stewart. "Smog van kolenbranden vulde nog steeds de lucht en vervuilde de gebouwen en parken. Toen we vanuit Heathrow de stad in reden, keek ik op naar al die daken met al die duizenden rokende schoorstenen ontspoorden en voelde een golf van opwinding. Dit was een enorme potentiële premium-markt, als we Engeland maar mee konden krijgen."

De nu beroemde Noordzee olie- en gasontdekkingen waren nog niet gevonden. Hoewel ze een enorme impact hadden gehad op de kwaliteit van het leven in het hele land, was ten tijde van het bezoek van Stewart en Orlean de enige bron voor aardgas in Engeland LNG (vloeibaar aardgas), aangevoerd per schip vanuit Libië of Algerije op hoge kosten en alleen beschikbaar in kleine volumes. Esso UK geloofde dat het overheidsmonopolie de enige klant voor Nederlands gas zou zijn.

Het Verenigd Koninkrijk stond aan het begin van de industriële revolutie van Europa in de 19e eeuw, en had diezelfde voorhoederol bij de productie van beschikbare kolen en gasvormige bijproducten van staal en cokesovens. Laag-BTU-stadsgas werd meer dan honderd jaar eerder voor het eerst gebruikt voor verlichting en koken. Tegen 1960 was het land verbonden met gasnetten, gasfabrieken, en behalve zeer afgelegen landelijke gebieden, werden alle huizen bediend door gasleidingen.

Desondanks waren hoogwaardige antracietkool en cokes de favoriete brandstoffen voor de kachels van huiseigenaren. Omdat die brandstoffen zo duur waren, kwamen dieselolie en kerosine snel op de markt voor thuisverwarming

Stadsgas werd gebruikt voor het verwarmen van de meer welvarende gebieden, maar dit werd vooral verbruikt voor het verwarmen en koken van warm water. De gasraad, probeerde voortvarend hun bron van stadsgas uit te breiden door hervormingsfabrieken te bouwen om LP-gas en lichte oliën te om te kraken tot stadsgas met een lage BTU. Ondanks de hoge kosten onderhandelde de raad actief om vloeibaar aardgas te importeren uit Algerije en Esso in Libië.

Voordat de raad de enorme taak van het omzetten van gasnetten en woningen naar het hoge BTU-gas dat uit Nederland zou komen, zou overwegen, zouden ze eerst verzekerd moeten zijn van een forse, langdurige en veilige levering. Ze moesten ervan overtuigd zijn dat geïmporteerd Nederlands gas niet de hoge kosten van verschepen met zich meebrengt. Ze zouden ook verzekerd moeten zijn van de haalbaarheid van conversie en van de waarde van het premium marktpotentieel.

Stewart wist dat de antwoorden op die vragen zouden worden gevonden door studies te initiëren die antwoorden zouden onthullen. "We verzekerden Esso UK dat het aanbod er was als het VK een gasprijs zou betalen die voldoende is om een onderzeese pijpleiding economisch rendabel te maken en een contract aantrekkelijker te maken dan andere Europese kopers. Er was nog nooit een gaspijpleiding van de grootte die we overwogen, in de diepten van de overtocht over de Noordzee gelegd, maar de pijpleidingtechnici van Jersey geloofden dat de technologie kon worden ontwikkeld."

Nu er vier Esso-filialen waren naast Esso Nederland die het potentieel voor aardgas bestudeerden, zag Stewart dat het team enige expertise nodig had op het gebied van pipelining. Hij verzocht om een pijpleidingdeskundige bij hem en Orlean in het Haagse team te voegen, en Paul Miles van het kantoor in New York werd toegewezen aan de taak.

Vooral omdat hij als eerste door het bestuur naar Europa was gestuurd en vanwege de kracht van zijn ideeën en persoonlijkheid, had Stewart als de leider gefunctioneerd zonder dat hij officieel in die rol was benoemd. Nu werd voor het eerst die leidende rol ter discussie gesteld vanwege de ideeën van Stewart over het Britse onderzoek. Wat Stewart betreft, was de Noordzeepijpleiding niet alleen nodig, maar zou deze er komen ook. Hoewel Esso UK ermee instemde een gasstudiegroep op te richten, maakte Miles meteen duidelijk dat hij de visie van Stewart niet deelde wat de pijpleiding betreft. In de optiek van Miles, was de pijpleiding niet alleen niet nodig, maar zou er niet komen ook. Orlean was het met hem eens. De twee begrepen gewoon niet de strategie van Stewart bij het initiëren van het onderzoek.

De belangrijkste kwestie voor Stewart in het Verenigd Koninkrijk ging niet over het importeren van aardgas, en zelfs niet over die pijpleiding. "Hoewel ik zelf aanvoelde dat de studie het tij misschien niet zou keren in het VK, geloofde ik er vast in dat we een solide front moesten presenteren aan elke Europese gasdistributeur, waarbij we in elk geval lieten zien dat we van plan waren de gasindustrie te betreden. In deze vroege onderhandelingen konden we ons niet terugtrekken uit een enkel land zonder onze positie ten opzichte van de anderen te verzwakken. Miles heeft de fundamentele degelijkheid van deze strategie nooit begrepen. Hij was niet alleen een voortdurende doorn in mijn zij. Hij werd een belemmering voor wat ik zag als een noodzaak om over de hele linie absoluut consistent te zijn."

Miles en Orlean waren niet alleen eensgezind in hun mening over de pijpleiding, maar ze waren ook even krachtig in hun overtuiging dat het zinloos was om na te denken over toetreding tot de gasindustrie in het VK vanwege het monopolie van de Gas Council.

Stewart was niet van plan zich te laten afschrikken door interne onenigheid om het hoofd te bieden aan de technische en economische uitdagingen aan te pakken van het exporteren van Nederlands gas vanuit Nederland naar heel Europa en zeker niet naar het VK. Hij en Orlean hadden aardig wat discussies over verschillende tactieken.

Miles en Orlean overhalen om voortvarend aan de slag te gaan met het pijpleidingonderzoek te stappen werd een getouwtrek. Wellicht doordat Orlean zijn bedenken aan Jersey had laten weten, dook er plotseling een stel corporate adviseurs vanuit New York op, om de voortgang van het team te monitoren. Stewart noemde deze kerels 'Jut en Jul'. "Deze twee brachten hun nachten door met gezwier en ze schepten vaak op over hun nachtelijke avonturen. Jut was een kleine kerel, een gemoedelijke, uitgestreken soort man, behalve als hij dronken werd en vechtlustig werd. Hij leek altijd in een of andere vechtpartij te hebben gehad en kwam de volgende dag opdagen met een blauw oog of een opgeblazen lip. Waarschijnlijk was een van de redenen waarom deze twee zo vaak in ons haar zaten, omdat ze even konden ontsnappen van het thuisfront en de vrijheid hadden om het vleselijke lusten in Amsterdam te proeven."

Jut en Jul rapporteerden negatief over zaken die Stewart als vooruitgang beschouwde; bijvoorbeeld het feit dat het team op zoveel fronten meters wist te maken.

"Miles en Orlean ontmoetten vaak Jut en Jul alleen, waarschijnlijk om hun eigen ideeën door te geven, waarvan ze waarschijnlijk hoopten dat ze naar Jersey zouden worden doorgesluisd, samen met hun klachten over mijn ideeën en over de manier waarop ik ze onder druk zette," zei Stewart.

"Hoewel Jersey nooit iets leek te doen om mijn vordering te belemmeren, maakte de negativiteit die dit gedrag in de situatie bracht, het soms moeilijker om mijn ideeën in New York te verkopen."

Stewart wilde de dagelijkse bewegingsvrijheid voor het team, maar het begon een soort spagaat te worden om te bedenken hoe ze New York voldoende op de hoogte konden houden, zonder ze zoveel informatie te geven waardoor ze de wendbare onderhandelingspositie van het team konden aantasten. Een ding was zeker,

Miles en Orlean vulden de lacunes aan voor Jut en Jul elke keer dat ze bij het team binnenvielen. Uiteindelijk Stewart Miles vervangen, maar hij overwoog nooit Orlean te substitueren.

"Martin was vaak een effectief tegenwicht voor mijn overmatige enthousiasme. Hij was een gehaaide econoom en verdient veel lof voor het succes van de onderzoeksteams. "Terwijl het Esso-team zich bezighield met het starten van exportstudies met gelieerde ondernemingen, zetten Smit van Dutch Esso en Boot van Dutch Shell hun interactie voort met minister De Pous, die zo zijn eigen worstelingen had.

Impasse opgelost

Minister De Pous erkende dat het hele aardgasproject publiekelijk een zeer hete aardappel zou kunnen worden, vooral met de oppositiepartij PvdA. Mogelijk heeft hij ook bezwaren ontvangen van andere Nederlandse entiteiten, zoals het Staatsgasbedrijf en enkele gemeentelijke distributiebedrijven. De commissie die hij eerder had benoemd, nu bekend als de Van der Grinten Commissie, met L. G. Wansink als secretaris, begon snel hoorzittingen te houden

De oliemaatschappijen erkenden nu dat niets minder dan de deelname van Staatsmijnen aan productie en marketing die impasse zou doorbreken. Ze kwamen op een punt waar ze konden instemmen met een derde deel van de productie en marketing voor Staatsmijnen. Vanwege het 'sjeikeffect' moesten ze standvastig blijven op het punt dat export moet worden uitgesloten. De overheid bleef even standvastig in haar vraag naar 50 procent van de exportinkomsten.

In december heeft de Van der Grinten-commissie De Pous een geheim rapport gestuurd met de volgende passage: "De oliemaatschappijen hebben heel duidelijk gemaakt dat ze voor hun positie ten opzichte van andere landen het uiterst belangrijk vinden dat deelname door Staatsmijnen in de sector gaswinning, op zichzelf acceptabel, in een vorm gemaskeerd wordt om ze niet in gevaar te brengen. Aan dit verzoek kan worden voldaan als de concessie formeel aan NAM wordt verleend en NAM de concessie in een partnerschap met de Staatsmijnen brengt."[10]

In een vergadering op 26 juni tussen De Pous, Wansink, Verkade, Nederlandse Staatsmijnen, Shell en Esso waren beide partijen onverzoenlijk, maar in slechts vierentwintig uur was de impasse doorbroken.

Lykle Schepers van Shell, die verantwoordelijk was voor aardgas voor Shell, was verantwoordelijk voor het opzetten van de eerste bijeenkomst waarin Shell-executives aan boord kwamen. Hij was opnieuw de beslissende factor, dit keer bij het doorlopen van de impasse.

Op 27 juni kwamen Schepers en minister De Pous oog in oog te staan tijdens een intrigerende ontmoeting, die nu 'de paardenhandel' genoemd wordt, die verstrekkende gevolgen had.

In zijn artikel *Striking Bonanza* beschreef prof. Arne Kaijser de uitkomst:

> *Lykle Schepers was de belangrijkste tegenhanger van De Pous aan de industriële kant en was de belangrijkste vertegenwoordiger van de NAM-partners. Hij was een van de meest invloedrijke industriëlen in het land. Bij één gelegenheid liepen de onderhandelingen vast en nodig De Pous Schepers uit voor een tête-à-tête. De minister gebruikte de ultieme dreiging: hij vertelde Schepers dat als de NAM niet instemde met zijn voorstel, de staat hen de concessie voor het Groningen-veld zou weigeren en hen in plaats daarvan een 'voor eens en voor altijd' compensatiepakket zou geven.*

---

10   Wolf Kielich, Subterranean Commonwealth.

Schepers antwoordde door De Pous te vertellen dat de raffinaderijen en petrochemische fabrieken in de Rotterdamse haven in dat geval niet verder zouden worden uitgebreid. Geconfronteerd met hun wederzijdse afhankelijkheid van elkaar, zagen ze in dat open conflict rampzalig zou zijn. Ze moesten gewoon een gemeenschappelijke basis vinden.[11]

Die gemeenschappelijke basis werd onthuld toen minister De Pous zijn rapport indiende, samen met zijn voorstellen voor het aandeel van de overheid in marketing- en productie-inkomsten. Er zou een marketing- en transportbedrijf zijn dat Gasunie zou heten. In totaal zou 40 procent van Gasunie eigendom zijn van Staatsmijnen, 10 procent van de Nederlandse overheid en 25 procent elk van Shell en Esso. Dit nieuwe bedrijf zou al het aardgas van NAM kopen en het gas in eigen land en ook via NAM exporteren.

De winst van de productie zou worden gedeeld in een afzonderlijk partnerschap, de Maatschappij geheten. In totaal zou 40 procent hiervan in handen zijn van Staatsmijnen, 30 procent van Esso en 30 procent van Shell. Omdat de overheid ook een royalty van 10 procent had, was dit in feite een deelname van 50 procent door de staat aan de productie. Wanneer inkomstenbelastingen werden toegevoegd, zou de overheid ongeveer 70 procent van de inkomsten ontvangen. NAM zou de exploratie- en productie-exploitant zijn.

Volgens een ander artikel van prof. Dr. Arne Kaijser, *"Van Slochteren tot Wassenaar: de oprichting van een aardgasregime in Nederland, 1960-1963,"* werd "pp 11 juli 1962, de belangrijke nota, 'Nota betreffende het aardgas', werd voorgelegd aan het Parlement. Op 4 oktober werd het wetsvoorstel in de Tweede Kamer besproken. Het moment van de waarheid kwam toen de Nederlander-vertegenwoordiger van de PvdA (de sociaaldemocratische partij) zijn toespraak hield."[12]

Nu ging alle zorgvuldige consensusvorming van De Pous resultaat opleveren. Na de stilte en vastberadenheid van de Nederlander was er nauwelijks debat voordat de inspanningen van De Pous werden goedgekeurd: "We zijn in alle eerlijkheid verplicht om te zeggen dat de minister onze bezwaren open heeft gezien. Hij heeft het Parlement echt

---

11   Arne Kaijser, Striking Bonanza.
12   Arne Kaijser, Van Slochteren tot Wassenaar.

geïnformeerd dat we de minister niet de schuld kunnen geven dat hij niet alles tijdens de onderhandelingen heeft bereikt. Op dezelfde manier beschuldigen we de andere partij niet na de fase van onderhandelingen, nu begint de periode van samenwerking. Een frisse wind zal door de ietwat slaperige gaswereld blazen. De gemeenschap kan er alleen maar van profiteren."

In de Tweede Kamer werd zonder tegenstem een gasmemorandum overeengekomen. Shell, Esso en Staatsmijnen konden nu echt beginnen met het plannen van de oprichting van het nieuwe bedrijf en het ontwikkelen van details voor pijpleidingen, in afwachting van de uiteindelijke goedkeuring van de productieconcessie door het Nederlandse parlement. De minister stelde voor dat het nieuwe bedrijf, dat bekend werd als Gasunie, en de producerende Maatschappij worden gecoördineerd door een stuurgroep van vijf aangewezen afgevaardigden - één van elke oliemaatschappij, twee van Staatsmijnen en één van de regering.

Tot dit punt waren de groep van Stewart in Den Haag en de Esso-onderzoeksteams in andere landen de enige spelers die actief exportperspectieven verkenden. Nu deed zich een nieuwe speler aan in het Nederlandse gasscenario, genaamd Johan Bernard Schepers, –die helemaal vanuit Casablanca het gaspodium zou gaan betreden.

Hoofdstuk 13

De Nederlander uit Casablanca

Het telegram van Royal Dutch Shell werd in Casablanca bezorgd precies op het moment dat Schepers en zijn vrouw Louise op het punt stonden gasten te ontvangen. Hij was toen al over de hele wereld gereisd voor Shell in de ene leiderschapspositie na de andere. Hij en zijn gezin waren gestationeerd geweest in Londen, Spanje, Indonesië, Algerije en Canada. Deze keer stuurden ze hem naar huis - naar Nederland.

Toen Nederland in 1940 door Duitsland werd binnengevallen, woonden Schepers en zijn gezin in het kleine stadje Voorburg. Vanaf zijn jeugd bekend als 'Krik', stond hij aan het begin in zijn tienerjaren. Zijn vader, Jan Dirk, een officier in het Nederlandse leger, werd gedeporteerd naar een Duits gevangenkamp, dus Krik werd de man van het gezin. Tijdens de bezettingsjaren werd de voedselvoorziening steeds schaarser en kon hij de magere voedselrantsoenen van de familie aanvullen door op zijn fiets naar een gebied van boerderijen rond Zoetermeer te rijden, een goed uur fietsen.

De grootste angst van zijn familie was dat de nazi's zouden ontdekken dat hij, hoewel nog maar zeventien, al klaar was met de middelbare school. Onder de Duitse bezetting waren alle jongens na hun eindexamen onderworpen aan deportatie naar Duitsland, hetzij als dwangarbeider of om gedwongen in het Duitse leger te gaan. Krik was een poos veilig door zijn jongere voorkomen en hij raakte met een vriend betrokken bij het Nederlandse verzet, ze brachten boodschappen over en observeerden de bewegingen van bepaalde mensen.

Een vriendin van Krik had een baan als secretaresse in een lokaal Duits administratiekantoor. Een deel van haar werk omvatte het ondertekenen van verschillende documenten, en ze slaagde erin een handtekening te krijgen op een document waarmee Krik na de avondklok van acht uur buiten mocht zijn, waardoor hij meer speelruimte kreeg in wat hij deed voor het verzet.

Toen zijn beste vriend in de herfst van 1944 werd gearresteerd, was de kans groot dat de politie ook naar Krik op zoek was, dus hielpen anderen in het verzet hem te verbergen in het Voorburgs ziekenhuis.

Toen de geallieerden het zuidelijke deel van Nederland konden bevrijden, werd de bezetting in de rest van het land strenger, om na het succes van een nationale spoorwegstaking helemaal grimmige vormen aan te nemen. De staking werd door de verbannen Nederlandse regering uitgeroepen om het vervoer van burgers naar dwangarbeid en concentratiekampen te stoppen en ook om verdere geallieerde bevrijdingspogingen te helpen.

Er was een afgebroken poging om Nederland te bevrijden in september 1944, een gebeurtenis afgebeeld in de film A Bridge Too Far. Veel geallieerde grondtroepen, parachutisten en Nederlandse burgers kwamen om het leven bij in een veldslag dichtbij Arnhem. Andere Nederlandse burgers riskeerden hun leven om die paar Britse en Amerikaanse parachutisten te herbergen die ontsnapten. Als straf voor zowel de spoorwegstaking als de bevrijdingspoging, plaatsten de Duitsers alle voedseltransporten naar West-Nederland onder embargo. Tegen november was het embargo gedeeltelijk opgeheven, maar een buitengewoon strenge winter begon en maakten de problemen van voedseltransport erger. De situatie in het ziekenhuis waar Krik zich verstopte, werd zo wanhopig dat de patiënten stierven van de honger. Vanwege het recente embargo op voedseltransport waren er vanaf de herfstoogst goede voedselvoorraden in het noorden, maar er was geen manier om ze over alle provincies te verdelen.

Krik had familie op boerderijen in de buurt van Groningen, en dit was waar het Hoge Voedselcommissariaat was. Hij stelde de ziekenhuisbestuurders voor om zelf een manier te vinden om voedsel terug te brengen voor de patiënten. Hoewel ze de kansen op succes voor deze slanke, intense tiener slecht inschatten, gaven de bestuurders Krik acquisitiebrieven mee voor de commissie en brieven aan ziekenhuizen onderweg met het verzoek hem onderdak te geven.

De vriendin van Krik die op het administratiekantoor werkte, had ook familie in Groningen en hij stemde ermee in haar mee te nemen. Hij leende de motor van een arts die hij kende, maar ze kwamen slechts tot Utrecht voordat de Duitsers hem in beslag namen.

Omdat vijf jaar Duits vereist is op Nederlandse scholen, sprak Krik de taal foutloos en met de Duitse papieren die hij had, kon hij zijn vriendin en zichzelf op een militair transport naar het noorden krijgen. Dit was een buitengewoon gevaarlijk iets om te doen, omdat de enige treinen in Nederland Duitse transporten waren en de geallieerden hen met bommen bestookten elk ogenblik dat het kon. Daarom konden de treinen slechts een paar uur per nacht reizen en het duurde dagen voordat de twee tieners hun bestemming bereikten.

In Groningen vertrok Kriks vriendin naar haar familie, terwijl Krik op weg was naar het Voedselcommissariaat. Terwijl hij op de hoek van een straat stond, schrok hij enorm toen een Duitse officier hem benaderde, maar hij bleek alleen maar de weg te vragen. Omdat Krik goed bekend was in Groningen, kon hij de man helpen, die op zijn beurt verrast was door Kriks hoffelijke houding en zijn zeer goede Duits. (De enige kleine daad van opstandigheid die Nederlanders tijdens de bezetting konden uitoefenen, was doen alsof ze geen Duits begrepen.) De officier ging op weg, zonder iets te hebben gemerkt van Kriks snode plannen.

De ambtenaren bij het Hoge Voedselcommissariaat wilden hem alle benodigdheden geven die de brieven van het ziekenhuis hadden gevraagd, maar er was een heel groot probleem. De enige manier om de kostbare lading voedsel te vervoeren was per boot. Onverschrokken ging Krik naar de haven en merkte dat deze vol lag met Duitse boten die niets deden. Hij koos er een die groot genoeg leek voor zijn lading, maar niet groot genoeg om de aandacht te trekken, en klom aan boord. Zwaaiend met zijn Duitse papieren en sprekend in perfect Duits, vroeg hij de officier, in de meest dringende bewoordingen, of hij de klus kon aannemen. In plaats van hem te vertellen dat het voedsel bestemd was voor het burgerziekenhuis in Voorburg, zei Krik dat het op weg was naar een Duits militair ziekenhuis. Ervan overtuigd dat hij zijn landgenoten hielp stemde de kapitein in, op voorwaarde dat Krik een transportopdracht kreeg van de hoogste Duitse marineofficier.

Krik negeerde het gevaar dat hij liep als iemand zijn verborgen plan zou ontdekken en ging op weg naar het maritieme kantoor. Tot zijn verbazing bleek die marineofficier juist de officier te zijn die Krik op straat had geholpen. Wederom gebruikte hij het Duitse woord voor een militair hospitaal en presenteerde hij zijn Duitse machtigingspapieren, waar de officier slechts een vluchtige blik op wierp. De officier besteedde wat meer tijd aan de lijst met benodigdheden gestempeld met het zegel van het Voedselcommissariaat en beval de voorbereiding van de noodzakelijke transportopdracht. Zwijgend zittend durfde Krik zijn echte bezorgdheid niet te verraden over of er niet ternauwernood een kink in de kabel zou komen waardoor zijn ware identiteit en missie zouden worden onthuld. Tijdens het wachten voerde hij een informeel gesprek met de officier alsof zijn leven geen gevaar liep. Krik wist echter dat hij niet echt rustig zou ademhalen totdat hij terug was in Voorburg.

Met de transportopdracht in zijn hand ging hij terug naar de boot, waar de bemanning het schip klaarmaakte voor zijn lading.

Overdag werden ook schepen op kanalen beschoten door de geallieerden, dus het schip van Krik vertrok pas 's nachts van Groningen naar Friesland en arriveerde in de stad Lemmer. Voordat ze het IJsselmeer konden oversteken, moest de boot wachten tot zich een konvooi zou vormen. Als het militaire personeel dat rondzwermde aan boord van het schip zou gaan om zijn bestemming te verifiëren, zou zijn kostbare lading Voorburg en de mensen die het zo hard nodig hadden misschien niet bereiken. In dat geval zou Krik ook Voorburg nooit meer zien. Toen het schip eindelijk mocht passeren, liet Krik een zucht van verlichting.

Tijdens de rest van de reis werd de kapitein vriendelijk tegen Krik en bekende hij dat hij wist dat de oorlog bijna voorbij was. Hij wilde gewoon naar huis en hoopte dat hij en zijn bemanning van drie een goede maaltijd konden krijgen in het ziekenhuis aan het einde van de reis. Krik besloot hem de waarheid te vertellen. Er was geen militair hospitaal. De kapitein deed geen poging om Kriks missie te onderbreken. In plaats daarvan vroeg hij of Krik hem en zijn bemanning kon helpen burgerkleding te vinden zodat ze aan het einde van de reis konden verdwijnen en hun weg terug naar huis konden vinden. Krik was daar van harte toe bereid.

In Voorburg hield Krik zijn woord. Terwijl de bemanning zich verstopte, slaagde hij erin de benodigde kleding te vinden en terug te brengen, samen met wat voedsel voor de bemanning, die vervolgens hielp het schip naar het ziekenhuis te lossen. Terwijl hij het schip zag vertrekken naar Amsterdam, om nooit meer te worden gezien, haalde Krik voor het eerst in zeer lange tijd opgelucht adem.

Het was nu december en de Hongerwinter zou in Nederland duizenden levens eisen voordat de bevrijding in mei kwam. De benodigdheden die Krik meebracht redde vele levens in het Voorburg-ziekenhuis, maar maakte hem ook een doelwit voor de Duitse autoriteiten, dus hij werd verborgen door vrienden in het hok van een garage tot de bevrijdingsdag. Toen zijn vader werd vrijgelaten uit zijn lange gevangenschap, was Krik daar toen de hele familie hem thuis verwelkomde.

Na de oorlog, en nog steeds een tiener, verliet Krik opnieuw het huis, dit keer voor officiersopleiding in Engeland. Hij diende zijn land in Indonesië en keerde in 1949 terug naar Amsterdam, waar hij bij Shell de zakenwereld betrad. Zijn vindingrijkheid en zijn vermogen om kansen te herkennen, ontstonden in het Nederlandse verzet en ontwikkelden zich als vaardigheden die in de jaren daarna goed werden aangescherpt.

De aanstaande vrouw van Krik, Louise, was in 1949 student farmacie. Na een verkering van slechts drie maanden, overtuigde hij haar om met hem te trouwen, maar er waren onmiddellijk twee obstakels die de twee geliefden uiteen probeerden te houden. Shell plaatste Krik over naar hun kantoren in Engeland, en de ouders van Louise verwachtten dat ze haar studie zou afronden.

De vader van Louise was een arts en haar moeder een apotheker. In die tijd werden medicijnen niet gemakkelijk uit farmaceutische drogisterijen of supermarkten verstrekt door farmaceutische giganten. Ze werden handgemaakt voor specifieke omstandigheden volgens de specificaties van de arts. Haar moeder had het ambacht onder de knie en werkte samen met de vader van Louise. Het was een roeping waarin ze verwachtten dat Louise hen zou volgen. Hoewel ze haar studie voltooide, betrad ze niet het nieuw opkomende vakgebied van professionele apotheker.

Toen Krik een jaar later uit Londen terugkeerde, trouwden hij en Louise in Amsterdam. Het jonge paar woonde eerst in Epsom in Engeland, waar hun dochter Louise werd geboren. Een jaar later, in Haarlem, werd hun eerste zoon, Jan Dirk, geboren op 24 juni 1953.

De man uit Texas en het Nederlandse gas

*Louise en Krik Schepers bij het Londense Gala in 1962,
nadat hij vanuit Marokko was overgeplaatst om mee te
doen in de Nederlandse gasonderhandelingen.*

*Begin 1945, toen Nederland nog bezet was, wist Schepers als tiener
de Duitsers over te halen om hem een voorraad ziekenhuisgoederen
te geven en diezelfde voorraad per boot te vervoeren naar een
burgerziekenhuis vlakbij Den Haag dat dringend die goederen nodig had.*

Kort daarna werd Krik overgeplaatst naar Madrid, en Louise en de twee kinderen vergezelden hem daar in augustus.

Volgens Louise: "We waren nauwelijks gevestigd in Madrid toen Shell Krik nodig had in Tanger, om daar de algemene manager van het kleine Shell-bedrijf te zijn. Het was toen een enclave, internationaal bestuurd. Marokko was nog ongerept en folkloristisch. Het was een beetje een cultuurschok toen we aankwamen, maar het leven was heel aangenaam. Er waren veel expats uit Frankrijk, Engeland, Nederland en Spanje. We woonden vijf minuten van het strand, dus met de kinderen was dit ideaal.

"Onze tweede zoon, Willem, werd geboren in Tanger op 18 februari 1955. We werden een jaar overgeplaatst naar Canada en keerden in 1956 terug naar Marokko, maar deze keer ongeveer zes jaar naar Casablanca, totdat we naar Den Haag werden geroepen in 1962."

Vlak voordat ze het telegram in 1962 ontvingen, hadden de Schepers de mogelijkheid besproken om Shell te vragen om ze terug te brengen naar Nederland voor hun dochter om haar middelbare schooljaren te volgen waar haar ouders waren opgeleid. Maar voordat ze een knoop hadden doorgehakt, werd de beslissing voor hen genomen. Toen hij in Den Haag aankwam, vond Schepers de dingen niet helemaal zoals hij had verwacht.

"Ik dacht dat ik een soort dienstopdracht zou krijgen over wat mijn taken zouden zijn in deze nieuwe baan, maar toen ik J.C. Boot vroeg, wie het hoofd van alles was, wat dat zou kunnen zijn, zei hij: 'Ik heb geen flauw idee.'. Waarom schrijf je zelf niet op wat je denkt dat je dienstopdracht zou moeten zijn?'"

Ooms Lykle van Schepers was de Shell-manager die al zo effectief was in de Nederlandse gasonderhandelingen. Schepers had lang geleden zijn eigen unieke positie binnen het bedrijf vastgesteld waar hij ook was, en dit keer was geen uitzondering. Omdat het bedrijf geen functieomschrijving gaf, moest hij het zelf definiëren. Hij begon met te zeggen wat hij niet wilde doen.

"Het eerste wat ik schreef was dat ik niet meer dan drie nachten per week van huis weg zou zijn, zodat ik het gezinsleven bij elkaar kon houden. Ik verklaarde dat ik dacht dat het werk zo zou kunnen worden uitgevoerd."

Zonder te verblikken of verblozen zei Boot tegen Schepers: "Dat vind ik prima."

Met onduidelijke taken, voelde het eerst een beetje als proberen te navigeren door de mistige *Autobahn* met een donkere bril. "In deze waanzinnige baan kreeg ik een kleine kamer in de buurt van het kantoor van de directeur, waar ze vroeger het kantoor hadden voor de assistent-secretaris van het bestuur. Het was daarom een heel oude kamer met donkere panelen. Ik zat daar in mijn eentje, niet wetend wat het betekende om nummer 5 in de cast van managers te zijn. Ik herinner me dat ik om een secretaresse vroeg en ze stuurden er een. Ze zat voor mij voor haar sollicitatiegesprek en zei: 'Dit is een leuk kantoor. Maar wat is je taak?' Waarop ik zei, ' ik weet het niet.'"

Op het kantoor van Esso in Den Haag hoorde Stewart het eerste gerucht dat Shell een eigen coördinator voor de Nederlandse aardgasbranche had benoemd. Er was geen manier voor Stewart om te zeggen of deze benoeming het gevolg was van het feit dat Shell op de hoogte was geraakt van de exportstudies van Esso of dat het gewoon een opdracht was om als een soort tegenwicht voor de positie van Stewart bij het Esso-team te dienen.

"Ik wist niet of Schepers zou zijn wat ik zou gaan herkennen als de klassieke, aanvankelijk gereserveerde Nederlandse zakelijke persoonlijkheid of een zeer bereisde, meer open internationale zakenman," zei Stewart. "Op de dag dat hij ons kantoor voor het eerst binnenkwam, waren Martin, Jan en ik druk bezig met het plannen van onze volgende benadering van onderhandelingen in de exportlanden."

Stewart keek op van zijn werk en zag een lange, magere op Abraham Lincoln lijkende figuur met een kop vol donkerblond haar die zijn deuropening helemaal vulde. Schepers begroette hem in vloeiend Engels met een licht Nederlands accent. Stewart begreep geleidelijk dat die onuitwisbare blauwe ogen voor een sluwe, vindingrijke geest stonden. Achter Schepers gemakkelijke glimlach en kwinkslagen bleken een gedreven ambitie en felle concurrentiegerichtheid te huizen, niet zo anders dan Stewart zelf. Stewart mocht hem meteen. "Het was gelijk: 'Noem me maar Krik.' Ik werd meegenomen door zijn minzame manier en overduidelijke intelligentie en mocht hem gewoon meteen. Maar hij was een Shell-man. Het was duidelijk verstandig om het grootste deel van wat we al aan het doen waren in de potentiële exportlanden voor me te houden."

Terwijl Schepers zich bezighield met kennismaken, door te vragen, "Dus wat doe je bij Esso?", registreerden die scherpe blauwe ogen namen de stroomschema's in zich op die Esso aan de muur had, ter illustratie van de verschillende Esso-studiegroepen die Stewart en het team had gelanceerd over potentiële markten in andere landen.

"Terwijl Schepers en ik met elkaar praatten, dwaalde hij door de grote schuurachtige kamer waar we onze bureaus hadden", zei Stewart. "Aan de muur was een kalender volgepropt met reisdata en bestemmingen waar Martin en ik constant op reis waren in het kader van onze exportstudies."

Schepers' eerste opmerking liet er geen twijfel over bestaan dat hij het doel van die grafieken had begrepen. "Ik zie dat je vaak naar Duitsland en België gaat. Denk je dat ze daar gas kunnen gebruiken?"

Stewart antwoordde nonchalant: "Ik maakte een vrijblijvende opmerking dat we de mogelijkheid bestudeerden en veranderde vlug het onderwerp. Ik kwam er later achter dat Schepers na zijn bezoek Shell tot actie aanzette. Schepers zou Esso niet de leiding laten nemen als er Nederlands gas zou worden geëxporteerd."

"Stewarts landkaarten lieten gelijk alarmbellen bij mij afgaan dat Shell in dit opzicht tijdelijk onderbezet was." zei Schepers. "Ik kon voor mij het bewijs zien dat Esso al technische en economische mensen aan het werk had voor studies in andere landen. Ik zag dat ze ver genoeg voor ons waren dat ze heel goed zonder ons zouden kunnen doorgaan tenzij we erin sprongen. Ik stond niet op het punt om deze Amerikaan en zijn Esso-team Shell klein te laten krijgen. Ik nam wat ik had ontdekt op die muur, ging terug naar mijn eigen kantoren en liet Shell snel een eigen studieteam opzetten in Den Haag. We hebben een aantal bezoeken gebracht aan Duitsland en België. In korte tijd was ik tevreden. Shell zou niet worden overtroffen door Esso als de tijd daar was om te concurreren voor gasbedrijven in die landen."

Het onderzoeksteam van Shell was zeer geïnteresseerd in de manier waarop aardgas een huishoudelijke brandstof was geworden in de Verenigde Staten, dus Schepers en een collega genaamd Vi Vizzard van Shell's kantoor in Londen gingen samen naar de Verenigde Staten om uit de eerste hand te kijken hoe het proces werkte.

Schepers herinnerde zich zijn bezorgdheid dat Esso zijn bedrijf al voor was. "We probeerden snelkoppelingen te maken om bij alle nuttige informatie te komen die we konden vinden over het praktische gebruik van aardgas. Ik liet ons kantoor reizen naar verschillende nutsbedrijven in de VS organiseren. Vizzard was zo Engels, altijd met een zakdoek in zijn mouw en heel keurig. We toerden rond en ontmoetten de nutsmensen doordeweeks. Vervolgens schreven we elke dag over wat we hadden geleerd. We hadden de weekenden vrij en Shell moedigde ons aan om naar alle andere steden te gaan die we in Amerika wilden zien. Een keer gingen we naar Las Vegas. We hebben niet gegokt, we wilden gewoon zien waar het in dit entertainmentmekka over ging. Shell had onze hotels altijd voor ons geregeld, maar in de nacht dat we daar aankwamen, was het na 19.00 uur. De portier droeg onze bagage naar de receptie, waar de receptionist zei: 'Sorry, je bent niet komen opdagen. De reservering is verkocht.' We hadden geen kamer omdat het kantoor dit niet had gegarandeerd. 'Maak je geen zorgen,' zei de bediende, 'hiernaast hebben ze wel een kamer.'"

"Nu was de volgende deur ongeveer vijf meter verderop, maar de portier zou onze tassen niet naar het aangrenzende hotel brengen. Dit leek ons een beetje ongastvrij, maar we droegen ze ver genoeg dat de portier in het andere hotel ermee instemde om te helpen." Het bleek dat ze bij twee verschillende, rivaliserende vakbonden zaten. En hier was deze Engelsman met zijn zakdoek op zijn mouw en verwachtte veel meer een veel keuriger manier van doen. Arme, brave en ernstige Vizzard verloor zijn zakdoek in de draaideur en kukelde voorover in het draaimechanisme en haalde daarna rare capriolen uit om het ding terug te krijgen.

"We gingen ook een weekend naar Los Angeles. We waren in een hotel geboekt en alle anderen hadden een auto, maar om de een of andere reden deden we dat niet. We hadden geen idee waar iets was of waarheen te gaan, dus we liepen naar een bus en vertelden de bestuurder dat we een kaartje naar het eindpunt wilden. Toen we daar aankwamen, was het niet alleen het einde van de weg. Het was het einde van het land. We waren in Santa Monica naar de oceaan gekomen, met zijn zeer lange pier waarop tot onze verrassing een hele achtbaan zat. We hebben ervoor gekozen om dat niet te ervaren, maar we genoten van het uitzicht en het eten geserveerd in kleine papieren bootjes."

De Esso-groepen in de andere landen boekten, aangespoord door het team in Den Haag, werkelijk vooruitgang bij het uittekenen van de exportmogelijkheden voor markten en pijplijninvesteringen. Stewart wist inmiddels dat Shell zijn eigen onderzoeken naar die onderwerpen had uitgevoerd, en hij begon te twijfelen aan zijn eerdere gedachten van hoe Esso alleen zou opereren over de Nederlandse grens.

Nu de regering en de oliemaatschappijen het erover eens waren dat het gas in eigen land en voor de export via NAM verkocht, leek het idee om Esso's aandeel in het gas zonder Shell afzonderlijk te verkopen niet langer realistisch. Het was natuurlijk even onrealistisch om te veronderstellen dat Esso het gas zonder toestemming van de Nederlandse overheid alleen naar andere landen zou kunnen transporteren. Ze wilden hun waardevolle hulpbron beschermen en de waarde ervan optimaliseren. Shell zou hun deel van het gas zeker nergens aan Esso overdragen.

Schepers werd inmiddels een vaste bezoeker van de Esso-kantoren en hij werd openlijk verwelkomd door Stewart. "Krik begon regelmatig langs te komen om bij te praten en te lunchen. Hij was het soort man dat intuïtief elke manipulatieve intentie zou hebben aangevoeld.

Als je eenmaal het vertrouwen van een man als hij verloor – dat zo noodzakelijk was voor geslaagde onderhandelingen – dan kon je het nooit meer terugwinnen."

Stewart had niet langer te maken met een anonieme rivaliserende onderneming. In plaats daarvan had hij regelmatig contact met een man wiens verstand en intelligentie zeker dezelfde problemen onderzochten waarmee hij en zijn team worstelden. Stewart besloot dat de directe aanpak de beste was. "Het was ons beiden duidelijk dat het volkomen onpraktisch was om de middelen van onze beide onderzoeksteams met betrekking tot marktinformatie niet te combineren. Met de goedkeuring van onze juristen en hoofdkantoren verhuisden Krik en ik naar aangrenzende kantoren in het KLM-gebouw en werkten we samen om de inspanningen van de gecombineerde Esso/Shell-onderzoeksteams in Duitsland en Brussel te coördineren. We hadden niet eens geprobeerd op te lossen hoe of welke van onze bedrijven het gas zouden exporteren."

Schepers 'respect voor Stewart bleef groeien. "Als zakenpartner en als vriend was Doug zo volledig betrouwbaar dat de samenwerking erg prettig en gemakkelijk verliep. Ik hoefde geen tijd te verspillen met denken: 'Hoe gaat hij me een loer draaien?'"

Schepers vergeleek het succes van hun werkrelatie met dat van een succesvol huwelijk. "Er wordt vaak gezegd dat een gevoel voor humor een huwelijks gezond houdt, maar hetzelfde geldt voor een zakelijke relatie. Ik heb heel veel momenten genoten van zijn goede en uitstekende gevoel voor humor. De drie jaar dat ik met Doug werkte, waren de beste in mijn werkzame leven."

Het succes van zowel hun werk als hun persoonlijke relatie was geworteld in de integriteit en toewijding die elk van hen niet alleen aan hun werkleven bracht, maar ook aan een vriendschap die veertig jaar duurde.

Tot op de dag van vandaag schrijft Stewart een groot deel van hun succes toe aan de persoonlijke waardering die hij en Schepers voor elkaar hadden met. "Een van de redenen waarom we zo succesvol waren in de exportonderhandelingen in Duitsland, België en Frankrijk had te maken met de mate van vertrouwen die we in elkaar ontwikkelden."

Het gezinsleven stond voor beide mannen centraal. In hun begindagen spraken Stewart en Schepers met elkaar af dat dat de weekends aan hun gezinnen toebehoorden. Ze zouden slechts drie dagen per week reizen. Dit was een afspraak die ze door de jaren heen hebben kunnen handhaven.

Voor Stewart werd de nieuwe mogelijkheid om zich te concentreren op export met Schepers bemoeilijkt door het feit dat hij nog steeds toezicht hield op alle onderzoeksteams, niet alleen in Hamburg en Den Haag, maar ook in België, Frankrijk en het VK. Daarnaast assisteerde hij Smit bij de Nederlandse onderhandelingen, waar op korte termijn geen schot in leek te zitten.

"Al deze verantwoordelijkheden bleven me afhouden van de exportvoorbereidingen, waar ik eigenlijk wilde zijn", zei Stewart. "Ik wist dat toen de export echt begon, er ook een ander soort reisschema zou worden geëist. Ik was niet bereid mijn gezinsleven op deze manier op te offeren, dus nam ik een managementbeslissing om naar New York te gaan, de groeiende werklast uit te leggen en mijn behoefte aan extra personeel duidelijk te maken."

Terwijl Stewart zijn presentatie voor Jersey voorbereidde op zijn behoefte aan extra mankracht, stopte hij om een rapport voor Milbrath te schrijven waarin zijn conclusies over de verkoop van "te onderbreken gas" en het nuttige effect van zijn verkoop op pijplijninvesteringen zouden worden beschreven. "Elke keer als ik met NAM sprak, ging het geslaagde boren door. De gasreserves bleven groeien. Ik zag dat export een groot deel van de vraag naar gas zou zijn en dat Jersey een enorm winstpotentieel zou hebben als we in onze inspanningen zouden kunnen slagen. Om de pijpleidingen voor deze nieuwe markten economisch efficiënt te bouwen, was het mij duidelijk dat er economische en politieke druk zou moeten zijn om de gasverkoop uit te breiden naar goedkopere industriële markten. Het was me ook duidelijk dat de verkoop van "te onderbreken gas" datgene zou kunnen zijn wat de pijplijninvesteringen zou optimaliseren zonder het hele jaar door aan die goedkopere markten te hoeven verkopen.

De verkoop van "te onderbreken gas" speelt in op het verschil tussen het lage volume verkocht gas tijdens de zomerperiodes en het hoge volume verkocht tijdens de winter. De noodzakelijke investering voor pijpleidingen vereist dat de lijnen voldoende zijn om de eisen van de piekmaanden in de winter te kunnen dragen. Dit betekent in feite dat de transportkosten om aan de wintervraag te voldoen, de volledige kosten dragen. Er is een mogelijkheid om deze kosten af te schrijven wanneer de verkoop op de markt voor premium huishoudens laag is. In plaats van te investeren in opslagfaciliteiten voor het gas tijdens deze perioden van lage vraag, zou het gas in die perioden kunnen worden verkocht aan de industriële markt voor korte, te onderbreken perioden waarin deze bedrijven aanzienlijke besparingen zouden realiseren door hun kolen- of olie-gestookte ketels uit te schakelen en aardgas aan te voeren.

Stewart maakte zich zorgen dat het concept misschien niet aantrekkelijk zou zijn voor Bill Stott, omdat hij een deel van zijn verkoop van stookolie in de zomer zou verliezen, wat echt zijn kindje was. Desondanks stuurde hij zijn rapport over onderbroken gas naar Milbrath, in het vertrouwen dat het op de juiste manier zou worden verspreid. Hij richtte zich weer op zijn voornaamste zorg, zijn presentatie over zijn behoefte aan meer personeel.

Stewart had nog geen reactie van Jersey ontvangen over het onderbreekbare gasrapport toen hij een onverwacht bezoek kreeg van Jut en Jul. "Natuurlijk bracht ik ze op de hoogte van de huidige stand van zaken en in de loop van ons gesprek deelde ik ook mijn conclusies over de steeds toenemende schattingen van de gasreserve en mijn ideeën over de haalbaarheid van verkoop voor te onderbreken gas."

Stewarts suggesties over onderbroken gas stonden op het punt om te leiden tot een nieuwe dosis administratieve rompslomp en een nieuwe uitbarsting van de generatiekloof binnen het bedrijf, waardoor zijn carrière onverwacht een nieuwe en zeer dramatische wending kreeg.

Hoofdstuk 14

Onderbroken Stewart

Kort na het bezoek van Jut en Jul kreeg Stewart een dringend telefoontje uit New York met het verzoek zo snel mogelijk daarheen terug te keren.

De urgentie van dit verzoek drong minder sterk tot hem door dan de mogelijkheid die het bood om snel gehoor te krijgen over zijn verzoekschrift voor meer personeel.

"Ik ging naar New York om in zeer sterkte bewoordingen te pleiten voor meer personeel", aldus Stewart. "Ik wilde hen laten inzien dat onze werkdruk exponentieel groeide in evenredige verhouding tot onze groeiende vooruitzichten. Ik wist al welke mensen ik uit verschillende kantoren in Jersey wilde halen om de aankomende verantwoordelijkheden te laten vervullen, zodat ik mezelf kon concentreren op de export. Ik wilde meer tijd besteden aan de export, omdat ik wist dat ik het meest effectief kon zijn."

Toen Stewart in New York aankwam, begon hij gesprekken te voeren met een aantal mensen waarvan hij wist dat hij die in Den Haag wilde hebben. Hij werd plotseling geconfronteerd met een onverwacht en dwingend verzoek van Bill Stott.

"Hij stond erop dat ik een volledige presentatie zou geven over onderbroken gas, iets waar ik niet op was voorbereid. Ik had er alleen het rapport over geschreven omdat ik vond dat we moesten nadenken over het effect dat het zou kunnen hebben op het premium marktconcept en de pijpleidingen-economie, niet met de gedachte om het op de een of andere manier te promoten."

Achteraf bekeken was de vraag van Stott naar deze presentatie alarmbellen bij Stewart moeten laten afgaan, maar dat was niet het geval. Hij nam aan dat het was veroorzaakt door het onderbreekbare gasrapport, of dat Jut en Jul de ideeën hadden doorgegeven aan Stott met hun gebruikelijke negatieve interpretatie.

Stewart had de feiten voor het gebruik van onderbroken gas en de voordelen ervan goed in gedachten, dus hij maakte snel een paar weergavegrafieken met de grootte van de gasreserves naast een voorspelling van de waarschijnlijke Nederlandse markt, ter illustratie van de grote volumes die beschikbaar zouden zijn voor export. Hij was nog steeds van plan om in zijn presentatie de nadruk te leggen op de onmiddellijke behoefte van het project aan meer personeel. "Ik begon met het uitleggen van onze personeelsbehoeften en presenteerde mijn beoordeling van de marketingvooruitzichten voor Nederlands gas in exportlanden. Vervolgens presenteerde ik de informatie over onderbroken gas, ter illustratie van de invloed van het fluctueren in de vraag naar de winter in vergelijking met de zomer, op de investering in pijpleidingen. Dit visualiseerde voor de groep hoe de verkoop van onderbroken gas de vraag zou afvlakken en de algemene economie zou verbeteren. Tot mijn grote verbazing viel Stott me luid en duidelijk in de rede"

"We gaan daar niet mee akkoord", zei Stott.

Het was alsof Stott helemaal niet had geluisterd naar de informatie, die duidelijk aantoonde hoe de verkoop van onderbroken gas in het voordeel van Esso werkte. Er was geen enkele erkenning voor de behoefte van het Nederlandse gasproject aan meer mensen. In plaats daarvan begon Stott te tieren over een van zijn stokpaardjes.

"Nogmaals, mijn ideeën brachten me voor hete vuren bij Stott. Het was alsof hij met een vooringenomen vastberadenheid naar de vergadering gekomen was. Ik dacht dat Bob Milbrath iets had kunnen tegenwerpen omdat ik het rapport ter attentie van hem had opgestuurd, en ik zeker wist dat hij het concept zeker begreep, maar het was duidelijk dat hij niet van plan was Stott ten overstaan van twintig man . Stott was een klootzak, een kerel zoals Generaal Patton. Het is een wonder dat Stott me niet ter plekke heeft ontslagen."

Stott kon Stewart niet zomaar ontslaan. Het Nederlandse gasproject was oorspronkelijk begroot op de productieafdeling van Jersey in New York en was onlangs overgeheveld naar de marketingafdeling van Jersey.

Het jaar daarvoor, op 10 maart 1961, Bob Milbrath was gekozen tot bestuursvoorzitter en voorzitter van het directiecomité van Esso Export Corporation, het internationale marketingzuster van Esso. Exportinspanningen vielen onder de internationale van Essokapstok. Dit gaf de interesse en steun van Milbrath voor Stewart en het Nederlandse gasproject een zeker formeel cachet, wat op dat moment al daadwerkelijk van kracht.

Toen de vergadering werd gesloten, was Stewart vastbesloten om uit te zoeken waarom Milbrath niet had gesproken. "Na de vergadering ging ik rechtstreeks naar Milbrath, op zoek naar een verklaring waarom Stott deed alsof hij met nieuwe informatie te maken had. Milbrath uitte zijn ontzetting dat ik Stott niet had voorbereid voorafgaand aan mijn komst. Hij vroeg of ik was vergeten hoe Stott de verkoop van stookolie als zijn kindje zag. Bob vond dat ik de reactie van Stott had moeten voorspellen en de informatie vooraf aan de afdeling had moeten verschaffen. Ik herinnerde Milbrath eraan dat hij tenslotte hier in New York was. Als hij de moeite had genomen om mijn rapport te lezen, of op zijn minst naar de grafieken te kijken, die ik wel degelijk had gestuurd, had hij zelf met Stott kunnen bemiddelen. Voordat ik mijn zin kon afmaken, stak Milbrath zijn hand op. We draaiden spoorslags om en gingen zonder een ander woord rechtstreeks naar de man die verantwoordelijk was voor het ontvangen en doorgeven van mijn rapporten en brieven."

Hoewel het onderbreekbare gasrapport er inderdaad was, samen met al het andere dat Stewart had gestuurd, was niets ervan voorbij het bureau van de man gegaan. Er stond zelfs geen stempel van de postkamer van het kantoor. Was deze kerel gewoon een menselijke zwakke schakel die geen betekenis hechtte aan wat er gebeurde met "dat project daar in Nederland"? Of was de man mogelijk opgedragen om alle informatie van Stewart tegen te houden, omdat Stewart "upstream" was en informatie van hem niet als gerelateerd aan marketing werd beschouwd?

In de daaropvolgende discussie dachten Stewart en Milbrath na over de vergadering en waren ze het erover eens dat het geen verschil zou hebben gemaakt als Stott dat voorlopige onderbreekbare gasrapport had gezien. Aangezien de uitbarsting van Stott onmiddellijk gebeurde, gaf dat duidelijk aan dat hij al besloten had het idee te verwerpen voordat de vergadering ooit begon.

Aangezien de uitbarsting van Stott de aandacht afleidde van de behoefte van het project aan extra personeel, was het misschien een even bewuste keuze als de afwijzing van het onderbreekbare gas-idee. Het toegenomen aantal mensen en het genereren van extra activiteit zouden wellicht Stewarts uit-de-losse-pols-manier van leidinggeven, die overigens geen aangewezen status had, moeten leiden tot een formele benoeming. Maar nog belangrijker, de uitbarsting kon best zijn veroorzaakt door de erkenning van Stott dat Upstream Stewart alweer in zijn downstream marketing vaarwater zat.

"Stott hield er niet van om mensen in de buurt te hebben die tegen hem in gingen," zei Stewart. "En hij had een uitgesproken hekel aan iedereen die de euvele moed had om gewaagde ideeën aan te bieden die niet bij hem waren ontstaan. Stott leek mijn ideeën als een persoonlijke belediging te hebben opgevat alsof ik persoonlijk zijn oliemarkten aan het uitmeten was.'"

Uiteindelijk, toen die pijpleidingen werkelijkheid werden en het geëxporteerde Nederlandse gas zich had verspreid naar de meest dichtbevolkte gebieden van Europa, werd de geldigheid van Stewarts voorspellingen over onderbroken gas vele malen bewezen. In 1976 verwees Ruhrgas, het grootste gasbedrijf in Duitsland, naar het belang van onderbreekbare gascontracten op pagina 12 van haar jaarverslag voor dat jaar: "De gasindustrie moet contracten voor onderbroken gas sluiten op basis waarvan aardgas wordt geleverd aan elektriciteitscentrales tijdens periodes van lage vraag en leveringen worden gestopt wanneer de vraag naar aardgas groot is. Als deze optie niet beschikbaar zou zijn, zou de gasindustrie niet in staat zijn om de bevoorrading van particuliere, commerciële en industriële klanten veilig te stellen."

Maar in 1962 heerste het kortzichtige beeld van Stott. Niet lang na zijn explosie publiceerde Jersey een algemene beleidsnota waarin alle betrokkenen werden meegedeeld dat het bedrijf geen afschakelbaar gas zou goedkeuren als onderdeel van een marketingstrategie voor Nederlands gas. Alleen premium prijzen zouden worden overwogen.

Stewart twijfelde er niet aan dat het memo persoonlijk op hem was gericht. "Ondanks het feit dat ik vanaf het begin de premium-prijsstrategie had ontwikkeld, had iemand, waarschijnlijk Stott, de hiërarchie in Jersey kunnen overtuigen dat ze me misschien niet konden vertrouwen om mijn eigen idee van de premium-prijs als strategie te behouden. De memo gaf aan dat ik misschien gas wilde gaan verkopen op de goedkopere markten. Dat was niet wat ik voorstelde, en dat wist Stott donders goed."

Hoewel Stewart in het begin geen formele titel had, werd hij zeker gekozen vanwege zijn expertise en achtergrond. Na verloop van tijd hadden die kwaliteiten, in combinatie met zijn persoonlijkheid en gedrevenheid, het 'upstream' aardgasproject naar de plaats gebracht die Stewart voorspelde in zijn eerste volledige presentatie aan het bestuur van Jersey. In een ander managementklimaat zou de combinatie van Stewarts expertise in engineering en economie, samen met zijn onderhandelingstalenten en geïnspireerde marketingideeën, zijn erkend als een unieke en waardevolle combinatie van upstream- en downstreamactiviteiten. Maar dit was niet een ander managementklimaat; dit was Jersey circa 1960.

Het Nederlandse gasproject maakte deel uit van het internationale raamwerk van Esso, maar Stott bracht een merkwaardige herstructurering tot stand die het onder invloed van de marketingafdeling bracht. Stewarts verzoek om extra personeel werd ingevuld met mannen van Stotts eigen keuze. Don Cox, een Amerikaan en een downstream-man die vertrouwd wordt door Bill Stott, was al in Europa als vicepresident van Esso AG in Duitsland. Cox werd overgeplaatst naar Den Haag en aangesteld als coördinator van het Nederlandse gasproject. Coen Smit zou als president van Esso Nederland, het belangrijkste contact blijven met Nederlands Shell en de overheid. Bill Ganskopp, overgeplaatst van een van de Amerikaanse filialen van Jersey, werd tot projectmanager voor binnenlandse Nederlandse gaszaken benoemd. Hij zou verantwoordelijk zijn voor de dagelijkse onderhandelingen met Smit en voor de planning met een gezamenlijk comité van Esso/Shell/Staatsmijnen ter voorbereiding op een mogelijk binnenlands aardgasbedrijf (wat later Gasunie zou worden).

Hoewel Stewart niet langer de niet-aangewezen, uit de vrije hand verantwoordelijke persoon was die dagelijks het hele project aanstuurt, werd hij aangesteld als projectmanager voor Export, wat precies de plek was waar Stewart zijn energie wilde concentreren. Formeel zou hij rapporteren aan Cox, die geen ervaring had in deze nieuwe aardgasarena. Als het Stotts bedoeling was Stewart op zijn plaats te zetten, had hij hem eigenlijk juist precies gegeven wat hij het allerliefst wilde. "Ik had om hulp gevraagd omdat het Nederlandse programma gedetailleerd en technisch werd. Ik wilde vooral dat ik me kon concentreren op de exportmogelijkheden. Ik had deze brede managementverschuiving niet verwacht, maar toen ik projectmanager voor Export werd, was ik bevrijd van die dagelijkse commissiedetails, waardoor ik de vrijheid had om export te laten gebeuren. Ik hield van de uitdaging om met andere mensen te onderhandelen en was absoluut geïntrigeerd door de reismogelijkheden, die exportactiviteiten zeker met zich mee zouden brengen."

Wat Stott ook van plan was, het was weggeveegd als een stofje op Stewarts jas. Hij keek nooit achterom. Om het werk van de Esso/Shell-exportprojectteams te vergemakkelijken, waren Stewart en Schepers al naar het KLM-gebouw verhuisd. Beiden begonnen de mensen binnen te halen die ze het meest waardevol achtten.

Terwijl hij in New York was, had Stewart al sollicitatiegesprekken gevoerd met de mensen die hij het beste kende om de uitdagingen van export aan te gaan. "Ik vond een manier om de negatieve Paul Miles terug te sturen naar New York en te vervangen door Millard Clegg, een pijpleidingpijpleidingenexpert van Humble Oil. Ik kende zijn aanzienlijke capaciteiten nog van mijn eigen dagen bij Humble. Millard was echt goed op de hoogte van aardgas en de technologische vereisten vanwege het succes dat we hadden gehad met de ontwikkeling van de recyclingfabriek op King Ranch."

Clegg herinnerde zich hoe hij de baan kreeg. "Doug heeft mij en een andere kandidaat voor deze baan tegelijkertijd geïnterviewd, waar ik een beetje door van slag was, maar de baan bleek van mij te zijn. Mij werd verteld dat ik dringend nodig was. Ik stemde ermee in om de baan maar voor een jaar aan te nemen, op voorwaarde dat mijn vrouw en gezin bij me zouden zijn. In september 1962, toen ik daar aankwam, meldde ik me bij de oude Esso-kerk kantoren. Doug was nog niet terug van waar hij ook was en niemand kon me vertellen voor wie ik moest werken. Ik werd in een kantoor geplaatst met een kerel die het idee had dat ik voor hem werkte. Dit leek lang te duren voordat Doug terugkwam om hem te corrigeren. Doug vertelde deze kerel snel dat werken voor hem niet was waarvoor ik daarheen was gebracht. Rond die tijd zijn we met een groep Shell-mensen naar het KLM-gebouw verhuisd."

Clegg herinnerde zich ook dat een van Shell's hoofdingenieurs een Nederlander was die Van Leerdom heette en verschillende talen sprak. "Hij faciliteerde veel dingen voor mij vanwege zijn taalkundige vaardigheden. Hij vertelde me dat zijn vader taaldocent was geweest in de Nederlandse kolonie in

Indonesië tijdens de oorlog en was daar door de Japanners gevangen gezet, samen met vele andere Nederlandse burgers, voor de gehele duur van de oorlog."

Stewart herinnerde zich het verhaal dat hij van de Shell-geoloog had gehoord op weg naar Oldenzaal, en hij en Clegg vroegen zich af of de gevangengenomen leraar waar het toen over ging, misschien Van Leerdoms vader was geweest.

Het was Stewart een raadsel geweest hoe Clegg met antwoorden kon komen waarvoor hij altijd dagen had moeten wachten om bij Miles te komen omdat ze geen computers hadden. Clegg legde het ingenieuze systeem uit dat hij bedacht om die cijfers te leveren. "We hebben een aantal uitlijningsdiagrammen samengesteld waarmee we bepaalde items, zoals volumes, kunnen nemen en een schatting kunnen maken die ons een punt in de curve gaf. Nadat we de punten van al deze talloze elementen hadden uitgezet, zouden we optimale kosten kunnen bedenken om iets te doen. We zouden een regel hebben voor het ene geval, een regel voor het andere. Daarna hoefden we alleen maar naar deze uitlijningsgrafiek te gaan, naar volume te gaan en het zou ons het optimale tarief voor die specifieke situatie geven, en we konden de kosten in een paar seconden voorspellen."

Clegg herinnerde zich veel reizen met Stewart tijdens zijn jaar bij het Nederlandse gasproject. Er waren verschillende locaties in Duitsland, België, Frankrijk en het VK. "De problemen waarmee ik te maken had, hadden vaak te maken met het beoordelen van het marktpotentieel in een bepaalde stad of land om mogelijke volumegroei te voorspellen. Onder de uitdagingen hadden we alle verschillende monetaire systemen en de eenheden en bouwpraktijken in elk land."

Dorothy Clegg, de vrouw van Millard, vertelde dat de winter van 1962-1963 gerapporteerd stond als de koudste winter van Nederland in 183 jaar. "Op een nacht was er deze onvoorstelbaar dichte mist. Op weg naar huis bevroor de mist en kon je al dit ijs op de grond horen kletteren. Toen was het plotseling net zo helder als een bel. Het was absoluut fantastisch. De winter was zo koud dat ze de benzinestations op de Zuiderzee hadden opgezet, en mensen zouden daarheen rijden om te tanken. Ik denk dat ze erachter kwamen dat het eindelijk was ontdooid toen auto's in het water begonnen te vallen. Eigenlijk hadden we een afgrijselijk jaar in Nederland dat de meeste mensen die worden overgeplaatst naar buitenlandse dienst waarschijnlijk niet hebben. We moesten twee keer verhuizen en hadden vier kinderen die we tussen verschillende scholen moesten brengen en halen. Op een dag viel onze kleine jongen uit het raam van de tweede verdieping. Ook werd er twee keer bij ons ingebroken. Alsof dat niet genoeg was, vloog het huis in brand toen een buurman, wiens huis een schoorsteen met de onze deelde, besloot om een vuur aan te steken, niet wetende dat ooievaars een nest op de schoorsteen hadden gebouwd. En om het helemaal af te maken, brak ik datzelfde jaar mijn been!"

Artsen in Nederland deden in die tijd nog huisbezoeken en bij één zo'n bezoek wees haar arts op een intrigerende verrassing in de eetkamer van Dorothy.

"Ons huis had ooit gediend als de Israëlische ambassade en was gemeubileerd," herinnerde ze zich. "In de eetkamer stond een enorme porseleinen kast, waarvan ik het onderste deel gebruikte als een drankkast. De dokter staarde er een minuut naar en liep er toen naartoe en zei: 'Ik wil je iets laten zien. Daarachter is een schuifdeur.' Toen hij hem terugtrok, was er een open ruimte waarvan we nooit hadden geweten dat die er was. De arts was lid geweest van het Nederlandse verzet en die kleine ruimte was gebruikt om Britse en Amerikaanse vliegeniers te verbergen die in de Slag om Arnhem naar Nederland waren geparachuteerd. We hadden geen idee dat ons huis deel uitmaakte van de Nederlandse geschiedenis."

Millard Clegg was een grote hulp voor Stewart bij het plannen van de exportpijpleidingen, maar voordat de energierevolutie van Europa over de grenzen van Holland kon stromen, vormden de Amerikaanse antitrustwetgeving en het toestemmingsbesluit van Standard Oil de barrières die het in toom hielden, net zoals de zeewering in Scheveningen de Noordzee tegenhoudt. In een bekend restaurant langs de zeewering probeerden Stewart en Schepers een oplossing te vinden die de barrières respecteerde en de vrije stroom van Nederlands gas naar de rest van Europa mogen.

—Hoofdstuk 15—

De Uitsmijter-oplossing

Met het verstrijken van de maanden kwam de goedkeuring van de Nederlandse overheid voor een binnenlands en exportprogramma dichterbij. En met elke dag die voorbijging, werd Stewart bezorgder over wat de organisatiestructuur voor het exportplan zou worden.

"Voordat Krik erbij kwam, en toen Orlean en ik onze eerste reizen naar de andere landen maakten, ging ik verder alsof het voor Esso mogelijk was om zijn eigen pijpleidingen te bouwen en zijn helft van het gas aan de grens te verkopen. Maar aangezien onze twee bedrijven nu samen met de Nederlandse regering onderhandelden en we samen exportonderzoeken uitvoerden, was het duidelijk dat exportverkopen niet afzonderlijk konden worden gedaan. Welk scenario we ook bedachten, de juristenjuristen stuurden het even hard terug. Antitrustwetgeving verbood Shell en Esso absoluut om gezamenlijk te verkopen." De juristen van Jersey kwamen uiteindelijk met één stuk nieuwe informatie. Hoewel de antitrustwetgeving voorschreef dat Esso en Shell niet samen op de markt konden komen, stond het toestemmingsbesluit hen wel toe pijpleidingen te delen. Deze nieuwe brok informatie van de juristen begon iets in het achterhoofd van Stewart los te maken, dat hij in eerste instantie niet goed vorm kon geven. Op een ochtend stelde hij Schepers voor om naar Scheveningen te reizen voor een lunch in een restaurant genaamd De Seinpost, met uitzicht over de Noordzee.

Misschien was de naam wel een voorteken, dat hen de weg zou wijzen?

"Krik en ik kraakten onze hersens over hoe we de juridische en politieke problemen konden omzeilen die ons vertraagden," zei Stewart. "We bestelden allebei de typisch Nederlandse special van de dag – een 'uitsmijter' –

bestaande uit twee gebakken eieren, op z'n Amerikaans *sunny side up* de dooiers nog heel – op een dubbele boterham met rosbief. Toen de ober onze bestelling op de tafel plaatste, klikte er iets."

Dat ongevormde 'iets' achter in Stewarts geest staarde hem vanaf zijn bord rechtstreeks aan. Dat was het antwoord voor het verplaatsen van Nederlands gas van de gedeelde onderzoeksfase naar daadwerkelijke export.

"Krik, dat is het!" zei Stewart opgetogen. "Waarom vormen we geen twee afzonderlijke bedrijven? De een zal het gas aan de Nederlandse grens op de markt brengen en het andere bedrijf zal het gas tegen een vergoeding van de Nederlandse grens naar consumenten in de exportlanden transporteren."

Dit elimineerde de juridische vragen die zouden ontstaan in gezamenlijke marketing. Gezamenlijke deelname aan transport via pijpleidingen was al een acceptabele en gangbare praktijk.

"Dus, Krik," vervolgde Stewart, "je wordt president van een NAM-onderafdeling.

Je gaat het verkopen."

"Hoe noemen we dat verdomde ding?" vroeg Schepers.

"Jij mag het zeggen, Krik. Het is jouw bedrijf."

"We zullen het simpel houden. NAM Gasexport, met Shell als de operator."

"Oké. Dan ben ik president van het pijpleidingbedrijf, fiftyfifty voor Shell en Esso, met Esso als de operator. Hoe zullen we die noemen?"

Schepers voegde een Nederlandse benaming toe. "Jij, Doug, mijn vriend, wordt algemeen directeur van Internationale Gas Transport Maatschappij."

"Maatschappij? Ik kan het niet eens spellen."

"Maatschappij is het Nederlandse woord voor bedrijf. We gebruiken de afkorting IGTM."

In het midden van twee zeer brede grijnzen zag Stewart een nieuw obstakel. "Geen van onze kantoren gaat ermee akkoord dat we onszelf zomaar hoofd maken van iets."

"Jij bent degene met de fantasie. Bedenk jij maar hoe je het voor elkaar gaat krijgen" zei Schepers.

"Je zou Shell kunnen vertellen dat Esso de twee bedrijven heeft voorgesteld, en ik vertel Jersey dat Shell het heeft voorgesteld. Laten we kijken wat ze doen."

Allebei de mannen stuurden een telex naar hun kantoor. Stewart herinnerde eraan dat er gedurende meerdere dagen geen reactie was van beide kanten. "In die dagen, vanwege het tijdsverschil en de moeilijke telefoonverbindingen, was ik terughoudend om te telefoneren, en hoe dan ook, ik wilde niet uitvoerig ondervraagd worden over het voorstel van Shell." Plots was het er. Mevrouw Krullars, de secretaresse van Mr. Smit, belde en zei dat er een telex voor mij uit New York was. Ik rende naar ons kantoor in het KLM-gebouw om de kabel te lezen: "Shell's voorstel voor NAM Gas Export en Internationale Gas Transport Maatschappij is hier beoordeeld en goedgekeurd. Neem contact op met Shell voor afspraken." "Ik spatte bijna uiteen van opwinding toen ik me terug haastte naar het KLM-gebouw en kwam Kriks kantoor binnenstapte, de telex achter mijn rug en een grijns van een mijl breed op mijn gezicht."

"En wat ben je van plan?" Vroeg Schepers. "De grootte van die grijns is niet voor niets."

Stewart boog diep en kondigde aan: "Ik ben hier om u officieel te informeren dat het voorstel van Shell om de twee bedrijven te vormen door Jersey is goedgekeurd."

"Meen je dat? Laat me even spreken met het hoofdkwartier en kijken wat hun reactie op mijn telex is." Stewart wachtte terwijl Schepers contact met zijn mensen opnam. "Na een lang Nederlands telefoongesprek, waarvan ik geen enkel woord begreep, draaide hij zich om met een grote glimlach en zei: 'Ongelofelijk! De juristenjuristen moeten de details doen, maar u en ik zijn in bedrijf, mijn vriend.'" Hij legde verder uit dat zijn kantoor niet alleen goedkeurde. Ze waren zelfs enthousiast over het voorstel van Jersey. Ik vond dat we meteen naar de club 't Jagertje moesten gaan om het te vieren. Krik weigerde."

"Nee, nee. We wachten tot het op papier staat."

Sommige publicaties hebben de vorming van NAM Gas Export en Gasunie beschreven zonder duidelijk te maken hoe en wanneer NAM Gas Export is ontstaan. De voorlopige overeenkomsten met Staatsmijnen en de Pous hadden een oplossing bereikt die een nieuw bedrijf (Gasunie) het gas zou leveren en in heel Nederland naar industrieën, gemeenten en Nederlandse huishoudens zou transporteren,

. Hoewel het duidelijk was dat NAM het gas in de export zou verkopen, werd niet nader omschreven hoe of met welke middelen. Misschien is vanwege die vroege verwijzing gemeld dat NAM-gasexport bestond vanaf de vroegste dagen, terwijl dat in feite niet het geval was. Pas op 8 april 1963 zag NAM Gas Export het daglicht, door een BPM/Jersey-participatieovereenkomst aan, die eveneens IGTM creëerde. Esso's Cox en Shell's Vale werden aangesteld als adviseurs voor Stewart en Schepers. Op 21 juni werd IGTM formeel opgericht, met Douglass Stewart als algemeen manager. J.P. Schepers werd benoemd tot algemeen directeur van NAM Gas Export, een nieuw gevormde dochteronderneming van NAM (het oorspronkelijke onderzoeks- en productiebedrijf).

8 april was de dag waarop IGTM en NAM Gasexport officieel 'op papier' stonden, en op die dag namen Schepers en Stewart hun team mee naar Club 't Jagertje.

In het begin dacht Stewart niet veel na over hoe de zakelijke markt hun tweeën zouden beschouwen. "We wilden gewoon vrij zijn om verder te gaan, min of meer onbelemmerd. Als we ergens binnenkwamen om te onderhandelen, wilden we binnenkomen met het soort macht dat gasbedrijven in andere landen zouden herkennen en respecteren."

Na verloop van tijd kwamen ze tot het besef dat ze echt iets hadden gekregen waar ze niet om hadden gevraagd, iets dat een waarde bleek te hebben die veel groter was dan waar ze om vroegen. Stewart, genoemd als algemeen directeur van deze twee nieuwe bedrijven, ontdekte dat hij en Schepers de hoffelijkheid en onafhankelijkheid van hun eigen moedermaatschappijen kregen die het managementbeleid voor hoofden van gelieerde ondernemingen dicteerde. "We werden door zowel management- als gasdistributiebedrijven beschouwd als leidinggevenden die bevoegd zijn om over deals te onderhandelen", aldus Stewart. "Uiteindelijk ging alles natuurlijk naar het hoofdkantoor en naar de Nederlandse overheid. Maar we werden niet zomaar ontvangen als werknemers die opnieuw ter goedkeuring naar het bedrijf zouden moeten gaan. Het waren niet Esso en Shell aan die onderhandelingstafels waar de deals werden gestart en uitgehaald. Het was NAM Gasexport en IGTM. Die perceptie was van onschatbare waarde. Het waren Krik en ik die heen-en-weer zouden gaan onderhandelen totdat we die deals kregen op de plek waar het bedrijfsleven en de overheid echt iets konden bekijken.'

De oprichting van IGTM als een afzonderlijke gelieerde onderneming van het moederbedrijf heeft iets bijzonder belangrijks voor Stewart gedaan. Hoewel hij organisatorisch verbonden was met Esso, was hij in staat om de bedrijfsobligaties van de /upstream/downstream dichotomie van Esso te ontglippen.

De volgende dag, na het kleine feestje in 't Jagertje, ontmoetten Schepers en Stewart hun team om hun strategie te plannen. Schepers opende de vergadering. "Het eerste wat we moeten doen, is een aantal fatsoenlijke kantoren voor ons regelen. We moeten een beeld creëren dat we willen concurreren met grote jongens zoals Ruhrgas." Schepers wendde zich tot Donald Maclean, een jonge Engelsman die hij vanuit Shell bij het project had betrokken. "Donald, kun je een echt eersteklas kantoorpand vinden?"

De ondernemende houding waarvoor Schepers hem had aangeworven was meteen duidelijk omdat Maclean aankondigde dat hij al zoiets had gevonden. "Ik heb hierover nagedacht sinds jullie begonnen te praten. Er is echt een geweldig gebouw op Smidswater, net om de hoek van de Amerikaanse ambassade. Het staat al driehonderd jaar aan die gracht. Het heeft een geweldige gevel. De eigenaar zegt dat we het hele interieur kunnen doen zoals we willen. Het heeft drie verdiepingen en zou meer dan voldoende moeten zijn om onze hele groep en meer nog aan te kunnen."

Het is niet verrassend dat Orlean als eerste opsprong. "Dat kost handenvol geld. Hoe kom je erbij dat onze bedrijven dat goed gaan vinden?"

En niet verrassend had Stewart het antwoord. "Ze hebben al een account voor onbeperkte kosten opgezet. Er is geen budget gespecificeerd voor deze specifieke operatie. We kunnen zeker rechtvaardigen dat we dat imago nodig hebben, dus laten we het doen. Zodra we eraan beginnen, is er geen weg meer terug. Krik en ik nemen de obstakels wel voor onze rekening als ze beginnen te mopperen."

Schepers had maar één ding toe te voegen. "Maclean, ga het regelen."

Ze gingen snel aan de slag om het mooie oude gebouw op Smidswater nummer 23 te renoveren

Het lag aan een charmante en met bomen omzoomde gracht met stenen oever, tegenover het huis waar Mata Hari, de beroemde spion uit de Eerste Wereldoorlog, ooit had gewoond

Stewart riep Millard Clegg op om te zetten zijn technische talenten om te gebruiken bij het afbreken en verbouwen van de kantoorruimtes.

Clegg herinnerde zich dat het herontwerp niet alleen een grote klus was, maar ook razendsnel klaar moest zijn. "Op de begane grond zaten de kantoorklerken. Het grote kantoor op de eerste verdieping had van die dramatische hoge plafonds. Stewart had het ene riante weelderige hoekkantoor. Hij had een enorm bureau, zuiver bedoeld voor de show. Schepers nam de iets kleinere, maar het was eigenlijk de belangrijkste vanuit werk- oogpunt. Daar hebben we een combinatietafel/cabine ingebouwd waar zo ontzettend veel strategie werd gepland. Het enige echte uitvoerende voordeel dat Stewart en Schepers wilden was hun eigen privé-toilet, wat in die tijd nogal veel voorstelde. Maclean, met zijn onberispelijke smaak, bracht het nieuwste in Nederlands modern mahoniehouten meubilair, grasweefselwanden en vitrage. Zoals bedoeld was het kantoor van Stewart gebruikt om bezoekers te ontvangen. Niet alleen waren de klanten onder de indruk, maar toen Esso's Smit en Shell's Boot over al deze weelderigheid hoorden, kwamen ze ook om te inspecteren en eisten te weten waar de budgetgoedkeuring voor dit alles was."

Volgens Clegg was de nonchalante reactie klassiek Stewart. "Dus wat gingen ze doen, alles eruit scheuren?"

Er kwam een tijd dat het project meer toezicht kreeg, maar dit kwam neer op niets anders dan een boekhoudkundige herschikking. Stewart gaf toe dat Smidswater niet het typische kantoor 'volgens de regeltjes' en dat waren de andere kantoren die in de exportlanden werden opgezet evenmin. "Toen we IGTM en NAM Gasexport begonnen, financierden Jersey en Shell onze uitgaven via een soort gigantische onkostenrekening die later werd afgestemd. Maar al die tijd hadden Krik en ik bijna helemaal de vrije hand om een heel mooi hoofdkantoor op te zetten aan het Smidswater en in de andere landen. We kregen een klein beetje gemor van Shell te horen, die de onkostenrekening voor Duitsland opzette. Ze zeiden dat onze kantoren in Frankfurt te uitgebreid waren en dat ze wat meubels moesten teruggeven, maar we bleven volhouden dat we moesten aantonen dat we een serieuze onderneming waren. Wat mij betreft, het lijdt geen twijfel dat het echt zijn vruchten heeft afgeworpen toen de

Duitse of Belgische gasbedrijven die kantoren bezochten." Zoals Stewart had voorspeld, werd er niets van de kantoren gesloopt. Alles bleef op zijn plaats, niets werd veranderd en het produceerde vele malen het gewenste effect.

Nu Stewart en Schepers hun eigen gebouw hadden, riepen ze hun moedermaatschappijen op om de nieuwe organisaties te voorzien van technische en juridische experts. Uit Esso rekruteerde Stewart Jack Windham, een pijpleidingingenieur uit Texas, ter vervanging van Millard Clegg, wiens eenjarige uitstapje in september zou eindigen, en Jerry Laufs, een Amerikaans econoom van de Duitse staf van Esso AG. Shell heeft een briljant bekwame Nederlandse advocaat, Joop Hoogland, aangesteld en ook hun Teo Hondius gestuurd om public relations-zaken af te handelen. Korte tijd later vond Stewart een slimme jonge ingenieur/econoom, genaamd Paul Mortimer, bereid om met hem te werken bij IGTM. Mortimer was op dat moment bezig met het opstellen van een rapport voor de investeringsadviescommissie van Jersey met betrekking tot grote investeringen. Hij sprak vloeiend Nederlands, kwam oorspronkelijk uit Zuid-Afrika, had een Rhodes-studiebeurs gehad; politiek, filosofie en economie gestudeerd in Oxford; was naar Harvard Business School gegaan voor zijn MBA; en was in 1962 bij Jersey komen werken.

Mortimer herinnerde zich levendig de eerste keer dat hij Stewart in 1963 tegenkwam. "Toen ik Stewart ontmoette, was ik analist voor de afdeling coördinatie en petroleumeconomie van Jersey in New York. Ik was bezig met een energieonderzoek op lange afstand en er werd mij gevraagd of ik zou helpen om een aantal cijfers te kraken voor dit flamboyante personage, een zekere Doug Stewart. Een deel van waar ik aan gewerkt had, was de economie van vloeibaar aardgas uit Nigeria en Algerije dat Europa binnenkwam. Dus ik denk dat ze dachten dat ik een goed persoon was om contact op te nemen. Ik ging naar het Esso International-gebouw om mezelf voor te stellen en bracht twee of drie dagen met Stewart door. Ik begreep niets waar hij het over had, want hij sprak in een soort steno, wat ik echt moeilijk vond om te volgen. Maar aan het einde van een paar dagen produceerden we een economische analyse, die hij gebruikte in een presentatie die hij moest houden. Ongeveer twee of drie weken later werd mij gevraagd of ik een functie bij een bedrijf genaamd IGTM in Den Haag zou overwegen. Ik begon daar als analist te werken en rapporteerde aan het hoofd van hun economische groep."

Mortimer had voldoende gelegenheid om inzicht te krijgen in het team van Stewart/Schepers in de jaren voordat hij zelf in 1968 de voorzitter werd van IGTM. "Exxon werd destijds door *Fortune Magazine* beschouwd als het best geleide bedrijf ter wereld. Intern werd het echter bestuurd door talloze commissies, die vanuit alle hoeken input verzamelden bij het nemen van belangrijke beslissingen. Ogenschijnlijk hadden al deze commissies als doel om ervoor te zorgen dat elke afdeling inbreng had bij elke beslissing. Het was echter een omslachtig systeem voor nieuwe ondernemingen, waarvoor initiatief en actie nodig waren. Gelukkig voor het bedrijf waren er onvermijdelijk sterke individuen met de mogelijkheid om dingen door te drukken. Het was buitengewoon gelukkig voor zowel Esso als Shell dat ze toevallig deze twee mannen hadden die beiden dat soort initiatief hadden om aan het Nederlandse gasproject bij te dragen. Beide bedrijven zaten eigenlijk aan het begin van het project in een soort vacuüm. De enige man die, zoals Doug zegt, enig idee had waar dit allemaal over ging, of waar het allemaal om kon gaan, was de geoloog die het ontdekte. Iedereen vroeg zich af wat ermee te doen totdat Stewart kwam met zijn ideeën over premium marketing, het initiëren van economische onderzoeken en pipeleidingen, en ook het idee om het gas te exporteren naar de landen die grenzen aan Nederland en daarbuiten.

"Schepers was ook een zeer positieve en krachtige persoonlijkheid, een bijzonder levendige man die beslissingen nam, doorzette en met zijn fouten leefde. Hij was echter tegelijkertijd behoorlijk politiek en gevoelig voor de politiek van de bedrijven en van de overheid. De reden dat hij met zoveel weg kon komen, was omdat hij wist hoe ver hij kon gaan."

Stewart en Schepers bewogen inmiddels zo ver en zo snel als ze konden, zelfs terwijl Smidswater verbouwd werd. Tijdens een ontmoeting met Stewart en Orlean hield Schepers zich onmiddellijk bezig met de intenties van hun eigen Esso- en Shell-dochterondernemingen in Duitsland.

"Die kantoren wilden zeker de onderhandelingen overnemen, alleen omdat ze er al zijn", aldus Schepers. "Vooral Scheffer. Hij is de directeur van Shell in Duitsland en beschouwt zichzelf als een invloedrijke Titaan. Ik zie de uitdrukking op zijn gezicht al voor me als we hem vertellen: 'Jij bent het niet die de nieuwe bedrijfstak runt in Duitsland. Het worden onze twee nieuwe bedrijven die Nederlands gas verkopen en de onderhandelingen voeren.'" "

De opgewonden onderbreking van Orlean was behoorlijk ter zake. "Ons onderzoeksteam bevindt zich nu in de Shell-kantoren. Hoe stel je voor ze onder de duim van Scheffer weg te krijgen als ze er al zijn?"

Het antwoord van Stewart was beknopt. "Topografie, Martin. We halen ons kantoor gelijk weg uit Hamburg en verplaatsen het naar Frankfurt, bij Ruhrgas vandaan, dan zijn we op weg naar waar sommige zuidelijke gasbedrijven al een vereniging hebben. Dit plaatst ons ook ver bij Thyssengas vandaan en is een heel, heel eind weg bij de zware hand van Scheffer. "Schepers vond dat meteen een goed plan, maar Orlean kon een andere vraag niet weerstaan. "Oh kom op. Jullie kunnen jezelf bij Scheffer weghalen, maar in de andere landen zitten jullie in dezelfde situatie met de filialen daar. Hoe zit het met De Housse in België en Monod in Parijs?" Schepers kende beide mannen persoonlijk. "Martin, in de eerste plaats, zijn dat twee mannen die een unieke situatie moeten onderhouden in hun eigen land. Ze staan al aan onze kant. Bovendien plaatsen we ze ook gewoon in nieuwe kantoren."

Inmenging van lokale filialen kan een probleem zijn geweest dat de onderhandelingsflexibiliteit van Stewart en Schepers ernstig kan hebben belemmerd. Ze maakten Orlean duidelijk dat ze Nederlands gas zouden gaan opzetten als een afzonderlijke entiteit, onder hun controle, en dat zouden ze bereiken met geografisch gescheiden kantoren in elk land.

Orlean stelde een laatste uitdaging. "Heeft een van jullie enig idee wat dat soort instellingen gaat kosten?"

Het geduld van Stewart begon inmiddels op te raken. "Allemachtig, Martin, als we ons een weg door deze nieuwe bedrijfstak moeten banen, moeten we eruit zien alsof we serieus in zaken zijn. Denk je dat Ruhrgas ons serieus gaat nemen als ze deze operatie in een of ander armzalig hok aantreffen?" Schepers was ook klaar met de discussie. "Oké, Maclean, hier heb je nog een onroerend goed-klusje. Ga naar Frankfurt en zet de boel daar op poten. Doug en ik gaan ervandoor om Scheffer het slechte nieuws te brengen."

Toen Schepers en Stewart in Hamburg aankwamen, werden ze op de luchthaven verwelkomd door de persoonlijke chauffeur van Scheffer in zijn privélimousine.

"Zoals Krik had verwacht, was Scheffer helemaal klaar om ons te vertellen hoe we ons werk moesten doen," zei Stewart. "Hij was natuurlijk op de hoogte van de nieuwe exportinspanningen. Het onderzoeksteamonderzoeksteam zat daar in zijn eigen kantoor. Tijdens de lunch stelde hij voor om al onze toekomstige activiteiten via zijn kantoor daar in Hamburg te laten verlopen. Dit zou hem degene hebben gemaakt die alles in Duitsland coördineerde. Krik vond het nogal leuk om, heel beleefd als ik het me goed herinner, uit te leggen dat we nu twee bedrijven waren die onafhankelijk van onze moederoliemaatschappijen opereerden. Toen we Scheffer vertelden dat we onze eigen gloednieuwe kantoren in Frankfurt zouden openen, niet Hamburg, vloeide er plots geen wijn meer, verdween de limousine

de wijn opdroogde, de limousine verdween en moesten we een taxi nemen naar de luchthaven."

In de loop van de tijd werden andere pogingen van ander management van zowel Shell als Esso in Nederland en Duitsland gedaan om de onafhankelijkheid van NAM Gas Export en IGTM te ondermijnen en de exportactiviteit los te wrikken uit de handen van Schepers en Stewart. Een van de eerste en vreemdste kwam niet alleen van een van hun zakelijke ouders, maar ook in zekere zin van beide.

Shell en Esso hadden een fiftyfifty exploratie/- en productiebedrijf genaamd Brigitta in Hannover, Duitsland, vergelijkbaar met het NAM-exploratiebedrijf dat ze in Nederland hadden opgericht. Net als bij NAM was Shell ook de exploitant van dit bedrijf. Brigitta had verschillende kleine producerende velden in Noordwest-Duitsland. Op 14 mei 1962 ondertekenden de Nederlandse en Duitse regeringen een aanvulling op het Ems-Dollard-verdrag, waarin de scheidslijn tussen de twee landen in het water werd vastgelegd. Brigitta boorde een put aan de Duitse kant, tegenover de ontdekking van Groningen, en vond gas in het zogeheten Rotliegendes zand. Blijkbaar strekte een deel van het Groningen-gasreservoir zich uit tot in de baai van de Ems, waar Brigitta een productieconcessie had. Hoewel NAM Gas Export en IGTM ook fiftyfifty gelieerde Esso/Shell-filialen waren, specifiek opgericht voor het uitdrukkelijke doel van de marketing en het transport van Nederlands gas naar Duitsland, vormde Brigitta een eigen marketing- en gastransportgroep om "hun" gas binnen Duitsland te verkopen. Als de plannen van Brigitta in Duitsland door zouden gaan, zouden ze rechtstreeks concurreren met de inspanningen van Stewart en Schepers.

Om erachter waar het bedrijf precies mee bezig was, maakten ze een afspraak met de algemeen directeur van Brigitta, Paul von Forgash.

Stewart was ervan overtuigd dat dit heerschap net zo nieuwsgierig zou zijn naar wat hij en Schepers deden. "Vroeg op de dag gingen Schepers en ik op bezoek bij Brigitta. Eerst hadden we een erg leuke ontvangst, waarin Von Forgash uitlegde over het paar of drie 'kleine vondsten' van Brigitta. Hij vertelde ons dat ze 'geïnteresseerd' waren in onze ideeën."

Tijdens wat begon als een zeer hartelijke lunch, deelden Stewart en Schepers met Von Forgash hun ideeën en plannen voor de ontwikkeling van de premiummarkt en het potentieel ervan om een enorme thuisverwarmingsmarkt te openen die nooit eerder in Duitsland had bestaan. Von Forgash was absoluut enthousiast over deze nieuwe mogelijkheden, maar hield zich alleen bezig met een veel minder uitgebreid plan om hun eigen kleine netwerk te creëren om lokale steden te verbinden met de eigen aardgasbronnen van Brigitta. Het was zijn bedoeling dat Brigitta extra Nederlandse gasleveranties zou kopen, waardoor Brigitta de deur opende om daarna als marketeer en distributeur in hun regio in Duitsland op te treden.

Stewart kende het antwoord van Schepers uit zijn hoofd. "Krik herhaalde meteen exact hetzelfde standpunt dat we hadden gegeven aan Scheffer van Shell, die in wezen exact dezelfde stap had voorgesteld in zijn poging om alle exportactiviteiten in Duitsland over te nemen. Krik maakte Von Forgash heel duidelijk dat NAM Gas Export de exclusieve verkoper van Nederlands gas in zijn land zou zijn, en het IGTM zou zijn dat dat gas transporteerde in een Esso-pijpleidingsysteem."

Niet geheel onverwachts was de reactie van Von Forgash haast identiek aan de reactie van Scheffer. Stewart en Schepers waren voorbereid op deze reactie door hun eerdere ontmoeting met Scheffer en hoefden niet naar huis te lopen. Ze hadden van tevoren al vervoer geregeld voor hun terugreis.

"Schepers en ik zijn daar nogal hard tegenin gegaan. Ze wilden ons daar helemaal niet hebben en het kwam al snel zover dat ze niet met ons wilden praten."

Ondertussen volgde Ruhrgas zijn eigen agenda en onderhandelde in 1963 een contract met Brigitta voor aardgasleveringen in het gebied van Westfalen. Een deel van het gas dat Brigitta verkocht aan Ruhrgas bestond uit gas dat zij onttrokken uit het Gronings veld, uit de putten die ze aan de Duitse kant onder de Eems hadden geboord.

Ruhrgas kocht overigens raffinaderijgas van Shell en Esso in Noord-Duitsland.

Deze aanvullende voorraden waren niet voldoende of flexibel genoeg om Ruhrgas in staat te stellen hun doel te bereiken, namelijk het serieus betreden van de thuisverwarmingsmarkt, wat precies de activiteiten waren die Stewart en Schepers in de toekomst mogelijk voor hen zouden maken.

Hoewel de inspanningen van Brigitta in Duitsland klein en regionaal waren, voerden ze hun bedrijf uit alsof ze niet wisten dat NAM, net over de rivier in Nederland, een fiftyfifty Shell- en Esso-bedrijf was, precies zoals zij. Samenwerking met Stewart en Schepers op Nederlands gas had kunnen leiden tot iets veel belangrijkers voor Brigitta dan het kleine contract dat ze met Ruhrgas hadden gesloten. Dit doet de vraag rijzen of de ene bedrijfshand wist wat de andere bedrijfshand deed.

Inmiddels wist Stewart precies wat hij en Schepers deden. "We waren sterk toegewijd aan het behartigen van de belangen van het Nederlandse volk en de NAM. In zekere zin namen Krik en ik wat afstand van de oliemaatschappijen en werden een soort internationale maaidorser, een soort arm die functioneerde voor het belang van het Nederlandse volk."

Daarbij wisten beide mannen dat ze een gigantische gok namen. Stewart voelde dat beiden hun baan, en hun hele carrière, op het spel zetten om dat doel te bereiken. "Op dat moment hadden we geen consumenten om het gas te kopen. Er waren geen pijpleidingen. De bouw zou een investering van honderden miljoenen dollar in die tijd, plus een nog onvoorspelbare hoeveelheid bouwtijd vereisen. Ik was er helemaal zeker van dat dit allemaal zou gebeuren. Ik denk dat ik een beetje arrogant was geworden, en misschien had ik wat politieker kunnen zijn met sommige Esso-mensen die niet konden of wilden zien wat ik zo duidelijk zag."

De twee mannen waren absoluut vastbesloten niet aan de Nederlandse grens te worden vastgemaakt. Het geniale van Stewarts idee om NAM Gas Export en IGTM te presenteren als twee onafhankelijke entiteiten, heeft zichzelf in de praktijk en de theorie snel bewezen in veel verschillende omstandigheden. Omdat hij en Schepers nu verzekerd waren van onafhankelijkheid in activiteit en besluitvorming, zij

waren in staat de continuïteit van de intentie te handhaven die Stewart noodzakelijk had genoemd in de vroege onderhandelingen met het VK en Frankrijk. Hij en Schepers waren nu vrij om iedere prospect in elk land buiten de Nederlandse grens te informeren dat er

Esso/Shell-pijpleidingen zouden komen vanaf de Nederlandse grens naar Duitsland, België en Frankrijk. Om de Duitse gasbedrijven in zeer specifieke bewoordingen aan te tonen dat ze het niet alleen hadden over een Duits pijpleidingensysteem, openden ze snel een kantoor in Wenen. De moedermaatschappijen valideerden wat ze deden door te voldoen aan het verzoek van Schepers en Stewart om personeel voor alle andere nieuwe kantoren die ze begonnen te openen. Naast die in Frankfurt en Wenen hebben Stewart en Schepers een breed netwerk van operaties opgezet, te beginnen met Brussel, Londen en Parijs en die al bestaande onderzoeksgroepen naar nieuwe onderkomens verhuisden, waar nieuwe onderzoeksrapporten werden gegenereerd waar ze nodig waren. Deze onderzoeksgroepen werden geleid door senior executives van de marketing- en economische afdelingen van zowel Shell als Esso. In Parijs waren Yves Monod van Shell en René Cozzi van Esso; in Londen, Gordon Usmar van Esso en Phil Corbett van Shell; in Brussel, Jacques de Housse van Esso; in Frankfurt, Gerd Sottorf van Shell en Hans Löblich van Esso; en in Oostenrijk, Raymond Kandler van Esso. Later werd zelfs een kantoor in Zwitserland opgericht met een Shell-ingenieur genaamd Nahmani, met wie Schepers in Marokko had gewerkt. In elk van deze kantoren brachten Stewart en Schepers marketingexperts, pijpleidingingenieurs, gasconversiespecialisten, economen, juristen en PR-personeel. Binnen een paar maanden hielden de twee mannen niet langer alleen toezicht op een onderzoeksgroep in een paar steden, maar ze voorzagen nu ook in een volledige marketing- en pijpleidingpijpleidingorganisatie die in heel Europa actief was.

Stewarts carrière had zich uitgebreid in directe verhouding tot de effectiviteit van de onderzoeken die hij was begonnen, eerst in Texas en daarna in Den Haag. De toevoeging van deze specialisten in al deze kantoren betekende dat de reikwijdte van de onderzoeken die hij wilde doen kon worden uitgebreid in reikwijdte, net als zijn carrière. "In elk van de landen hebben we het personeel gevraagd om de rechten van de lokale gasbedrijven te onderzoeken. Hadden ze monopolies in hun gebieden zoals ze beweerden? Waren daar al pijpleidingen? Hoe kunnen we dat soort erfdienstbaarheden verkrijgen voor onze eigen lijnen? Van wie waren deze bedrijven? Wie en wat was het management in elk geval? En we vroegen om iets anders dat ons zou helpen te concurreren met deze bedrijven of zelfs hoe we ze konden kopen."

Dr. Liesen legde uit hoe Ruhrgas niet veel aandacht schonk aan het openen van al die kantoren. "Dit werd door ons gezien als een soort marketingmaatregel die de weg bereidde voor aardgasleveringen aan Duitsland. We wisten dat Shell en Esso niet eens het recht hadden om het gas uit de grond te halen. Ze moesten de regering er nog van overtuigen dat samenwerking met hen in hun belang was. Bovendien zouden Shell en Esso het eens moeten worden over de omvang van de markt die de enorme investeringen rechtvaardigt die nodig waren om het gas te transporteren. Er was zelfs geen overeenstemming over welke entiteit het recht zou krijgen om het te vervoeren. De heldere mogelijkheden voor deze markten hingen allemaal af van wanneer en aan welk bedrijf Nederlandse overheid de concessie zou verlenen."

De gedetailleerde planning van de onderzoeksteams onthulde wat er kon worden bereikt en gaf ook aanbevelingen voor potentiële prijzen en pijpleidingpijpleidingroutes aan zodra de concessieverlening was verleend.

Stewart wist dat ze klaar waren. "We wisten wat we zouden doen als de concessie door zou komen. We stonden in de startblokken om weg te vliegen. En bij God, dat deden we!" Op 30 mei 1963 werd de langverwachte concessie verleend. Ze konden zakendoen.

Nadat de documenten getekend waren in Kasteel Oud-Wassenaar om de Gasunie op te richten, en de weg vrij te maken voor de Staatsmijnen (Shell en Esso maatschap), toostten de heren met champagne om het te vieren. Van links naar rechts: Directeur van NAM, J.P.M. Bongaerts, algemeen directeur van IGTM, Douglass Stewart en algemeen directeur Esso Nederland, Coen Smit.

Stewart en Clegg voor het kantoor van NAM Gas Export/ IGTM, aan het Smidswater 23 in Den Haag.

Stewart aan het Smidswater in 1963.

Stewart en Schepers in het kantoor van Stewart aan het Smidswater 23. Het Shell hoofdkantoor reageerde geschokt toen ze de 'weelderige kantoren' van NAM Gas Export en IGTM gewaar werden. Stewart antwoordde echter, "Wat willen ze doen, dan? De boel weer slopen?" Ruhrgas en Thyssengas waren onder de indruk en trokken de conclusie dat Shell en Esso serieus van plan waren voet aan de grond te krijgen in de gas business.

*Onderdeel van de regeling voor het nieuwe Nederlandse gas
bedrijf, was een commissie die bestond uit twee managers van
Staatsmijnen, een vertegenwoordiger van de regering en een
manager van zowel Shell en Esso. Samen hielden zij toezicht op
de Gasunie, de gasverkoop het de NAM Productie Maatschap.*

*Hierboven: J.P.M. Bongaerts, directeur van NAM, aan het
kletsen met J.C. Boot, algemeen directeur van Shell Nederland,
en Coen Smit, algemeen directeur van Esso Nederland.*

*Onder: Gedelegeerde toezichthouders, W.E. van Os, Staatsmijnen, L.G.
Wansink, Ministerie van Economische Zaken, aan de wandel met P.A.
Zoetmulder, de pas aangestelde algemeen directeur van Gasunie.*

*NAM Gas Export en IGTM zetten 'onderzoekskantoren'
in Londen, Brussel, Parijs, Frankfurt en Wenen.*

*Boven: Gordon Usmar (Esso), Douglass Stewart en
Vi Vizzard (Shell hoofdkantoor, afdeling gas), in het
NAM Gas Export/IGTM kantoor Londen.*

*Links: Jack Windham, vicedirecteur van IGTM afdeling
pijpleidingen, in gesprek met Paul Mortimer, IGTM
econoom, over voorgestelde routes van pijpleidingen.*

De NAM Gas Export/IGTM kantoren werden opgezet aan de Rue Washington in Parijs. Hier zien we George Gelas, econoom bij Shell, Yves Monod, manager bij Shell en René Cozzi, econoom bij Esso. Ze bespreken de strategie voor de naderende onderhandelingen met Gaz de France.

Kapitein Monod zat bij het Franse legereenheid die werd geëvacueerd naar Engeland vanuit Duinkerken. Hij keerde daarna terug naar Frankrijk en bleef actief in het leger totdat Frankrijk zich overgaf aan de Duitsers.

—Hoofdstuk 16—

In alle talen tegengewerkt

M et de officiële ondertekening van de documenten die Gasunie vormden, de NAM/Maatschappij-arrangementen en de toekenning van de Groningen-concessies, begon de ontwikkeling van de Nederlandse gasindustrie begon serieus. Al bijna een jaar was de planning aan de gang geweest voor de toekomstige bouw en transport van gasleidingen en voor de marketingactiviteiten van Gasunie en haar coördinatiecomité, bestaand uit mensen van Shell, Esso, Staatsmijnen en SGB. NAM was eveneens ver gevorderd met engineering- en boorprogramma's.

Het feit dat de exportteams van start gingen, was een bewijs van de sterke punten van voorbereiding en onderhandeling van Stewart en Schepers. Ten eerste, in het unieke vertrouwen dat elk voor elkaar gold, en ten tweede in de verschillende en afzonderlijke vaardigheden die elk aan de onderhandelingstafel werden gebracht. De diplomatieke en taalkundige capaciteiten van Schepers werden geëvenaard door de technische knowhow van Stewart en zijn onfeilbare stroom marketingideeën.

Schepers en Stewart hadden ook iets anders voor hen. Mensen die erbij waren, vertellen in heel levendige bewoordingen dat wanneer deze twee lange, opvallend knappe mannen een vergadering binnenliepen, ze zeker binnenkwamen met het volle gewicht van hun internationale bedrijfsstructuur. Ze brachten ook de sfeer van authenticiteit en autoriteit in de kamer die nog eens werd versterkt door het inzicht, het pragmatisme en de kennis van beide mannen. Hoewel de binnenlandse Nederlandse inspanningen snel voortgingen met het aardgasprogramma, stuitten de eerste contacten van IGTM en NAM Gas Export meteen op tegenstand van de gasdistributeurs in de andere landen. Deze bedrijven hadden hun eigen, zeer onafhankelijke ideeën over wat ze met aardgas gingen doen.

België

België werd gekozen als hun eerste doelwit omdat België in het begin had aangegeven zeer veel interesse te hebben voor Nederlands gas. Stewart en Schepers zagen een kans en stelden snel profielen op van de potentiële behoeften van het land, waardoor ze hun eerste Belgische bijeenkomst konden binnenlopen met een voorspelling van die behoeften op zak.

Stewart herinnerde zich dat hun verzoek om een vergadering snel werd ingewilligd en zich afspeelde in het kantoor van Imperial Continental in Antwerpen. "Schepers en ik gingen de vergaderruimte binnen om een enorme ovale vergadertafel aan te treffen, waar de vertegenwoordigers van bijna elk gemeentelijk gasbedrijf, evenals Imperial Continental en Distrigaz, vertegenwoordigd waren, tot twee of drie rijen om de tafel heen. De lucht was al zwaar van muffe sigarenrook. Halflege frisdrank- en mineraalwaterflessen gaven aan dat er al een tijdje veel discussie of beraad aan de gang was voordat we werden binnengelaten. Het begon rustig. We wisselden beleefdheden uit."

De introductie van Stewart als directeur van IGTM riep een aantal verwarde vragen op over wat het was en hoe IGTM verband hield met Nederlands gas. De woordvoerder van Imperial Continental opende de serieuze discussies. "We hebben lang gewacht met het verkrijgen van aardgas uit Nederland. We lezen in de kranten dat NAM Gas Export het gas voor export moet verkopen, en we hebben ons eigen huiswerk gedaan over onze vereisten. We zijn bereid om driehonderdduizend kubieke meter per jaar aan de Nederlandse grens te kopen, op voorwaarde dat de grensprijs laag genoeg is."

Stewart en Schepers maakten een snelle mentale berekening. Waar Imperial het over had, was slechts een klein percentage van het volume dat volgens de berekeningen van de onderzoeksgroep België na conversie op premiummarkten kon gebruiken. Schepers antwoordde met een verklaring die zo brutaal was dat zijn gastheren verbijsterd zwijgen. "Onze bedrijven zijn niet van plan om het gas aan de Nederlandse grens aan uw transportlijn te verkopen. Wat we van plan zijn, is een gloednieuwe pijpleiding door België naar Parijs. We zullen onderweg rechtstreeks gas leveren aan de industrie en gemeenten aan de fabrieks- en stadspoorten in België."

De aanvankelijke stilte werd snel gevolgd door een opzwellen van ongeloof en ontkenning, dat het magnetisme van Stewart-Schepers niet verdreef.

"We zijn hier sinds 1809", zei een van de vertegenwoordigers. "We waren het eerste gasbedrijf in dit land. Wij gaan over de gasleidingen hier, niet Shell en Esso."

De Belgen zouden het voorgestelde alternatieve plan niet bespreken, punt uit. Ze zouden niets anders overwegen dan de aanschaf van gas aan de Nederlandse grens en het gas in hun eigen leidingen transporteren. De vergadering was voorbij.

Stewart herinnerde zich dat hij en Schepers bijna abrupt naar buiten werden geleid. Ze gingen naar de dichtstbijzijnde kroeg en konden nauwelijks wachten om hun aantekeningen met elkaar te vergelijken.

Herinnerend aan wat Stewart hem had verteld over het eerdere onderzoek waaruit bleek dat aandelen van Imperial Continental te koop waren op de aandelenmarkt, zag Schepers' spottende gevoel voor humor een manier waarop de bijeenkomst een heel ander resultaat zou hebben gehad. "Het zou vandaag een stuk beter zijn gegaan als we net die hele Imperial bende op de beurs hadden opgekocht toen we erachter kwamen dat ze erop zaten."

Stewart was het met eens. "Kun je het gezicht van die ene vent van Imperial voorstellen als we zijn pompeuze gebral hadden kunnen onderbreken en hem hadden gezegd: 'Ga zitten, kerel. Werk je nu voor ons tweeën'?"

De grote vraag was natuurlijk hoe ze een manier konden vinden om de blik van de Belgen op grotere volumes te richten en een honger te kweken daarnaar.

"Krik, ons eruit weggooien valt niet goed te rijmen met wat ze zeiden toen we binnenkwamen," zei Stewart. "We weten dat ze haast hebben met Nederlands gas en op basis van wat ze vandaag zeiden, hebben ze geen idee hoeveel gas ze echt kunnen gebruiken."

"Doug, onze juridische studies vertellen ons dat België op geen enkele manier een pijpleiding naar Parijs kan tegenhouden. Denk aan de woede-uitbarsting in Frankrijk als de Belgische gasbedrijven zelfs probeerden om het Franse volk aardgas te ontzeggen."

"Ik zeg dat we de grote Belgische industrieën informeren over de mogelijkheid van rechtstreekse levering aan hun fabrieken," zei Stewart. Schepers dacht dat Jacques de Housse, hun Belgische manager, precies de juiste kandidaat was om dat woord te verspreiden. "Elk van die Belgische fabrieken is verbonden aan een groot Belgisch financieel huis. Het zal niet lang duren voordat we terugkomen bij de mannen van vandaag dat we meenden wat we daar vandaag hebben gezegd."

Stewart sprong vooruit. "Hoezeer deze Belgen zich ook gedragen alsof ze een monopolie hebben, de juristen vertellen ons dat ze dat niet hebben. Als we dat contract met Gaz de France krijgen, zullen we De Gaulle geruststellen als ze ook maar een poging doen om onze pijpleiding te stoppen."

Frankrijk

Yves Monod, de Shell-man in het kantoor in Parijs, ontmoette Schepers voor het eerst toen hij de leiding had over het Franse personeel overzee. Monod was net terug van drie jaar als directeur van Shell Chili. Hij had Schepers laten weten dat hij een ontmoeting met Gaz de France kon opzetten wanneer hij en Stewart er klaar voor waren.

Monod vertelde hoe aantrekkelijk hij de directe benadering van Stewart en Schepers vond. "Ik herinner me zo goed hoe Stewart en Schepers allebei zo prettig waren om mee te werken, ook al waren ze zo verschillend. Ze vertegenwoordigden toen een geheel nieuw bedrijf dat niet eerder bestond. Ze hadden hun Nederlandse gas graag willen verkopen, althans in het begin, aan de industrieën waar Esso en Shell al stookolie verkochten, hoewel dit betekende dat Shell en Esso die olieklanten zouden verliezen. Ik was er al zeker van dat Gaz de France tegelijkertijd zou zeggen: 'We hebben vloeibaar gas uit Noord-Afrika en we kunnen het zonder jou doen, Shell en Esso, heel erg bedankt.'" Onverschrokken door de mogelijkheid van dat zeer Franse antwoord, vroeg Schepers Monod om de afspraak te maken. Net zoals Monod beloofde,

zorgde hij ervoor dat Stewart en Schepers een ontmoeting hadden met Monsieur J. Couture, algemeen secretaris van energie van de Franse regering. Ze legden Couture uit dat NAM Gas Export jaarlijks ongeveer vijf miljard kubieke meter aardgas had om aan Frankrijk te verkopen en dat ze het gas via IGTM naar Frankrijk wilden transporteren. De heer Couture deelde hen mee dat alle Franse onderhandelingen over die dingen moesten worden gevoerd met Khun de Chizelle, algemeen directeur van Gaz de France. Omdat Gaz de France in feite een wettelijk monopolie was in Frankrijk, was de strategie van Stewart en Schepers om hun zaak aan Chizelle voor te leggen door eerst te praten over die klanten van Esso en Shell aan wie ze al petroleumproducten verkochten. Als ze een voet tussen de deur konden krijgen op de premium industriële gasmarkt konden krijgen, zouden ze later de argumenten voor de premiummarkt voor huishoudens kunnen verdedigen.

Bij de allereerste ontmoeting met Chizelle hield Stewart de presentatie. "Onze twee bedrijven willen een pijpleiding leggen naar Parijs en gas verkopen aan industrieën in de Franse industriële strook van Noord-Frankrijk."

Zoals verwacht herinnerde Chizelle hen aan het monopolie van Gaz de France, niet alleen op de verkoop van gas maar ook op gastransport en marketing. Hij verzekerde hun dat Gaz de France alleen zou overwegen om gas aan de Nederlandse grens te kopen. De juristen van het onderzoeksteam hadden hun huiswerk gemaakt; Schepers kon Chizelle verrassen. "Volgens ons juridisch onderzoek van de Franse wet en het statuut van Gaz de France onder de Armengaud-wet van 2 augustus 1949, is een gezamenlijk marketing/pijpleidingsysteem legaal als Gaz de France akkoord gaat en eraan deelneemt.

"En waarom zouden we daarmee instemmen?" vroeg Chizelle.

Dit was voor Stewart een opening. Hij legde voor Chizelle de enorme, momenteel nog niet aangeboorde premium residentiële markt aan die zich zou kunnen openen voor Gaz de France als een dergelijk gezamenlijk marketing/pijpleiding systeem voor de import van Nederlands gas zou kunnen worden ontwikkeld.

De Fransman antwoordde: "We kopen gewoon meer gas aan de Nederlandse grens."

Schepers antwoord was rustig en direct. "Mijnheer, tegen die tijd is er misschien niet zoveel Nederlands gas beschikbaar voor Frankrijk. We onderzoeken de verkoop naar Duitsland en België al. Als we hier en nu een deal met u sluiten bent u verzekerd van een voldoende aanbod op de lange termijn voor de Franse premiummarkt. Als we hier natuurlijk een deal kunnen sluiten."

De vergadering besloot met het voorstel van Stewart dat Gaz de France met het NAM/IGTM-onderzoeksteam ging zitten en gezamenlijk de mogelijke Franse markten voor aardgas bestudeerde. Chizelle maakte duidelijk dat hij niet dacht dat er veel van terecht zou komen. "Ik weet niet hoe nuttig dat kan zijn, omdat onze experts onze eigen markten al kennen, en we hebben zeker geen hulp nodig bij het bouwen van pijpleidingen."

Schepers en Stewart verlieten die dag Parijs en erkenden dat ze een zware strijd voor hen zouden hebben als ze met succes de Franse business zouden betreden. Schepers maakte zijn gebruikelijke ironische opmerking. "Nou, we raken tenminste goed thuis in afwijzing."

"Krik, het is niet voorbij totdat het voorbij is," antwoordde Stewart. "Het idee van een gezamenlijk onderzoek ligt in ieder geval op tafel, en zolang we kunnen blijven zorgen dat ze instemmen met vergaderingen, blijven we onze zaak verdedigen."

Duitsland

In 1963 was de weg geëffend voor de komst van aardgas in Duitsland. Het Ruhrgebied, met zijn enorme industriële complex en hoge bevolkingsdichtheid, was een primair doelwit op de radar van Stewart en Schepers. Hoewel uit het onderzoek van Löblich bleek dat de vraag naar gas in Duitsland de afgelopen jaren erg snel was gegroeid, verwachtten ze dat de onderhandelingen moeizaam zouden verlopen.

De gasindustrie in Duitsland bestond al 135 jaar en leverde voornamelijk gas dat op steenkool werd geproduceerd. In 1826 startte de Imperial Continental Gas Association het eerste openbare gassysteem van Duitsland in Hannover en richtte rond dezelfde tijd ook gassystemen op in België. Daarna werden gassystemen gebouwd in steden in heel Duitsland, en tegen 1885 waren er meer dan zevenhonderd afzonderlijke gasfabrieken. Rond 1926 domineerden twee belangrijke gasdistributiebedrijven het Ruhrgebied, Thyssen Gas en Ruhrgas. Toen waren er slechts ongeveer 200 kilometer pijpleidingen, maar omstreeks 1943 was dit uitgebreid tot een totaal van 1.636 kilometer, een systeem dat twee grote zwavelverwijderingsinstallaties en eenenzestig installaties omvatte die gas fabriceerde uit steenkool (cokesgas) hoofdzakelijk voor distributie aan industrieën, met daarnaast wat verkoop aan huishoudens voor verwarming en koken.

Aan het einde van de Tweede Wereldoorlog hadden slechts drie cokesfabrieken en één compressiestation de oorlog overleefd en waren nog steeds in bedrijf. Ruhrgas werkte door het puin van de gebombardeerde steden en de wirwar van verwrongen pijpleidingen en voltooide een bijna onmogelijke taak en herstelde het hele systeem in slechts twee jaar. Net zoals in 1926 waren Ruhrgas en Thyssengas nog de grootste gasdistributiebedrijven in 1963, toen IGTM en NAM Gas Export begonnen met hun exportinspanningen. Zowel Ruhrgas als Thyssengas hadden te kampen met aanbodtekorten en waren eigenlijk begonnen met het zoeken naar extra gasleveringen van Duitse raffinaderijen, van Duitse exploratiebedrijven en het kopen van vloeibaar aardgas uit Algerije. Het team van Löblich ontdekte dat de twee gasgiganten alleen dachten om die voorraden toe te voegen aan de vraag naar caloriearm gas. Ze dachten niet aan de opkomende thuisverwarmingsmarkt. Zeker, ze dachten niet dat Esso en Shell hun gezellige domein zouden binnenlopen. Stewart en Schepers probeerden herhaaldelijk elk bedrijf afzonderlijk te ontmoeten, maar de twee giganten hielden vast aan hun pact van saamhorigheid en drongen erop aan dat er alleen een gezamenlijke vergadering in Essen in de Ruhrgas-kantoren zou zijn.

Hans Löblich vertelde over hun vorderingen. "Ons onderzoeksteam 'aardgas' in Frankfurt heeft zware voorbereidingen getroffen voor deze bijeenkomst. Stewart, in het bijzonder, duwde ons in bijna wekelijkse vergaderingen om de benodigde gegevens zo snel mogelijk, of liever gezegd 'gisteren' aan te leveren. Vanwege hun aantrekkelijke persoonlijke uiterlijk, de luxe kantoren die Stewart en Schepers hadden in Den Haag, met weelderige tapijten, dure exotische auto's, en hun charmante secretaresses, Wanda en Mary, begonnen we oorspronkelijk met het noemen van onze Gold Dust Boys. Aan de andere kant, omdat ze bijna dagelijks in Frankfurt verschenen met nieuwe ideeën, wat resulteerde in steeds meer werk voor onze kleine groep, begonnen we hen al snel onze Terrible Twins te noemen. Toch hebben zij altijd onze volledige medewerking gekregen, evenals ons vertrouwen en onze sympathie. Uiteindelijk waren we succesvol. De indrukwekkende ontwikkeling van aardgas in Duitsland zal altijd verbonden blijven met Douglass Stewart."

Stewart wist al bij zijn eerste ontmoeting in Duitsland dat het doorbreken van de barrière van de diepgewortelde industriëlen, met name de kolenbelangen, tot veel problemen zou leiden.

"Onze eerste ontmoeting met Ruhrgas en Thyssengas vond plaats op 16 mei 1963", herinnerde Löblich zich. "Maclean en ik hebben, samen met Schepers en Stewart, leidinggevenden van beide gasbedrijven ontmoet. Deze omvatten Dr. Schelberger, directeur van Ruhrgas, Dr. Liesen, later directeur van Ruhrgas, verschillende andere leidinggevenden van Ruhrgas en Thyssengas, en de heer Swart van de Bank voor Handel en Scheepvaart, een bank die in handen was van Baron Thyssen."

Stewart herinnerde zich dat ze na een enorme lunch, waaronder de eerste meeuweneieren die hij ooit had gegeten, aan de slag gingen. Omdat de vergadering in het Duits werd gehouden, presenteerde Schepers hun zaak.

Aldus Löblich: "De onderhandelingen aan de NAM-gasexport/ IGTM-zijde waren door onze 'Terrible Twins'. Schepers legde de autoriteit van hun twee bedrijven uit om het gas in de export te verkopen. Hij wees erop dat ze nooit aan de Nederlandse grens zouden verkopen zonder deel te nemen aan de gasactiviteiten in Duitsland. Hij legde uit dat Esso en Shell die vergissing in de Verenigde Staten hadden gemaakt en niet van plan waren in Europa dezelfde fout te maken. Hij adviseerde hen dat de oliemaatschappijen een pijpleiding door het Ruhrgebied naar Beieren van plan waren. Ze verwachtten uitsluitend op basis van die Nederlandse grensprijzen en transportkosten aan industrie en binnenlandse gasklanten vanaf die pijpleiding te gaan verkopen."

Schepers legde verder uit hoe de gasmarkten enorm zouden uitbreiden met een hoge BTU-distributie en dat de oliemaatschappijen zouden moeten deelnemen aan de toename.

Schelberger van Ruhrgas reageerde met ongebruikelijke lichtgeraaktheid. "Undenkbar (ondenkbaar)! Shell en Esso zullen nooit gas op ons eigen grondgebied op de markt brengen."

Zonder in te gaan op de niet onverwachte houding van Schelberger, reageerde Schepers kalmpjes op deze uitbarsting, door drie discussiefasen voor te stellen: ten eerste bestudeerden ze samen de markt voor hoge BTU aardgas, zonder de specifieke grensprijs te benoemen. Ten tweede zouden ze onderhandelen over pijpleidingen. Ten derde: "We zullen een geweldig gevecht hebben als we het niet eens kunnen worden." Het enige punt waarover iedereen het die dag eens was, was dat Schepers gelijk had over zijn derde punt. Daarmee was de vergadering voorbij. In minder dan een week werd de eerste stap in de richting van het voorspelde 'grote gevecht' gezet. De Duitsers toonden hun vastberadenheid om de touwtjes in handen te houden, door een plan in te dienen bij de lokale overheid

pijpleiding over dezelfde route die Shell en Esso net hadden voorgesteld.

Dr. Liesen legde uit wat de redenering van het Ruhrgas was voor die actie. "In de toen bestaande juridische situatie moest een dergelijke pijpleiding worden goedgekeurd door de Duitse toezichthoudende autoriteit. Kennisgeving van plannen voor een dergelijke Ruhrgas-pijpleiding zou automatisch leiden tot de noodzaak van onderhandelingen tussen Esso/Shell en Ruhrgas, omdat Esso/Shell na kennisgeving van de eigen pijpleiding van Ruhrgas niet langer goedkeuring van zijn pijpleidingproject met uitsluiting van Ruhrgas kon verwachten. In plaats daarvan moest nu worden aangenomen dat de toezichthoudende autoriteit de twee partijen zou aansporen een compromis te sluiten, samen te bouwen."

Op dat moment konden Stewart en Schepers echter niet weten dat de Ruhrgas-toepassing voor de pijpleiding een manier was om hen te dwingen hun onafhankelijke houding te heroverwegen. In plaats daarvan, met de echo van "undenkbar" in hun oren, namen de Terrible Twins Löblich mee uit eten, in de hoop op wat inheemse inzichten over hoe de "undenkbar"-houding van verontwaardiging naar instemming kon worden verschoven.

Löblich wees op het voor de hand liggende. "Dat de eerste contacten met alleen Ruhrgas en Thyssengas, vonden we al totaal onbegrijpelijk. Hoewel ons onderzoek aantoonde dat Duitsland klaar was voor aardgas, was er geen directe verbinding met de eindgebruiker, zoals Esso en Shell hadden met marketing van stookolie."

Löblich vond het terecht dat ze allebei de vergadering waren binnengegaan in het volste vertrouwen over de mogelijkheid die ze de twee giganten boden, maar dat ze ook hadden geprobeerd over de enorme macht van de individuele uitvoerende persoonlijkheden heen te stappen, en over het prestige en de macht van hun bedrijven.

Misschien was het grootste probleem wel dat de Terrible Twins er niet in waren geslaagd de ernstige technische problemen te adresseren die deze bedrijven met conversie zouden hebben, noch de zeer grote pijpleidingpijpleidinginvesteringen die zouden ontstaan wanneer zij zouden overstappen naar de aardgas-business. Schepers herinnerde Löblich eraan dat de vergadering nooit ver genoeg was gevorderd om technische problemen aan te pakken.

Löblich legde verder uit dat ze een middel moesten vinden om de bestaande wettelijk toegestane Duitse gasmarktmonopolies aan te pakken, zowel de huidige als degene die ze in de toekomst verwachtten. Er waren concessiecontracten tussen districten waarin de gasbedrijven in die districten de exclusieve rechten bezaten voor het verkopen van gas, hetzij stadsgas of aardgas. De bestaande gasnetbedrijven hadden langlopende, exclusieve contracten met hun partnergemeenschappen en bijbehorende managementmonopolies.

Stewart en Schepers herkenden direct dat Löblich hier wijze raad gaf. Hoewel het verlangen van Ruhrgas en Thyssengas naar nieuwe gasbronnen, met name aardgas, bekend was, zouden de Terrible Twins nooit de ultieme consumenten bereiken zonder de medewerking van de twee giganten.

Löblich stelde een plan om individuen binnen de gasbedrijven subtiel te cultiveren door een nieuwe bedrijfsvereniging voor neutraal gas te vormen. Hij suggereerde dat terwijl hij en het team van Frankfurt aan deze mogelijkheid werkten, Stewart en Schepers tegelijkertijd de kleinere zuidelijke gasdistributeurs konden benaderen, die een eigen vereniging hadden gevormd, in een poging om de inspanningen van Ruhrgas en Thyssengas, om uit te breiden naar hun regio, tegen te werken.

De eerste keer dat Stewart en Schepers deze groep bezochten, werden ze beleefd ontvangen. Hoewel de bedrijven het idee van aardgas verwelkomden, waren ze nogal uitgesproken in hun positie. Ze wilden niet dat oliemaatschappijen rechtstreeks gas zouden leveren aan de industrie in hun gebied.

Stewart was niet voor een gat te vangen. "We hadden niet verwacht dat we in onze eerste vergaderingen in Duitsland gelijk overeenstemming zouden bereiken, maar we hadden in elk geval zaadjes geplant in de hoofden van deze kleine gasdistributeurs over de enorme kansen die er voor aardgas in het verschiet lagen. We waren van plan ons een weg te banen Duitsland in en deel te nemen aan gastransmissie. En het was ons duidelijk, dat zij, van hun kant, van plan waren ons buiten de deur te houden." Deze onderhandelingen zouden veel moeilijker worden voordat ze beter werden. En dat gold ook voor hoe Jersey de exportinspanningen van Stewart en Schepers bezag.

Tijdens een van zijn periodieke reizen langs Europese Jersey operaties bracht Bob Milbrath een onverwacht persoonlijk bezoek aan Smidswater. Hij was onder de indruk van de kantoren, maar was zeer openhartig over hun tot dan toe minder dan succesvolle exportactiviteiten. "Om samen te vatten wat jullie twee mij vertellen, lijkt het erop in de VK hun gasraden een monopolie hebben en Shell en Esso waarschijnlijk niet welkom zullen heten in hun bedrijf. Gaz de France in Parijs voelt hetzelfde. Je bent uit België weggestuurd. De Duitse gasbedrijven hebben je gezegd dat het 'ondenkbaar' is dat je mogelijk iets voor hen kunt doen dat ze niet voor zichzelf kunnen doen. En om het te bewijzen, hebben ze vergunningen ingediend bij hun overheid voor de pijpleidingpijpleidingroutes die u voorstelt. Wil een van jullie me alsjeblieft iets vertellen waardoor Jersey een goed gevoel krijgt om dit allemaal gaande te houden?"

Schepers kwam tussenbeide. "Meneer Milbrath, elke keer als we eropuit gaan, zijn we gewapend met feiten en cijfers van onze onderzoeksteams die niemand anders heeft. Deze gasbedrijven willen misschien nog geen zaken doen met ons, maar ze vragen steeds weer om de informatie die we hebben verzameld over de winstmogelijkheden. Ze kunnen nergens die informatie krijgen."

Stewart onderbrak: "Bob, de belofte van die winst die we hun voorleggen is zo enorm dat die niet oneindig kunnen worden genegeerd. Op dit moment weten we meer over het potentieel dan zij, en bovenal hebben we het gas waarvan we weten dat ze het nodig hebben. Er zitten zoveel spelers in dit geheel. Als we zelfs maar één van deze domino's kunnen laten vallen, gaan ze allemaal voor de bijl."

Milbrath schoot terug. "Als?! Je vertelt me dat ik niet meer mee terug kan nemen naar Jersey dan een prachtige, grote, wild enthousiaste 'als' van Doug Stewart?"

"Schepers stelde een heel ander en heel Nederlands standpunt voor. "Meneer

Milbrath, ik begrijp best dat jullie Amerikanen graag dingen 'in één zien gebeuren, maar hier in Europa gebeuren de dingen veel langzamer. In Nederland is veel weer nodig om van de bollen in het veld de tulpen op tafel te maken. Misschien wilt u eens nadenken over een verhaal dat we hier graag vertellen over de jonge stier en de oude stier. Als de winter komt, wordt vee uit het weiland naar binnen gebracht in de boerenschuren, om ze te beschermen tegen de bittere kou. In het voorjaar worden eerst de koeien eerst teruggebracht op kleine binnenschepen naar de weilanden, gevolgd door de stieren. Nadat ze de hele winter in die schuur zijn opgesloten, zo dicht bij de koeien maar toch zo ver weg, beginnen de stieren merkbaar steeds uit te zien naar de koeien, naarmate ze dichterbij komen. De jonge stier zegt tegen de oude: "Laten we over die barrière springen en er een paar voor onszelf pakken." De oude stier zegt tegen de jonge: "Laten we onze tijd nemen en ze allemaal hebben"

"We willen ze allemaal hebben, meneer Milbrath. Dat is wat u mee kunt nemen naar New York."

Hoofdstuk 17

Succes leidt tot controle

T erwijl de Terrible Twins Löblich en Maclean adviseerden over het gebrek aan respons van de kleine zuidelijke distributeurs met wie ze hadden afgesproken, sprong de behendige intelligentie van Maclean vooruit naar een nieuwe mogelijkheid. Vanwege al het onderzoek dat het Frankfurt-team al had gedaan, richtte Maclean zijn aandacht op een kleine en goedgeplaatste, goedgeorganiseerde gasdistributeur, toevallig in het Weser-Ems-gebied in Noordwest-Duitsland, tegenover de baai van het Groningse gasveld. Misschien, dacht Maclean, zou een persoonlijk bezoek aan die manager zijn vruchten afwerpen. Als hij op de juiste manier werd benaderd, dacht hij dat de manager misschien zou reageren op de mogelijkheid van Nederlands gas zo dichtbij dat het gemakkelijk naar zijn specifieke klanten kon worden getransporteerd.

Op eigen initiatief bezocht Maclean deze manager en ontdekte tot zijn vreugde dat het bedrijf niet alleen op zoek was naar aardgas, maar dat ze ook graag met NAM Gas Export en IGTM zouden samenwerken om pijpleidingen te financieren en het gas te verkopen in hun gebied. Maclean kreeg een intentieverklaring van hen en keerde vrolijk terug het team dat zijn resultaat van harte toejuichte.

Löblich herinnerde zich Maclean als "een echte slimme gast" en Stewart vertelde over het belang van de prestatie van Maclean. "Maclean had het gedaan. Deze overeenkomst voor deelname aan pijpleidingfinanciering was onze eerste doorbraak in de gasactiviteiten buiten Nederland. Wij allen gevierd in onze favoriete ontmoetingsplaats, Club 't Jagertje, vlak om de hoek van Smidswater."

De blijdschap was echter van korte duur. Voor het eerst voelden Stewart en Schepers dat de bedrijfsleiders zich begonnen aan te scherpen. Het succes van het initiatief van Maclean met de Weser-Ems-distributeur was de eerste kleine kiezelsteen die in een kleine vijver van succes viel. Het leverde helaas niet de rimpelingen op die de teams verwachtten. In plaats van de erkenning binnen het bedrijf voor hun eerste echte vooruitgang, veranderde de Weser-Ems-deal in plaats daarvan in de dreiging van een enorme administratieve golf die onderweg was naar de operationele vrijheid die Stewart en Schepers genoten. Ze zagen hem nooit aankomen.

"We waren nog nooit volledig onafhankelijk omdat we wel periodieke voortgangsrapporten voorlegden aan de gedelegeerde toezichtcommissie van Gasunie (op dat moment samengesteld uit Van Os en Bogers van Staatsmijnen, Wansink van de Nederlandse overheid, Boot van Shell en Smit van Esso) en ook aan onze eigen bedrijfsadviseurs, Cox en Vale. Zolang we alleen vooruitgang meldden, hadden we de vrije hand. Maar de eerste keer dat we daadwerkelijk succes meldden met de Weser-Ems-deal, werden we voor het eerst geconfronteerd met pogingen om ons in toom te houden."

Kort nadat Stewart de deal van Weser-Ems aan Smit en Cox meldde, kreeg hij een telefoontje van Smit met het verzoek hem bij de Esso-kerk te komen opzoeken. Smit zei dat hij Stewart en Cox wilde informeren over een vergadering die hij en Shell's J.C. Boot net hadden gehad met de toezichtcommissie van Gasunie. Boot en Smit waren samen het aanspreekpunt voor de oliemaatschappijen met dat comité. Boot en Smit maakten al lang deel uit van het zakelijke en politieke leven van Den Haag. Daarom werden ze door de commissie gerespecteerd.

De volgende ochtend verliet Stewart Smidswater voor de afspraak met Smit en Cox, hij was zeer goedgehumeurd en verwachtte enige erkenning over het goede nieuws van Weser-Ems. Toen hij aankwam, was Ganskopp uitgenodigd om aan de vergadering deel te nemen. Smit begon met het vertellen van een nieuwe overeenkomst die hij en Boot enkele dagen eerder met de commissie hadden gesloten. Smit sprak op zo een ontspannen en feitelijke toon dat hij niets verraadde van de ernstige gevolgen die hij aankondigde.

Stewart was stomverbaasd toen hij te horen kreeg dat hij en Schepers voortaan persoonlijk aan de aangewezen afgevaardigden verslag moesten uitbrengen voordat zij naar een onderhandelingsbijeenkomst in een land gaan, om vooraf goedkeuring te krijgen voor wat zij in die onderhandelingen wilden doen.

Misschien waren het de connecties van Smit en Boot in het bedrijfsleven of hun acute bewustzijn van het politieke klimaat dat hen ertoe heeft gebracht om hiermee in te stemmen. Hoe het ook zij, geen van de andere mannen in de zaal registreerde enige erkenning van hoe ernstig de impact zou zijn op de dagelijkse onderhandelingen. Stewarts eerste gedachte was om een manier te vinden om in eenvoudige bewoordingen de ernstige gevolgen van de beslissing uit te leggen. "Als Krik en ik goedkeuring moesten krijgen voor elke stap die we moesten zetten voordat we het deden, zouden we ingesnoerd zijn voordat we de deur uit waren. We moesten snel kunnen reageren op de zeer uiteenlopende situaties die zich onverwacht voordeden en die enorm verschillen van land tot land."

Tot bijzondere verbazing van Stewart zat Cox daar gewoon en stemde in met de beslissing. Misschien boog hij als nieuwkomer in Den Haag naar de wijsheid van mensen met een lange ervaring in de Nederlandse politiek. Toch kon Stewart niet begrijpen hoe Cox, met zijn Europese bedrijfservaring en zijn verantwoordelijkheid als Esso-adviseur voor het exportproject zelf, de internationale implicaties niet onmiddellijk had begrepen.

Het soort overheidscontrole waarmee Boot en Smit zojuist hadden ingestemd, zou de Nederlanders precies geven waar de Arabische landen om vroegen en zou zeker als munitie voor die landen dienen om hun ambities voor hun eigen natuurlijke hulpbronnen te bevorderen.

Stewart was verbijsterd. "Dit was precies wat Jersey probeerde te vermijden. Boot noch Smit leken te hebben erkend dat hun overeenstemming met de leden van de regeringscommissie het sjeikeffect op al onze inspanningen losliet. En Cox zat daar gewoon te knikken."

Stewarts gedachten gingen razendsnel alles langs op zoek naar wat bezorgdheid getriggerd had kunnen hebben waardoor dit nieuwe probleem was ontstaan.

Hoewel de regering was overeengekomen dat Staatsmijnen niet zouden deelnemen aan de gasindustrie buiten de Nederlandse grens, had de Weser-Ems-deal de regeringsvertegenwoordigers in het toezichtcomité geconfronteerd

met een mogelijkheid waar ze nog nooit eerder aan hadden gedacht? Vreesden zij dat deze pijpleidingovereenkomst met Weser-Ems betekende dat de oliemaatschappijen exorbitante winsten zouden maken met het Nederlandse aardgas zodra het hun grenzen overschreed? Aangezien het gedelegeerde toezichtcomité van Gasunie elk contract zou zien voordat het werd ondertekend, besefte Stewart dat deze overeenkomst misschien niet over een van die dingen gaat. Misschien ging dit niet alleen over controle over de onderhandelingen, maar over controle over Schepers en hemzelf.

Als dit het geval was, was de vraag, was het idee ontstaan bij de afgevaardigden zelf, of was het idee daar op Esso's kantoor opgekomen in mensen die geen idee hadden wat er werkelijk plaatsvond aan een onderhandelingstafel voor een bedrijfstak die tot dan toe niet had bestaan? Er was geen korte cursus over vrije uitloop onderhandelingen voor een onbekende markt waarnaar Stewart Cox en Smit kon verwijzen omdat hij en Schepers zelf de instrumenten waren voor de ontwikkeling ervan.

Stewart deed een vergeefse poging voor zichzelf om de problemen die die in gang waren gezet te verklaren. Plotseling werd hij overmand door woede, niet alleen door de absurditeit van wat Boot en Smit hadden afgesproken, maar ook dat de overeenkomst daadwerkelijk was gemaakt zonder ook maar een poging met hem en Schepers te praten. Stewart stormde impulsief het kantoor uit. "Misschien was ik een beetje arrogant en impulsief. Ik weet niet precies waarom mijn bloed kookte. Een deel ervan was zeker dat Schepers en ik onder extreme druk om zoveel verschillende onderhandelingen in de lucht te houden. We reisden en onderhandelden drie en vier dagen per week, hielden al die onderzoeksteamonderzoeksteams op de hoogte en oefenden druk op hen uit om ons te geven wat we nodig hadden om de onderhandelingen op schema te houden."

Stewart ging rechtstreeks naar Smidswater.

Schepers was net zo verontwaardigd over wat J.J. Boot van Shell had gedaan, maar zijn reactie was nog feller. "Doug, dit gaat niet alleen over het aanbrengen van het sjeikeffect in neonlichten voor het Midden-Oosten. Dit verlamt ons bij elke stap in de bureaucratie. Elk verdomd ding dat we moeten doen, zal nu vertraging oplopen doordat een of andere betweterige commissie zich erover gaat buigen."

Onderhandelingen die op dat moment door de complexe overheid en bedrijfsinteractie van elk land liepen, zouden bijna tot stilstand worden gebracht. Zelfs vandaag nog is Stewart geïrriteerd door het obstakel dat zojuist was opgeworpen in wat hij en Schepers aan het doen waren. "We waren al in situaties waarin we onze autoriteit als bedrijfsfilialen moesten uitoefenen en soms ter plekke ergens mee in moesten stemmen, of niet moesten zijn. Dat ter plekke was erg vaak de orde van de dag. Krik en ik waren ons volledig bewust van de enorme verantwoordelijkheid die we droegen telkens als we dat soort beslissingen moesten nemen. We wisten dat het succes dat we tot nu toe hadden gehad, een direct gevolg was van ons vermogen om op die manier te reageren. We hadden inmiddels een voorproefje gehad van de efficiëntie die onze onafhankelijkheid ons gaf. We hadden de opwinding gehad om de risico's te nemen. Onze bedrijven zouden onze acties ondersteunen, of niet."

Beide mannen stuurden telexen naar hun respectieve hoofdkantoren. Schepers ging passeerde Boot en richtte zich tot diens meerdere, Dennis Vale, die de Shell-supervisor was voor het exportproject in Londen. Stewart stuurde zijn bericht rechtstreeks naar Milbrath, de superieur van Cox en Smit. Bijna onmiddellijk kwam er een telex van Vale terug uit Londen en adviseerde Schepers dat hij ondubbelzinnig de positie van Schepers steunde. Vale was ervan overtuigd dat exportinspanningen ernstig zouden worden belemmerd.

Nadat hij iets was bedaard, ging Stewart terug naar het Esso-kantoor om te praten met Cox en Smit, die tegen die tijd een kopie van de telex van Stewart voor zich hadden. "Ze waren natuurlijk overstuur dat ik hen had gepasseerd. Door erover te praten, erkende ik dat ik een beetje overhaast was geweest, maar wees erop dat tenzij een soort compromis kon worden bereikt met die commissie, ze Jersey blootstelden aan hernieuwde eisen in het Midden-Oosten. Ik dacht dat ze dat tenminste konden begrijpen. Het had geen zin om hen te bevragen of er al dan niet een interne poging was om mij en Schepers te controleren."

Stewart stuurde vervolgens een nieuwe telex naar New York en vroeg Milbrath zijn eerste te negeren. Maar de vraag die de kabel stelde over het sjeikeffect kon natuurlijk niet worden genegeerd. Binnen vierentwintig uur was een assistent van Milbrath onderweg naar Den Haag.

Stewart had die ontmoeting nog helder voor de geest. "We gingen allemaal samen zitten en werkten een compromis uit. Het is niet in het belang van Jersey dat de overheid ons vertelt wat we in andere landen moeten doen. De behoefte van de overheid om te worden geïnformeerd, moest echter worden erkend en gerespecteerd. Smit kreeg de opdracht terug te keren naar de commissie en een compromis te bereiken."

Bij Shell in Londen bleef Vale standvastig tegen compromissen, maar bedrijfsbelangen boven hem prevaleerden en de opdracht kwam terug voor Boot om ook een compromis te sluiten.

Terugkijkend erkende Stewart nu dat er echt een enorm probleem was waar de Weser-Ems-deal de aangewezen afgevaardigdencommissie mee confronteerde. "De oliemaatschappijen zouden zich moeten committeren aan een enorme hoeveelheid geld voor pijpleidingen in de exportlanden. De Nederlandse regering en hun nieuw gevormde Gasunie stonden nu niet alleen voor de behoeften van de eigen bevolking, maar stonden nu oog in oog met de realiteit dat zij op het punt stond de middelen van haar bevolking buiten hun grenzen te binden. Het is één ding om te zeggen dat we dit gaan doen en nog iets anders om het daadwerkelijk te doen. Het is alsof je in het huwelijk stapt, maar geconfronteerd worden met het ondertekenen van het huwelijkse voorwaarden."

Uiteindelijk resulteerde de diplomatieke en behendige presentatie van Smit en Boot erin dat de toezichtcommissie ermee instemde hun oorspronkelijke eis voor direct toezicht te wijzigen. De afgevaardigden zouden genoegen nemen met het ontvangen van periodieke rapporten van Schepers en Stewart. Daarmee zouden ze wel worden geïnformeerd over, maar geen controle hebben over de dagelijkse activiteiten van het exportteam. Ze zouden natuurlijk het recht op definitieve goedkeuring behouden.

Stewart was opgelucht. "Na deze uitbarsting was mijn voorheen hartelijke relatie met Smit aanzienlijk bekoeld. Tot dit gebeurde, had hij mij als een ondergeschikte gezien, en Cox ook. Maar mijn onafhankelijkheid was nu vastgesteld en iedereen om ons heen wist het. Cox vroeg me eens waarom ik om hem heen was gegaan en ik heb nooit echt geantwoord. Er was geen manier om terug te nemen wat er zwart-op-wit in mijn eerste telex had gestaan."

Schepers en Stewart waren daarna uiterst nauwgezet in hun omgang met de commissie over wat er gaande was in al hun onderhandelingen. Ze hebben echter geen signaalflitsen gestuurd over wat er onderhuids aan het borrelen was, of in de spreekwoordelijke pijpleiding zat.".

"Een keer per maand ontmoetten we dit Gasunie-comité in een kasteel aan de overkant van de Rijn in Zuid-Nederland," zei Stewart. "We zouden de dag met hen doorbrengen en uitleggen wat we aan het doen waren. Hoewel ik de heer Wansink, de vertegenwoordiger van De Pous, eens moest uitleggen dat het exacte doel van IGTM was om eenvoudigweg te dienen als een middel waarmee de oliemaatschappijen de pijpleidingenactiviteiten in de exportlanden konden betreden, hebben ze ons nooit echt verteld wat we moesten doen. Ze wilden gewoon op de hoogte zijn, wat helemaal gepast was. We verkochten het gas waarin hun land en hun regering zo'n groot belang hadden."

Stewart erkende nu dat er momenten waren dat hij en Schepers hier en daar enkele details uitstelden, en soms vertraagden ze zelfs informatie over dingen die meer waren dan alleen details. "Uiteindelijk had de Nederlandse overheid natuurlijk het recht op definitieve goedkeuring voor elk verkoopcontract en zou ze moeten instemmen met eventuele definitieve afspraken met distributeurs voor elke hoeveelheid gas die we ooit hebben vastgelegd voordat er daadwerkelijk iets gebeurde. Het uiteindelijke resultaat van elke onderhandeling was daar vóór hen."

Gezien het aanzienlijke aandeel van de overheid in 75% van alle exportverkopen die Schepers en Stewart regelden, was er geen financieel voordeel dat Shell of Jersey had kunnen krijgen vanwege de timing van hun rapporten.

Stewart legde uit dat elke vertraging in de rapportage hen eenvoudig in staat stelde om hun initiatief in de buitengewoon trage exportonderhandelingen te handhaven. "Het enige dat Schepers en ik ooit wilden was goed kunnen reageren op het onverwachte. Ik weet dat we het vertrouwen van de commissie hebben verdiend, want alles wat we hebben bereikt, is in de loop van de tijd echt in het belang van het Nederlandse volk gebleken. De commissie heeft op zijn beurt ons respect verdiend. Ze handhaafden hun vroege overeenstemming met ons dat de Nederlandse staat niet zou deelnemen buiten de Nederlandse grens en dat Gasunie zich zou beperken tot binnenlandse activiteiten. Het initiatief voor de exportmarkten zou in handen blijven van Shell en Esso, onder toezicht van de afgevaardigden."

Verstandig genoeg had Gasunie zichzelf niet alleen de financiële lasten had bespaard van het aanleggen van de pijpleidingen die nodig zijn om het aardgas over zijn grenzen te transporteren, maar door dat besluit, werd hen ook de vele politieke complicaties bespaard die hoorden bij het aanleggen over de grens naar andere landen. die over

Stewart en Schepers schakelden nu naar de tweede versnelling voor hun klim naar de top van de exportberg.

Het kantoor van de NAM Gas Export/IGTM onderzoeksgroep werd in Frankfurt opgericht om buiten het bereik van de distributienetwerken van Ruhrgas en Thyssengas te zijn en ook om het kantoor onder de directe invloed weg te halen van de Duitse Shell en Esso-dochters in Hamburg.

Linksboven: Luitenant-ter-zee en ingenieur Löblich, die wist te ontkomen toen het gevechtsschip Bismarck tot zinken werd gebracht.

Rechtsboven: Löblich in het kantoor in Frankfurt.

Donald Maclean, assistent-manager in Frankfurt.

Maclean wist de eerste toezegging voor Nederlands gas voor elkaar te krijgen, en Shell en Esso te laten deelnemen in de Duitse gas business, met zijn Weser-Ems intentieverklaring.

Hoofdstuk 18

De exportberg op

n zeer korte tijd was de nieuwe strategie van Löblich om een "neutrale focus" voor de Duitse bedrijven te creëren, van kracht. Hij en zijn team nodigden deze bedrijven, en een oudere vereniging van Duitse gas- en waterbedrijven genaamd VDGW, uit voor vergaderingen van een nieuwe organisatie genaamd de Onderzoeksgroep Aardgas in kantoren van IGTM/NAM Gas Export in het centrum van Frankfurt aan de Meisengasse-straat.

Het doel van de groep was om bij de lokale bedrijven inzicht te krijgen in de voordelen van aardgas. Shell heeft Maclean overgeplaatst aan andere verantwoordelijkheden en Gerd Sottorf werd de projectmanager voor de nieuwe organisatie, met Löblich als de adjunct-projectmanager. Ze waren blij toen Ruhrgas reageerde op een van de eerste uitnodigingen van de groep.

Dr. Liesen, voormalig voorzitter van Ruhrgas, herinnerde zich dat hij zich afvroeg waarom Ruhrgas naar het kantoor in Frankfurt moest gaan en zei dat ze te horen kregen "dat het te veel moeite kostte" om de grote nieuwe overheadprojector te vervoeren. Het was natuurlijk een kwestie van strategie om op de een of andere manier Ruhrgas in hun eigen kantoor te krijgen.

Löblich was opgetogen bij het vooruitzicht om ze daar te hebben. "Ze reageerden op onze uitnodiging en kwamen langs aan de Meisengasse. Ik was erg trots om eindelijk onze revolutionaire studie te kunnen presenteren die de aardgasactiviteiten in Duitsland voorspelt. We probeerden onze gasten te imponeren met ons kantoor, door Maclean geheel in stijl gemaakt, en met de installatie van onze nieuwe overheadprojector en niet in de laatste plaats met onze cijfers en diagrammen. Onderdeel van het onderzoek was een voorstel om een nieuw bedrijf op te richten, met de naam RUNCO, om het aardgas te verkopen. Er werd voorgesteld dat Ruhrgas zelf cokerie gas zou verkopen in het gebied dicht bij de vele cokesfabrieken in het gebied van het Ruhrgebied. In die dagen kon ik me niet voorstellen dat het cokerie gas ooit helemaal zou verdwijnen. Cokesfabrieken waren toen van zo groot belang voor de enorme staalindustrie in het Ruhrgebied."

Löblich herinnerde zich enige teleurstelling aan zijn zijde omdat er mensen van Ruhrgas waren die zich leken te vervelen. "Vooral Dr. Wunsch, de grote technische directeur van Ruhrgas. Hij zat in ons beste meubel, een klassieke fauteuil die zo'n 1500 Duitse Mark had gekost, waarin hij achterover leunde en leek alsof hij liever een dutje wilde doen. Natuurlijk was dit zijn tactiek. Ik hoorde later dat in ieder geval Dr. Liesen, die toen een jonge assistent was in Ruhrgas, erg onder de indruk was. We moesten trouwens deze prachtige gemakkelijke stoel teruggeven nadat Shell had besloten dat de kantoren in Frankfurt veel te uitgebreid waren."

Ondertussen organiseerde het Frankfurt-team een tweede ontmoeting met de kleinere Duitse distributeurs. In plaats van een nieuwe groep samen te brengen om een verkooppraatje te maken, bood het Frankfurt-team in plaats daarvan een puur technische lezing aan in hun kantoren met airconditioning. Omdat airconditioning geen gebruikelijke voorziening was, wisten ze zeker dat, als geen andere reden was, de uitnodiging als een verademing zou voelen in verzengende hitte die Frankfurt die zomer in zijn greep hield.

Dit programma zou eenvoudigweg de technische problemen aanpakken bij de omschakeling van stadsgas naar aardgas, en uitnodigingen gingen naar alle leden van de bestaande VDGW-vereniging en naar geselecteerde personen in gerelateerde bedrijven. Iedereen werd uitgenodigd om geïnteresseerde experts mee te nemen.

NAM Gas Export en IGTM namen de heer Carroll Kroeger van Stone & Webster in dienst om verslag te doen van zijn lange ervaring in de VS. Maar het slimste op de agenda van die dag was de spreker die leiding gaf aan de stadswerken van Bielefeld, een Duitse stad die al aangesloten was op aardgas uit het Eemsland-gebied en die het conversieproces al had doorlopen. Hij beschreef hoe Bielefeld al alle veranderingen had meegemaakt die de andere steden zouden moeten ondergaan.

Löblich herinnerde het evenement als een groot succes. "De VDGW bracht meer experts dan we hadden verwacht, en we moesten voor extra tafels en stoelen zorgen. Kroeger gaf zijn duidelijke, indrukwekkende lezing in het Engels en ik vertaalde, wat de gasten de tijd gaf om aantekeningen te maken. We vertelden onszelf om deze dag te herinneren – 4 juli 1963. Het was Independence Day in de VS. In Duitsland was het de dag dat onze gaseconomie voor het eerst hoorde van de veranderingen in aardgas. We hadden een tijdzekering ingesteld en nu wachtten we op de reactie van gasnetbedrijven."

Löblich maakte snel contact met Duitse overheidsfunctionarissen om ervoor te zorgen dat zij op de hoogte waren van elke ontwikkeling voor deze opkomende energiemarkt. Volgens Löblich verwelkomde de regering de nieuwe energiebron, maar in zijn dialoog met hen verwees zij naar de onvermijdelijke kwestie van de vele gebiedsmonopolies en bestaande technische regels van de bestaande energie-economie.

"Terwijl de federale overheid natuurlijk blij was met nieuwe concurrentie op de energiemarkt, hadden de gemeenschappen die al op het gasnet aanwezig waren volledige kennis van hun kracht en hebben ze in het begin zeer arrogant gehandeld", aldus Löblich. "We wilden zo dicht mogelijk bij de uiteindelijke koper komen en volledige controle over de hele onderneming hebben, dus we zijn begonnen met Saarferngas (netgas uit Saarland) en Salzgittergas (gas uit Salzgitter), wat uiteindelijk leidde tot een dialoog met alle relevante groepen. "Hoewel het zakelijke gebeuren naar tevredenheid verliep, maakte de afstand tussen Frankfurt en Hamburg Löblich lange tijd afwezig in zijn familie. Hij vertelde over de verschillende manieren waarop hij zich tijdens die afwezigheid zelf bezig hield. "Ik woonde nog in een logement en ik liep overdag met een kopie van Julius Caesar van Shakespeare in mijn hand.

Ik nam de toespraak van Antonius door, om en om schakelend tussen Duits en Engels. Ik heb ook de spreekwoorden en zinnen onthouden die Gisela in haar tijd aan de Bachschool had moeten opschrijven. Ik speelde ook orgel in de kerk, hoewel ik mezelf erg amateuristisch vond. Ik vraag me vandaag nog steeds af waarom ik toestemming had om te spelen. Ik werd later serieus met mijn spel en kon goed met Klaus Mayers studeren, de organist in de Johanniskerk in Hamburg. Ik speel nog steeds een uur per dag om mijn hersencellen alert te houden. In die dagen in Frankfurt echter, met mijn familie ver weg in Hamburg, vulde ik die eenzame uren door samen met anderen muziek te maken bij Dr. Kniepp. Ik speelde piano en de dokter zong. Voor de variatie heb ik hypnotisme bestudeerd."

Vanwege de afstand en de werkdruk was Löblich afwezig voor zijn trouwdag in juli, en hoopte dat het telegram dat hij stuurde de teleurstelling van Gisela zou verzachten. Toen hun dochters niet naar school gingen, was er betere gezinstijd mogelijk voor de familie Löblich. Aan de positieve kant, voor twee van die zomers waren hij en Gisela in staat om het gezin naar het strand van Vejers in Denemarken te brengen, terwijl ze bleven zoeken naar een geschikt gezinsappartement.

In het weekend reed Löblich helemaal terug naar Hamburg, vijf uur rijden, om tijd met zijn gezin door te brengen en om verslag uit te brengen aan het bestuur van Esso AG over de voortgang in Frankfurt. Hij probeerde vanaf het begin van zijn opdracht een appartement te vinden in Frankfurt omdat het zo vermoeiend was van zijn gezin gescheiden te zijn. Maar het was heel moeilijk om in die tijd geschikte huisvesting te vinden. Uiteindelijk werd de scheiding van zijn familie opgelost.

"In de herfst van 1963 vond ik een eersteklas bungalow in Koenigstein, aan de Friedrich Bender Street, die ik kon huren," zei Löblich. "De verhuiskostenvergoeding van Esso was meer dan genereus. Ik herinner het me als overdadig. Het huis was gelegen net boven de stad op de heuvel in een nieuwbouwwijk. Vanaf de straat betrad je de grote hal op de eerste verdieping, waar we de vleugel neerzetten. Alle kamers hadden een uitgang naar het terras, dat de hele voorkant van het huis domineerde. De binnenhuisarchitect Boettcher, die een ander appartement voor ons had ingericht, nam de taak opnieuw naar volle tevredenheid ter hand.

Dankzij de constante gretigheid van hun tutor hebben Moni en Gabi heel snel schoolwerk ingehaald. Hoewel de meisjes de enige protestantse kinderen in de school waren, werden ze geaccepteerd op Ursulinen, een zeer bekende katholieke kloosterschool, en beide partijen konden het goed met elkaar vinden. De meisjes namen hun belijdeniscatechese in de altijd drukke protestantse pastorie van pastoor Von Heil, die altijd bezorgd was voor de bekeringsdrift van de nonnen. Na zeer intensieve studie en inspanning deden beide meisjes op dezelfde dag belijdenis. We hadden een heel groot feest met het hele gezin."

Een Frans plateau

In Parijs had de algemeen directeur van Gaz de France, Khun de Chizelle, meer nagedacht over de mogelijkheid van gezamenlijke studies. Hij nam contact op met Monod om hem te vertellen dat hij klaar was om te gaan zitten met het gezamenlijke NAM Gas Export/IGTM-team van economen om gasconversie en premiummarkten te bestuderen. Op de agenda zou ook de mogelijkheid staan om een gemeenschappelijke onderneming op te richten voor het transport en de verkoop van aardgas aan openbare distributies aan stadspoorten en aan grote industriële klanten.

Yves Monod vertelde over een amusante ervaring die plaatsvond in een van de vele vergaderingen die volgden op die eerste verkenning. "Stewart en Schepers waren er allebei. Ik had problemen met mijn rug en was op vakantie geweest in Spanje, waar de wegen erg slecht waren, en mijn rug deed me zeer. Net toen Gaz de France hun voorstel voor iets nieuws deed, had ik een zeer scherpe pijn en riep: 'Merde!'. Het maakte die mensen absoluut woedend omdat ze dachten dat mijn uitbarsting een opmerking was over hun voorstel. Ze dachten dat ik me goed gedroeg tot ik die opmerking maakte. Eerlijk waar! Ik haastte me om uit te leggen dat het echt mijn rug was en dat mijn opmerking niets te maken had met hun voorstel."

Franse onderhandelingen vonden plaats en er ontstond hoop op een 'aide-mémoire', of voorlopig voorstel, dat zou kunnen leiden tot een aardgascontract voor maar liefst vijf miljard kubieke meter aardgas per jaar en een gezamenlijk transport- en marketingbedrijf met een aandeel van Shell en Esso van 50 procent.

De Franse onderhandelingen sudderden voort in de hitte van Parijs. Het gladstrijken van de details van een dergelijke overeenkomst zou waarschijnlijk de rest van de zomer en in de vroege herfst duren. Terwijl dit aan het brouwen was, ontvingen Stewart en Schepers een telefoontje van René de Brouwer, directeur-generaal van Distrigaz.

"De Brouwer wilde weten of Schepers en ik naar Brussel zouden komen om hem en Le Chevalier Albar Thys, een lid van het bestuur van Distrigaz, te ontmoeten", vertelde Stewart.

Heuvelop in België

Op de dag van de vergadering namen Stewart en Schepers de trein naar Brussel om hen een rustige arena te geven waarin ze konden bespreken wat zij dachten dat het doel van een door Distrigaz geïnitieerde vergadering zou zijn. De zorgen van Stewart hadden te maken met wat de reactie van de juristen van Jersey zou zijn. Hij vroeg zich af of het Distrigaz-voorstel, als het werd uitgevoerd, Esso op de een of andere manier zou blootstellen aan de antitrustproblemen waarvoor NAM Gas Export en IGTM waren gecreëerd om die te voorkomen.

De zorgen van Schepers hadden te maken met hoe het voorstel, wat het ook zou worden, door de politieke ingewikkeldheden van de regeringscomités te loodsen. Het zou er niet alleen toe leiden dat de Belgische regering instemde met de betrokkenheid van twee internationale oliemaatschappijen bij hun binnenlandse aangelegenheden. Het betekende ook dat twee hele landen en hun afzonderlijke politieke comités tijdig tot een wederzijds voordelige overeenkomst zouden moeten komen over een geheel nieuw bedrijf dat technisch en letterlijk nog niet bestond.

Ondanks hun vragen wisten de Terrible Twins dat deze bijeenkomst ook een exportdoorbraak van grote omvang zou kunnen zijn. Het zou natuurlijk alleen een doorbraak zijn als de oplossing van al deze complexiteiten zou leiden tot daadwerkelijke handtekeningen op voltooide contracten. Stewart was er zoals altijd zeker van dat elke moeilijkheid zou worden overwonnen.

Bij aankomst in Brussel ontmoetten Schepers en Stewart Jacques de Housse, hun manager van het onderzoeksteam, in de hoop dat Jacques een hint had onderschept van wat Distrigaz van plan was door deze onverwachte ontmoeting voor te stellen. Housse had geen idee en durfde niet eens te speculeren.

Stewart herinnerde zich dat de Distrigaz-kantoren indrukwekkend gelegen waren aan een brede boulevard in het centrum van Brussel. "We werden naar een enorme wachtkamer met mahoniehouten panelen gebracht, door een secretariaat en een andere grote kamer binnen, waar we de heren De Brouwer en Le Chevalier Thys ontmoetten."

Onder het genot van de altijd sterke Belgische koffie en sigaren begonnen de serieuze gesprekken. Hoewel Stewart en Schepers min of meer waren weggebonjourd uit de laatste Belgische bijeenkomst in

Antwerpen, nam Schepers op zijn kenmerkende manier geen blad voor de mand. Hij herhaalde precies waarvoor ze tijdens de laatste bijeenkomst in Brussel waren weggestuurd. "Heren, het blijft de bedoeling van IGTM om de pijpleidingen te bouwen van de Nederlandse grens naar de gemeentelijke poorten van de steden in België. NAM Gas Export zal het gas van de Nederlandse grens naar de Belgische steden verkopen, waarbij elke stad het gas vervolgens distribueert naar de eigenaars van de premium markt. IGTM zal het Nederlandse gas via afzonderlijke verbindingen rechtstreeks naar de Belgische industrie transporteren."

Schepers haalde diep adem en wachtte op hun reactie. Stewart deed er alles aan om niet eens een hint van de gedachte te telegraferen dat deze gedachte hem te binnen schoot dat deze herhaling van hun eerdere positie er misschien alleen maar toe zou kunnen leiden dat de twee weer naar buiten worden geleid. Er was echter geen gefronste wenkbrauw of frons in zicht.

Ze keken in plaats daarvan naar de brede grijns van Le Chevalier Thys, die een onverwacht tegenvoorstel aanbood. "Distrigaz is nu gaan zien dat er in België veel kansen liggen om te worden verkend in dit nieuwe gasbedrijf. Waarom worden we niet allemaal gewoon partners in de hele onderneming?"

Ze stelden voor dat Esso en Shell een belang van 50 procent zouden nemen in Distrigaz, waarna Distrigaz zelf het gas aan de Nederlandse grens kon kopen. Thys had ook ideeën over die pijpleidingen. "We zullen de nieuwe pijpleidingen samen bouwen. We zullen het aardgassysteem samen in heel België exploiteren en samen transporteren we dit gas naar Frankrijk."

De Terrible Twins keken elkaar aan en verraadden geen seconde hun wederzijdse erkenning dat dit niet alleen een goede oplossing was, maar ook nog eens een aanbod was dat ze niet konden weigeren.

Zonder een enkele knipoog naar de originaliteit van het Distrigaz-voorstel, sprak Schepers simpelweg een scherpe en hoffelijke reactie uit. "Dit is zeker niet wat onze twee bedrijven hebben onderzocht, maar u kunt er zeker van zijn dat we uw voorstel serieus zullen overwegen en zullen we contact met u opnemen."

Stewart herinnerde zich dat ze buiten zichzelf waren van nauwelijks verholen enthousiasme terwijl ze beleefd afscheid namen. "We wilden zo ongeveer naar buiten sprinten van blijdschap. Buiten zagen we een nette kroeg aan de overkant van de boulevard waar we naar binnen gingen om

Jacques de Housse te bellen en hem op de hoogte te brengen. Vreemd genoeg was het echter halverwege de middag. Er was niemand in de tent te bekennen. In plaats van de gebruikelijke grote bar die altijd zo'n plek domineerde, waren er alleen afgelegen zitcabines langs de linker wand, met alleen een kleine bar aan de achterkant. Er bestond niet zoiets als een mobiele telefoon waarmee we ons enthousiasme meteen met Jacques konden delen, dus ging Krik naar een telefooncel in de hal achter de bar. Ik nam plaats in een van de diepe lederen hokjes en bestelde twee glazen witte wijn."

Schepers kwam terug naar de tafel en kon niet stoppen met lachen. "Doug, weet je waar we zijn?"

"In een kroeg op Jacques aan het wachten?"

"Jacques zegt dat deze plek berucht is. Dit is een soort liefdesnest, waar getrouwde mannen hun minnaressen ontmoeten voor een middagje buitenechtelijk vertier. De reden dat er hier niemand is, is dat ze allemaal hiernaast zijn. Zie je die deur naast de telefooncel? Het leidt naar een klein hotel naast de deur."

Stewart onderbrak de hilariteit met een dosis negativiteit, tegen zijn gewoonte in. "Wat als dat een voorteken is, Krik? Stel dat Distrigaz ons als een minnares behandelt en we nooit bij het altaar komen?"

Zijn vraag veranderde de stemming en ze begonnen zich af te vragen of er een verborgen agenda was van de kant van Distrigaz. Er was ook de onvermijdelijke vraag of antitrustwetgeving een factor zou zijn als IGTM echt aandelen in Distrigaz zou nemen. Met zijn niet aflatende optimisme als altijd achter de hand, was Stewart zeker dat er een manier zou worden gevonden om dit allemaal te laten werken. Maar zijn enthousiasme voor de toekomst met Distrigaz werd getemperd door vragen die hij niet kon beantwoorden. Tegen de herfst zouden er op het pad van de Terrible Twins andere vragen en andere gebeurtenissen opdoemen
buiten hun macht lagen.

Een Franse uitglijder

Stewart en Schepers voelden zich gesterkt door de vooruitgang in België, toen ze goed nieuws uit Parijs ontvingen. De overeenkomst met Gaz de France begon eindelijk in een positieve richting te bewegen.

De hoopvolle stemming werd echter verduisterd in november door een telefoontje van de Shell-jurist Joop Hoogland, die samen met zijn vrouw Louki onderdeel was geworden van de sociale kring van Stewart. "Iemand van je koninklijke familie is neergeschoten."

Het nieuws van de moord op Kennedy kwam aanvankelijk alleen in flarden, want er was geen CNN of directe nieuwsbron uit de Verenigde Staten. Het Nederlandse volk deelde de rouw van de Verenigde Staten door een afvaardiging naar de begrafenis te sturen en met plechtige en waardige herdenking in hun kerken. Het was een vreemde ervaring voor de Stewarts, en inderdaad voor alle Amerikanen in die tijd, dat er zoiets onuitwisbaars gebeurde in hun eigen land, maar dat ze niet verbonden waren met de directheid van het evenement omdat ze een halve wereld verwijderd waren.

Ondanks de enorme moord op Kennedy daalden het dagelijkse leven en werk snel weer terug neer de Amerikanen in Nederland. Slechts enkele dagen later, op 27 november, bereikten de onderhandelingen met Gaz de France het formele aide-mémoire. De aankondiging verklaarde dat regelingen waren getroffen voor de oprichting van een gemeenschappelijke onderneming tussen Gaz de France, Esso en Shell voor de verkoop en het transport van Nederlands gas naar Franse steden en naar de grote industriële bedrijven.

Volgens Stewart: "Het aide-mémoire was het resultaat van vele, vele maanden van hard onderhandelen. Wat we hadden kunnen bewerkstelligen was een intentieverklaring waarbij Shell en Esso fiftyfifty zouden deelnemen aan een pijpleiding van de Belgische grens naar Parijs, met gezamenlijke marketing aan de industrie in Noord-Frankrijk."

Die nacht, in Parijs, gaven Stewart en Schepers hun vrouwen nieuwe bedelarmbanden met een gouden Napoleon-munt als eerste bedel. Stewart en Schepers keerden triomfantelijk terug naar Den Haag om het goede nieuws met de rest van het team te delen. Slechts weken later, op 13 december 1963, belde Monod het kantoor in Smidswater om hen te vertellen over een artikel dat die dag in *Le Monde* was verschenen.

De kwesties die in het artikel aan de orde kwamen, hadden betrekking op de onderhandelingen over de invoer van Nederlands gas uit het Groningen-veld. In 1946 had Gaz de France een monopolie gekregen. Er was een uitzondering op dit monopolie, de Armengaud-wet genoemd, waarnaar Schepers in een eerdere vergadering had verwezen. Deze uitzondering was voor bedrijven waarin het grootste deel van het kapitaal uit openbare bronnen kwam. Het artikel beschuldigde IGTM ervan op deze wet te leunen om Shell en Esso een minderheidspositie te bezorgen in zowel transport als verkoop. Het artikel vroeg ook hoe de prijs van het aardgas moest worden bepaald. Volgens *Le Monde* werd het onbetwistbaar geacht dat de exploitatie van deze nieuwe bronnen uit Groningen zou leiden tot een verhoging van de energieprijs. Shell en Esso waren immers producenten en raffinaderijen van benzine en olie, en omdat aardgas soms zou concurreren met olie, zouden de oliemaatschappijen de macht hebben om de prijs van twee verschillende energiebronnen te beheersen. Het artikel ging tot het uiterste om te benadrukken dat Frankrijk bevredigende alternatieven voor Groningen-gas had, niet alleen uit Algerije, maar ook uit Libië. De publieke en politieke gevolgen van dit artikel veranderde alles drastisch voor de Gaz de France-overeenkomst.

Binnen een paar dagen hing Chizelle met paniek in zijn stem aan de telefoon. Hij was onderweg naar Den Haag. Wat hij naar Smidswater bracht was net zo abrupt en onverwacht als keiharde knal.

"President de Gaulle ondersteunt de aide-mémoire niet en zal dat ook nooit doen", kondigde Chizelle aan.

Als een cascade van dominostenen vielen nu de maanden van inspanning en planning, de onderhandelingen en heronderhandelingen eenvoudig om, de een na de ander. De hele deal werd geschrapt. Er rolden koppen bij Gaz de France. Naar de mening van Hans Löblich: "Als Doug en Schepers minder sterke mannen waren geweest, waren ze misschien overstag gegaan."

Dat deden ze niet, en mevrouw Stewart en mevrouw Schepers gaven hun gouden Napoleon-charmes niet terug. Hun mannen werkten vastberaden door om dat te herstellen wat Frankrijk zo nonchalant had weggegooid. Als Gaz de France de deelname van Shell en Esso aan de aardgasactiviteiten daar niet zou toestaan, vonden Stewart en Schepers het onverstandig om door te gaan met alleen een gascontract dat hun onderhandelingspositie in België en Duitsland in gevaar zou kunnen brengen. Hij stelde Monod voor dat hun positie zou kunnen profiteren als ze de tactiek van Rusland met Napoleon zouden overnemen. "We zullen gewoon steeds verder terug blijven vallen

net zolang tot Gaz de France toegeeft uit angst dat we al het gas aan andere landen zullen verkopen en er voor hen geen niets overblijft."

In Nederland ging Gasunie van start nadat de concessie en andere goedkeuringen van de overheid waren verleend. Ze verspilden geen tijd met het regelen van binnenlandse distributie- en conversieprogramma's. Vanwege hun geavanceerde planning en besprekingen met de lokale gasdistributeurs, de overheid en potentiële klanten, kon Gasunie begin 1964 starten met de aanleg van hoofdleidingen. Tegen het einde van het jaar breidde een hoofdleiding zich uit van Groningen naar Geleen in Limburg. Gasunie moest honderdduizend landeigenaren en huurders benaderen om rechten te verkrijgen om hun pijpleidingen aan te leggen. Ze begonnen ook met de taak om bijna vijf miljoen apparaten om te bouwen van stadsgas naar aardgas. Hoewel ze goede vooruitgang boekten en de taak oppakten heel Nederland begonnen te transformeren, zou dat nog bijna vijf jaar duren.

Ondertussen werden de exportinspanningen bij elke wending geconfronteerd met blokkades. Yves Monod legde uit dat de onderhandelingen bijna een volledig jaar duurden voordat ze tot een oplossing kwamen die vereniging en participatie wordt genoemd. In deze regeling zouden Shell en Esso niet deelnemen aan transport, maar er werd overeengekomen dat ze zouden delen in de winst.

Op 15 oktober 1964 ontmoette Monod Monsieur Alby en andere kaderleden van Gaz de France. "De resultaten van Gaz De France-onderzoeken werden gepresenteerd met betrekking tot de meest gunstige manier om aardgas in Noord-Frankrijk te distribueren. Deze vergadering bevestigde dat Gaz de France dringend nieuwe voorraden aardgas nodig had. Ze waren bereid om het nieuwe 'verenigings'-idee tegenover de regering te ondersteunen, maar alleen in een vereniging waar het aandeel NAM Gas Export/IGTM beperkt was. Gaz de France bleef aandringen op een indicatie van de prijs van gasgrenzen."

Een week later, op de tweeëntwintigste, tijdens een bijeenkomst tussen Stewart, Schepers, Monod, Bernard, Alby en Bijard, werden de resultaten van de bijeenkomst van de vijftiende in het Engels uiteengezet.

In november leek alles op een solide basis. Alby, nu de plaatsvervangend algemeen directeur van Gaz de France, gaf Schepers een bevestiging van de 'vereniging en deelname'. Ongelooflijk genoeg verscheen er een geheel nieuwe omweg uit het niets en werd er abrupt een streep gezet door deze extreem zwaarbevochten overeenkomst.

Binnen enkele maanden slaagden Stewart en Schepers erin een nieuwe onderzoeksronde tussen Gaz de France en NAM/IGTM te starten. Deze keer moest de groep een economisch en marktonderzoek uitvoeren. Ze zouden ook de technische, juridische, fiscale en financieringskwesties onderzoeken. Esso Frankrijk en Shell Frankrijk zorgden voor tijdelijke extra mankracht en experts, waaronder Esso's

Monsieur Antoine, hun juridisch manager. Shell leverde hun economische adviseur, Monsieur Bouriez, en hun juridische adviseur, Monsieur de Vauplane. Daarna kwam de groep zo nodig bijeen om de volgende zaken op te lossen: een concept van een verkoopcontract voor gas aan de grens; een ontwerp van de statuten van de 'vereniging en deelname'; een pijpleidingproject dat aardgas distribueerde in de gebieden Noord, Noordoost en Parijs; en een overzicht van de totale kosten.

Deze studies werden de basis voor de realisatie van de langverwachte pijpleiding.

"Ondanks de toewijding van de Esso/Shell-teams was het Frankrijk die de tactiek van Rusland tegen hen gebruikte", herinnert Monod zich. "Niemand weet vandaag zeker door welke invloed dit tot stand is gekomen, maar uiteindelijk is besloten om de inspanningen van het Esso/Shell-team om consistentie te handhaven in de onderhandelingsvoorwaarden die het team in de andere landen had nageleefd, opzij te zetten. Frankrijk werd beloond met hun lang gezochte ideaal. De verkoopprijs van aardgas aan Frankrijk werd vastgesteld aan de Nederlands/Belgische grens. Pas op 24 februari 1966, lang nadat afspraken in België en Duitsland waren gemaakt door NAM Gas Export en IGTM, werd eindelijk een contract met Gaz de France in Groningen getekend.

"De nu voltooide pijpleidingen die van Nederland naar Frankrijk lopen, zijn vandaag een symbool van vrede die dwars door de regio's loopt die al eeuwen geleden hebben in de conflicten van vele oorlogen, zoals de Slag bij Waterloo tijdens het bewind van Napoleon, la Somme tijdens de Eerste Wereldoorlog, en ten slotte, in mei 1940, op de Belgisch-Franse grens, in de Slag om Gembloux, waarin ik deelnam aan het Achtste Bataljon van het Franse leger. Dat is hoe de geschiedenis gaat."

Als naschrift werd Gaz de France in juni 2005 een gedeeltelijk particulier bedrijf, waarvan 20 procent momenteel genoteerd is aan de beurs, de beurs van Parijs, een situatie die niemand in de jaren zestig had kunnen bedenken.

Distrigaz

Om Distrigaz tot dat contract "altaar" te krijgen, waren onderhandelingen nodig die duurden van 1963 tot 1965 alvorens tot een definitieve voltooiing te komen.

Stewart herinnerde zich enkele huwelijkse stappen op weg naar het gangpad. "Eerst moesten we toestemming krijgen van de moedermaatschappijen dat het aanvaardbaar zou zijn voor IGTM om een belang van 50 procent te nemen in Distrigaz en voor NAM Gas Export om een contract te sluiten om Nederlands gas aan de Belgische grens te verkopen. We moesten ook het toezichtcomité van de aangewezen afgevaardigden op de hoogte brengen van deze mogelijkheden, zodat ze ons groen licht konden geven om verder te gaan."

NAM Gas Export kreeg groen licht van de commissie om een verkoopcontract te sluiten met Distrigaz. De afgevaardigden werden geïnformeerd dat IGTM van plan was de helft van de aandelen van Distrigaz voor Shell en Esso te regelen of te kopen. Op 5 mei 1964 werd een 50 procent participatieovereenkomst met IGTM getekend met Distrigaz in Brussel, en een intentieverklaring om 150 miljard kubieke meter te leveren over een periode van twintig jaar, met maximaal drie miljard per jaar, werd ook afzonderlijk ondertekend door Distrigaz en NAM Gasexport.

Op 12 mei hield NAM Gas Export een persconferentie voor de Nederlandse pers over de Distrigaz-overeenkomst.

Op dezelfde avond, net toen de Nederlandse kranten hun lezers op de hoogte brachten van het goede nieuws, kwamen de Belgische kranten met het nieuws dat de regering de deal afkeurde. De Belgische overheid eiste plotseling een derde deel van Distrigaz. Blijkbaar hadden de Belgische politici de grens over gekeken en gezien dat de Nederlandse overheid een aandeel had in de gasindustrie in dat land, en zij wilden meedoen met de bandwagon. Nu Stewart en Schepers en hun toekomstige partners, de Distrigaz-executives hadden nog een onderhandeling op hun bord. Gedurende de jaren van het exportproject woonden de Schepers in Warmond, nabij Den Haag, aan de oever van de Kagerplassen. Schepers had een kleine zeilboot genaamd *de rigeur*, groot genoeg voor zes personen. Zeilen met familie en vrienden was een waar genoegen voor hem en zijn vrouw.

Volgens zijn vrouw Louise bracht Schepers nooit zorgen over zijn werk mee naar huis, maar telkens als hij alleen met die boot het meer op ging, wist ze dat er iets was waar hij doorheen probeerde te werken. Schepers heeft misschien een paar rondjes gevaren in zijn zeilboot over die onverwachte vraag van de Belgische regering, maar het lag niet in zijn aard, of die van Stewart, om iets anders te doen dan terug naar de tafel gaan en stevig te werk gaan om een oplossing voor deze tegenslag te vinden .

Terwijl Stewart en zijn gezin in 1964 op vakantie waren, deed zich iets voor dat Schepers het meer op stuurde, zich afvragend of hun superieuren in Den Haag, net als vele anderen, de controle over de export probeerden over te nemen of gewoon uit zuivere onkunde handelden. Op een middag kreeg Schepers een telefoontje van Herr Thys van Distrigaz om hem te informeren dat Cox was verschenen met Kruizinga op het Distrigaz-kantoor in Brussel, in een poging de Belgische onderhandelingen te versnellen.

Volgens Schepers: "Deze twee hadden geen enkel inzicht in de manier waarop dingen werkten in Belgische onderhandelingen, met name met de langgevestigde bedrijven. Ik denk dat ze op de een of andere manier hadden gedacht dat ze gewoon op het toneel konden stappen en het naar de finish konden brengen. Thys zei dat toen hij er bij hen op aandrong of zij bevoegd waren om de deal te sluiten, zij moesten bekennen dat zij slechts adviseurs voor mij en Doug waren."

Paul Mortimer beschreef wat er bij Esso begon te gebeuren. "In die tijd waren de mensen in het bedrijf erg blij en zeer complimenteus over hoe het ging. Maar de mensen van Esso en Shell aan de zijlijn waren constant op zoek naar Stewart omdat kantoorpolitiek iets eigenaardigs is. Mensen worden erg jaloers wanneer iemand veel invloed heeft op een nieuwe en opwindende situatie waarbij ze zelf niet betrokken zijn. Jan en alleman wil zichzelf naar binnenpraten in die situaties om te delen in de glorie, dus de situatie wordt dan snel extreem politiek. Stewart en Schepers waren bijvoorbeeld twee van die slimme jongens die zich hadden gerealiseerd dat ze geen voorstel konden doen aan Esso en Shell totdat allebei hun eigen bedrijf het goedkeurde, dus stuurden ze het voorstel op en zeiden dat het was wat het andere bedrijf had voorbereid. Deze twee kregen de klus geklaard. Maar helaas komen die slimme dingen bekend, en het maakt niet uit dat ze effectief waren, de mensen op het lokale kantoor beginnen zich zorgen te maken of dit misschien is wat ze de hele tijd doen."

Schepers kende de oorsprong van de poging tot inlijven van de activiteiten van hem en Stewart niet, maar hij twijfelde niet aan het resultaat. "Ik weet niet of Boot en Smit achter dit kleine uitstapje in de wereld van exportonderhandelingen zaten, maar het is onnodig te zeggen dat het mislukken van het bezoek van Cox en Kruizinga aan Distrigaz de inmiddels bekoelde relatie die Doug en ik met Boot en Smit hadden, bepaalde niet verbeterden. In elk geval probeerde geen van hen ooit opnieuw de NAM Gas Export of IGTM-onderhandelingen ergens anders te verstoren." De situatie met Distrigaz werd pas op 15 oktober opgelost. Op die datum liet Distrigaz NAM Gas Export en IGTM weten dat een compromis kon worden bereikt met de Belgische overheid. De overheid zou een derde aandeel nemen in Distrigaz en hiervoor zou Distrigaz een monopolie krijgen op het transport en de distributie van aardgas. Met het oog op de komende verkiezingen in België was het noodzakelijk dat zij een toezegging van NAM Gas Export en IGTM verkrijgen voor deze regeling en dat een contract werd ondertekend. Schepers beoordeelde de situatie met de aangewezen afgevaardigden en kreeg goedkeuring verder te gaan.

Hoofdstuk 19

Het begin van de Duitse beklimming

Net als Ruhrgas in Duitsland waren de directeuren van de kleine netgasbedrijven ervan overtuigd dat ze vanwege hun stevig verankerde machtsposities automatisch de regels voor 'hun' Nederlandse gas zouden dicteren. Löblich en McLean op het kantoor in Frankfurt hadden daar andere ideeën over. De eerste stap in het voorbereiden van de gasdistributeurs op de werkelijke feiten over wat die regels zouden inhouden, vond plaats op 4 juli 1963, met de eerste uitnodiging aan de gasdirecteuren om de Shell/Esso-groep voor 'aardgasonderzoeken' te ontmoeten in het kantoor in Frankfurt.

Om ook het bijscholen van Ruhrgas makkelijker te maken, organiseerde Löblich nog een zorgvuldig voorbereid evenement over de toekomst van de aardgassector. "We hebben opnieuw de besturen van de grootste gasbedrijven uitgenodigd om ons kantoor in Frankfurt te bezoeken. Ze bezaten een soort arrogantie vanwege hoe lang ze al in zaken waren. Wij waren zelf minstens zo arrogant, vanwege onze macht als leverancier. Maar we liepen voorop omdat we wisten wat zij niet in de gaten hadden. We wisten hoe we dit nieuwe bedrijf konden laten werken."

"Bij de voorbereiding op deze bijeenkomst hebben we ons hersens laten kraken over allerlei vragen, zoals wat de rol van de Ruhrgas compagnie zou zijn, met zijn enorme hoeveelheden cokesfabrieksgas? Dit gas was in feite de reserve voor de hele Duitse gaseconomie tot nu toe. Dat was een grote vraag voor iedereen. Het pokerspel van het gokken over de toekomst van de aardgasbranche in Duitsland was begonnen."

De twee giganten, Ruhrgas en Thyssengas, waren de sleutels om Nederlands gas naar heel Duitsland te brengen. Löblich herinnerde zich dat beide bedrijven erg koppig waren en de onderhandelingen werden verlengd. "Het moet voor de eigenaren van de gasbedrijven, deze *Kohlbarons* ('koolbaronnen'), heel moeilijk zijn geweest om een deel van hun lucratieve eigendomsrechten weg te geven aan hun aartsvijanden, de oliemaatschappijen."

Deze twee giganten waren formidabel als een verenigde kracht, maar Löblich en het team redeneerden dat als het mogelijk was om een wig te drijven tussen die twee, het de zaken zou versnellen. Ze identificeerden drie steden in het Ruhrgebied die tot 50 procent van hun gas ontvingen van één of beide: Düsseldorf, Keulen en Duisburg.

De stadsgasfabrieken van Düsseldorf werden fiftyfifty voorzien van gas door Thyssengas en Ruhrgas. De manager van de gasfabriek in Düsseldorf, Dr. Schenk, was toevallig een oude bekende van Löblich, dus Löblich deed een gewaagde stap. Hij en de Düsseldorfse manager waren zowaar bereid om buiten Thyssengas om een gezamenlijke onderzoek te starten naar de conversie van Düsseldorf naar aardgas, maar tot grote verrassing van Löblich besloot Thyssengas deel te nemen – zónder Ruhrgas.

"Ik belde Dr. Schenk en probeerde hem warm te krijgen voor het idee om een economie-onderzoek te doen voor een omschakeling van de stad naar aardgas. Hij was meteen geïnteresseerd. Toen Thyssengas instemde met meedoen aan het onderzoek, hebben we mensen van beide kanten in een team geplaatst om het op een vastberaden manier en zonder onderlinge geheimen uit te voeren. Het hielp ons enorm dat we Jack Trachsel uit Portland, Oregon hadden, die aan ons was uitgeleend van de gasfabriek daar, en hij was in staat om al zijn ervaring in ons werk te brengen."

"Het onderzoek in Düsseldorf begon in december 1963. Löblich reisde eenmaal per week naar de stad Hamborn om de planningsafdeling van Thyssengas te helpen bij het opzetten van het onderzoek. Op het kantoor in Frankfurt waren Löblich en zijn team bezig met de moeilijke taak om de gasbedrijven in Duitsland ervan te overtuigen dat het sluiten van contracten met hun gemeenschappen voor de omschakeling op aardgas winstgevend kon zijn.

Löblich is er tot op de dag van vandaag van overtuigd dat een geheel verzorgde reis naar de Verenigde Staten zonder meer het meest effectieve instrument dat ze gebruikten om de, in zijn woorden, "bevooroordeelde meningen" van de directeuren van die Duitse gasfabrieken. "We vlogen ze een voor een naar Portland, Oregon, om hen te laten zien hoe de aardgas business kon werken. In Portland verbleven we allemaal ongeveer een week in een hotel en onze directeuren die op bezoek waren kregen de gelegenheid om alle gebieden van de aardgassector daar te observeren. De meest indrukwekkende dagen waren die waarin ze de kans kregen mee te gaan met de Amerikaanse gasverkoopmanagers tijdens hun verkoopreizen of om getuige te zijn van de manier waarop klachten werden afgehandeld, wat in Duitsland niet gebruikelijk was."

De grootste verrassing voor de Duitse bezoekers was dat het de taak van de Amerikaanse verkopers was om elk huishouden waarmee ze contact hadden over te halen de overstap te maken van stookolie naar aardgas, in plaats van zoals in Duitsland gebruikelijk was, af te wachten tot de consument naar hen zou komen. Bij dergelijke bezoeken aan prospects vond Löblich dat ze veel over het normale Amerikaanse huishouden hadden geleerd en waren ze nogal verrast dat sommige huisvrouwen niet konden wachten om de bezoekers over hun zorgen te vertellen.

"Op ons kwamen de huishoudens heel eenvoudig over: de meubels, de houten huizen zonder kelders," zei Löblich. Dit soort huizen voldeed niet aan onze zeer strikte Duitse bouwregels. De Amerikaanse huishoudens mochten bijvoorbeeld stookolie opslaan in eenvoudige plaatstalen tanks in hun achtertuin. Op deze momenten voelden we ons superieur."

Löblich vertelde een aantal andere dingen die de Duitse bezoekers verrasten in de effectiviteit van de Amerikaanse gasbedrijven, vooral met betrekking tot consumentencommunicatie. "Er waren veel telefonische verkoopsters die rij na rij achter elkaar zaten in een grote kamer om telefoontjes te beantwoorden in geval van nood of een klacht. De informatie werd onmiddellijk in kladversie afgedrukt en op een lopende band gelegd die door de rijen liep en naar de volgende kamer leidde, waar de verantwoordelijke vertegenwoordiger de informatie zou ontvangen en onmiddellijk kon reageren."

Löblich herinnerde zich ook dat de Duitse bezoekers de vereisten voor de vertegenwoordigers van Oregon vrij ongewoon vonden wat betreft de eisen die aan de mannen werden gesteld. "Het systeem waarbij de verkoopvertegenwoordiger constant het veld in moesten gaan, gaf ons een heel vreemd gevoel. Er was een bord aan de muur waarop ze het dagelijkse succes van iedereen opschreven. Elke maand hielden ze een prijsuitreiking ter ere van de beste verkoper van de maand of van het jaar. De prijzen waren erg aantrekkelijk, zoals een vakantie in Hawaii. Alle verkopers leken in de beste stemming te zijn. Ze kleedden zich goed, ze waren allemaal jong en moesten volgens ons onder grote druk staan. Voor onze gasten waren deze dingen en nog veel meer een openbaring. De verandering van hun mening kwam grotendeels tot stand door dat deze reizen hen de ogen openden." Het overduidelijke succes van dit Amerikaanse verkoopproces was precies wat Löblich en het team wilden dat ze zagen. "Voor onze gasten was dat een revolutie in het denken. Het was door deze verandering van mening dat het ons mogelijk maakte om succes op te bouwen voor de aardgas business in Duitsland."

Terwijl Löblich en zijn team met succes het denken van de leidinggevenden van het gasbedrijf veranderden, bracht de presentatie van de studie in Düsseldorf aan Thyssengas de inzichten waarop Löblich had gehoopt. De studie toonde een potentieel voor het gebruik van vier miljard kubieke meter aardgas per jaar voor de komende vijfentwintig jaar. De resultaten toonden ook extreme economische voordelen voor de stadswerken als ze zouden instemmen met een snelle omschakeling, wat zeker flink meer stimulans aan de onderhandelingen gaf.

De gasfabriek in Düsseldorf omarmde gretig het idee om zo snel mogelijk over te schakelen op aardgas. Gewapend met de informatie die uit de onderzoeken bleek, begon de stad Düsseldorf druk uit te oefenen op zowel Ruhrgas als Thyssengas om haar inwoners zo snel mogelijk van aardgas te voorzien. Het trage tempo van de onderhandelingen in deze maanden begon iedereen te vermoeien, maar een onverwachte doorbraak bracht de boel in een dramatische stroomversnelling.

Schepers herinnerde zich levendig een verrassend telefoontje dat hij op het kantoor van Smidswater ontving. "Herr Swart, een directeur voor Bank voor Handel en Scheepvaart, de Nederlandse bank van Heine Thyssen, ook eigenaar van Thyssengas, nodigde Doug en mij uit om helemaal in Maastricht te komen lunchen. Ik wist dat hij ons niet vroeg om die afstand af te leggen alleen om brood te breken." Op weg naar Maastricht bespraken Stewart en Schepers strategie. "De harde aanpak had goed gewerkt in België," zei Stewart. "Krik besloot dat we het opnieuw op de heer Swart zouden proberen. We kregen de verrassing van ons leven. Het was gewoon een herhaling van België." Voordat Schepers een woord kon zeggen, herinnerde hij zich dat de heer Swart begon te praten. "Hij vertelde ons dat Baron Thyssen had gezegd dat als hij de juiste prijs zou krijgen, hij de helft van zijn bedrijf zou verkopen aan Shell en Esso, die vervolgens gas zouden inkopen aan de Nederlandse grens. Omdat Swart slechts een vertegenwoordiger van Baron Thyssen was, was hij niet bereid om details te bespreken. Als we dachten dat Esso en Shell geïnteresseerd waren, raadde hij Doug en mij aan een afspraak te maken met officiële functionarissen bij de Thyssengas-kantoren in Duitsland." Stewart en Schepers stopten bij een wegrestaurant om de balans op te maken van wat er net was gebeurd. Schepers was ervan overtuigd dat het aanbod van Thyssen een direct gevolg was van hun bonte *'Undenkbar!'* bijeenkomst. "Zijn eigen leidinggevenden moeten hem hebben verteld van de uitdaging die we tijdens die bijeenkomst op tafel hebben gelegd toen we het enorme potentieel van aardgas in Duitsland hebben opgesomd. Heine Thyssen was een scherpzinnige zakenman die misschien sneller het persoonlijke winstpotentieel voor zichzelf begreep, terwijl de kolenbaronnen van het Ruhrgebied alleen keken naar wat er met hun kolenmarkten zou gebeuren." Volgens Stewart werd het aanbod om de helft van zijn bedrijf te verkopen mogelijk ook beïnvloed door een echtscheidingsregeling die Thyssens derde vrouw toen eiste. "Ons succes heeft misschien veel te danken aan de scheidingsprocedure van Baron Thyssen met model Fiona Campbell. Volgens roddels kreeg ze $ 26 miljoen in een schikking, wat ongeveer het bedrag was dat Esso/Shell voor de helft van Thyssengas neertelde. Een van de verrassingen die we kregen toen we eindelijk die deal sloten, was dat we niet alleen de helft van het bedrijf van Thyssen hadden gekocht, maar dat Esso en Shell ook een half belang hadden in een paleisachtig jacht aan de Rijn en een belang in de bedrijfstak kunstmatige inseminatie omdat Thyssengas een grote kudde uitstekend melkvee bezat."

Op die dag in Maastricht waren echter nog geen van deze details bekendgemaakt, en op dit moment was Schepers veel meer geïnteresseerd in speculatie over wat een deal met Thyssengas zou betekenen voor de onderhandelingen met Ruhrgas. "Ik dacht dat als we deze deal met Thyssen zouden sluiten, het niet alleen een zwaard in de zijkant van Ruhrgas zou steken. Het zou alle andere spelers uitdagen om nu hun Nederlandse gas te willen kopen. Ze zouden deze kans om te vertragen niet missen, aangezien Ruhrgas hun branche domineert."

De Terrible Twins verloren geen tijd bij maken van een afspraak bij Thyssengas. Er werd snel een akkoord bereikt om met hen een nieuwe reeks onderzoeken te starten, dit keer voor de veel grotere taak om alle distributiegebieden van Thyssengas te onderzoeken.

Löblich ontwierp de onderzoeksopzet. "Om te komen tot de waarde van Thyssengas, en ook om de aardgasvereisten voor klanten in alle Thyssengas-distributiegebieden te bepalen, zouden we de potentiële hoeveelheden aardgas moeten berekenen die nodig zijn om de basis te vormen voor een langetermijncontract. We planden nieuwe gezamenlijke onderzoeken met de planningsafdeling van Thyssengas, iets dat vele weken heeft geduurd."

Na een lange periode van zware onderhandelingen met het management van Thyssengas over de waarde van de Thyssengas-aandelen, werd op 27 juli 1964 een vergadering belegd in de kantoren van Thyssengas. IGTM en de Bank voor Handel en Scheepvaart in Rotterdam zorgden voor 50 procent Shell/Esso-deelname aan Thyssengas.

Op de dag van de vergadering werden Schepers, Stewart, Orlean, Windham en Hoogland, de jurist, een balzaalachtige ontvangstruimte binnengeleid waar een lange vergadertafel met frisdranken, asbakken, blocnotes, pennen en zelfs een onopvallend bloemstuk stond uitgestald, passend bij de verwachte belangrijke gelegenheid. Door een halfopen deur konden ze een tafel zien met dienbladen met champagneglazen en, klaarstaand, een rij obers met witte handschoenen, klaar om die dienbladen op een bepaald signaal op te pakken. Dat alles gaf het team zeker een optimistisch gevoel voor hoe de vergadering zou verlopen, maar volgens Stewart liep het toch anders. "Alles ging goed totdat Thyssengas de eerste van een reeks kinken in de kabels legde, die die dag voorbij zouden en niet alleen van Thyssengas." Ze werden abrupt geïnformeerd dat Baron Thyssen de deal wilde beëindigen tenzij Esso en Shell de banklening van $ 14 miljoen zouden garanderen die nodig was voor de initiële investeringen in de pijpleiding. Stewart en het team gingen opzij om te bespreken wat ze met deze verbazingwekkende vraag moesten doen. "Ons team hield zich bezig met deze nieuwe ontwikkeling en nadat we de voor- en nadelen hadden afgewogen, kwamen we tot de conclusie dat de deal zo belangrijk was dat we dachten dat we deze aan onze moedermaatschappijen konden aanprijzen," zei Stewart. "We zeiden tegen Thyssengas: 'Akkoord, we zijn klaar om te tekenen, maar we moeten het nakijken bij onze aandeelhouders.' Ik belde Cox en Schepers belde Kruizinga. Beiden zeiden dat ze zoiets niet goed konden keuren zonder eerst contact op te nemen met ons hoofdkantoor. Voordat we iets hadden getekend of van het hoofdkantoor hadden gehoord, gaf iemand in Thyssengas een signaal en daar kwamen dan de met champagne beladen obers met flessen, emmers, glazen en sigaren de zaal inlopen." Op vrijwel hetzelfde moment hing Cox aan de telefoon. Jersey zou op geen enkele manier instemmen met het garanderen van een Thyssengas-lening. Shell evenmin. Zelfs met Esso en Shell als 50 procent aandeelhouders, zou Thyssengas zijn eigen leningen moeten verstrekken. Stewart bracht Thyssengas met een rood aangelopen gezicht op de hoogte van deze beslissing. De obers draaiden zich om en maakten rechtsomkeert met de champagne. Stewart herinnerde zich hoe hij en het team allemaal onderkoeld probeerden te zijn, in een poging om zich een 'graag-of-niet'-houding aan te meten. "Nu was het de beurt van Thyssengas om het hoofdkantoor te bellen. Baron Thyssen, die blijkbaar net zo gespannen was als wij om de deal te sluiten, zei nu tegen zijn mensen om door te gaan en te tekenen zonder garantstelling. Een half uur later waren we allemaal terug aan de signeertafel, en deze keer marcheerden de obers niet alleen binnen. Ze lieten de kurken van de champagne knallen. Esso en Shell waren nu op weg om de helft van dat jacht, de kunstmatige inseminatie-fabriek, en niet in de laatste plaats, de gasactiviteiten van Thyssengas te bezitten. We hadden onze zeer grote voeten nu mooi tussen de deur in Duitsland."

Met de overname van Thyssengas verloor Ruhrgas de helft van zijn lucratieve Düsseldorfse markt en zag ongetwijfeld meer van zijn toekomstige markt eroderen omdat Stewart en Schepers in het openbaar gesprekken voerden met de Beierse en Zuid-Duitse gasbedrijven. De ontmoetingen met Ruhrgas werden nu frequenter.

In een in 2005 door de auteurs georganiseerde bijeenkomst met Stewart, Löblich, Mortimer en Dr. Klaus Liesen, de voormalige voorzitter van Ruhrgas, erkende Dr. Liesen dat het keerpunt voor zijn bedrijf de Thyssengas-overeenkomst was geweest. "Hoewel het onderzoek in Düsseldorf voor enige onrust bij de gemeenten zorgde, beschouwden Ruhrgas deze acties nog niet als echt gevaarlijk. Het verenigde front van Ruhrgas en Thyssengas, voor zover dat al ooit bestond, viel uiteen op het moment dat Baron Heinrich Thyssen-Bornemisza besloot de helft van zijn belang in Thyssengas aan Esso/Shell te verkopen en hen de verantwoordelijkheid voor het industriële management van het bedrijf te laten dragen." De eerste echte vooruitgang werd geboekt toen Ruhrgas deelnam aan een gezamenlijke studie om potentiële aardgasmarkten te onderzoeken.

Löblich merkte op dat hun team destijds ervoor zorgde dat ze geen prijzen bespraken. "Deze aanpak, en de informatie die het onderzoek heeft onthuld, moet de ogen van Ruhrgas hebben geopend voor nieuwe mogelijkheden. In latere jaren waren onze mensen blij dat we veel complimenten hebben ontvangen over de grondigheid van ons werk."

Dr. Liesen herinnerde zich dat de verkoopexperts van Ruhrgas de onderzoeken bijzonder interessant vonden in hun methodologie. "Op de lange termijn waren de studies overtuigend in hun resultaten, maar men was van mening dat de veronderstellingen van de studie niet volledig rekening hielden met de gecompliceerde combinatie van regionale, lokale en energiebeleidsproblemen waarmee aardgas op zijn markt zou worden geconfronteerd binnenkomst in West-Duitsland. Op basis van zijn eigen analyses was Ruhrgas van mening dat cokesovengas op de lange termijn geen kans maakte tegen aardgas en dat de toekomst van Ruhrgas zou afhangen van onderhandelingen met grote aardgasleveringen met producenten en vervolgens de verkoop van het natuurlijke gas in zijn traditionele markt en bij voorkeur ook daarbuiten."

Als resultaat van de NAM Gas Export/IGTM-onderzoeken was Dr. Herbert Schelberger van Ruhrgas ervan overtuigd dat de toekomst van Ruhrgas in de conversie en uitbreiding van het systeem naar calorierijk aardgas lag, maar er stonden hem verschillende obstakels in de weg. Men had te maken met de plannen van de oliemaatschappijen om het Ruhrgas-gebied binnen te vallen met hun eigen distributielijnen. Een ander probleem was dat de kolenmijnbedrijven bang waren hoe aardgas zou concurreren met hun kolen- en cokesovengasvoorziening. Dit was natuurlijk een terechte zorg. Volgens Liesen: "De structuur van Ruhrgas AG werd gevormd door meer dan dertig aandeelhouders (staal- en kolenbedrijven) die tegelijkertijd leveranciers van cokesovengas waren of geweest waren. De aankoopprijs van cokesovengas werd grotendeels bepaald door de omzet van Ruhrgas op de markt, verminderd met de kosten (zogeheten netback)."

Toen de raad van commissarissen van Ruhrgas Schelberger tot voorzitter promoveerde, versterkte dit zijn onderhandelingspositie met de oliemaatschappijen. Tijdens een bijeenkomst in Essen in 2005 prees Dr. Liesen de onderhandelingsvaardigheden van Schelberger binnen Ruhrgas zelf. "Met zijn grote vooruitziende blik en ruime communicatieve vaardigheden wist Dr. Schelberger enkele van de grote aandeelhouders te overtuigen dat het importeren van grote hoeveelheden Nederlands gas en diversificatie met andere benodigdheden het beste vooruitzicht voor Ruhrgas was."

Dr. Liesen noemde ook zijn eigen betrokkenheid. "Als persoonlijke assistent van voorzitter Schelberger was ik betrokken bij de beraadslagingen over de te volgen aanpak, maar de beslissende aspecten van het voorbereiden en leiden van de onderhandelingen waren de verantwoordelijkheid van Dr. Jurgen Weise, die de drijvende kracht was achter de opening van Ruhrgas, met name omdat hij de steun kreeg van meer dan dertig aandeelhouders van kolen en staal."

Stewart herinnerde zich dat Schepers vooral van onderhandelen hield en speelde ooit een spelletje met Schelberger toen hij naar Den Haag kwam om Nederlands gas te kopen. "Ik weet niet zeker waarom we toen nog op gespannen voet stonden, maar Krik besloot te kijken hoe lang we konden praten zonder over aardgas te praten, en we bleven bijna een uur in gesprek zonder erover te beginnen. Ik weet niet wat Dr. Schelberger dacht."

Dr. Liesen herinnerde zich dat Schelberger verbaasd was in die ontmoeting toen Schepers terloops zijn voeten op het bureau legde om een punt te maken. Paul Mortimer, een Esso-analist die later IGTM-president werd, herinnerde zich dat er grote meningsverschillen waren die moesten worden opgelost voordat ze tot een overeenkomst konden komen. "Het was economisch onverstandig om tegen ons te vechten en veel zuiniger om met ons samen te gaan."

"We hadden nooit het idee gehad om te vechten als we tot een regeling konden komen", zei Liesen. "Onze structuur was toen dat de bedrijven waaruit we bestonden ons het cokesovengas gaven, we dat verkochten en zoveel mogelijk probeerden te krijgen. Dan trokken we onze kosten af en kregen zij de rest. We kregen geen dividend en ze kregen de gaswinst. Het was dus niet moeilijk om ons in de eerste stap voor te stellen dat we hetzelfde konden doen met aardgasproducenten in Duitsland, niet in Nederland maar met Duitse gasproducenten. We hebben geprobeerd zoveel mogelijk voor hun aardgas te krijgen als de markt en de concurrentie van stookolie toestond. Dat was de eerste stap en geleidelijk veranderden de zaken."

Dr. Liesen legde uit hoe zijn bedrijf dacht over de aandelenparticipatie van Shell en Esso in Ruhrgas, wat uiteindelijk

gebeurde. "Vanaf het begin overwoog het Ruhrgas-management zo'n
structuur voor samenwerking met de Duitse gas producerende takken
van Esso en Shell (en andere producenten in Duitsland zoals Elwerath,
Preussag en Wintershall). Dit gold echter niet voor Nederlands gas of
voor ander in het buitenland geproduceerd gas. Ruhrgas zocht in dit
geval een normaal gasimportcontract (ook wel 'arm's length' of zakelijk)
Aan het einde van de onderhandelingen was het netback-concept
leidend voor productie in Duitsland. Slechts enkele jaren later werden de
gasleveringscontracten met gasproducenten in Duitsland weer omgezet
naar het zakelijkheidsbeginsel. Deze omschakeling werd voorgesteld door
het management van Ruhrgas vanwege nieuwe juridische en economische
ontwikkelingen die zich intussen voordeden en door alle aandeelhouders
werd aanvaard."

Een deel van de deal toen Shell en Esso aandeelhouders van
Ruhrgas werden, was dat Dr. Liesen voor een trainingsprogramma naar
de Verenigde Staten zou worden gestuurd voordat hij de positie van
Schelberger zou overnemen. Hij bezocht Esso-productie-installaties in
Texas, bracht tijd door in Seattle met een gasleiding- en distributiebedrijf
en volgde een managementopleiding aan de Business School van
Northwestern University in Illinois. Hierna bracht hij tijd door in het
Verre Oosten, met dank aan Shell. Dr. Liesen was enthousiast over de
waarde die dit initiatief voor zijn carrière had gehad.

Het gebrek aan coördinatie tussen Brigitta en NAM, beide gedeelde
ondernemingen van Shell en Esso, werkte in het voordeel van Ruhrgas.
"De mening van alle deelnemers was dat we eerst zo snel mogelijk een
leveringscontract met Brigitta of NAM Gas Export zouden moeten
ondertekenen om ons verkoopgebied te verdedigen," zei Dr. Liesen.
"We vreesden dat het verkoopbeleid van NAM en Brigitta zou worden
gecoördineerd en dat we een verenigd front van de twee bedrijven
zouden tegenkomen. Tot mijn verbazing was dit niet het geval. Het
bleek mogelijk om overeenstemming te bereiken met NAM Gas Export,
wat onze positie versterkte in onderhandelingen met Brigitta en haar
aandeelhouders, Deutsche Shell AG en Esso AG, zodat we Brigitta toen
ook konden overtuigen om mee te doen aan een samenwerkingsmodel."
Een onderscheidend aspect van deze intens complexe onderhandelingen
was de consistentie van de voorwaarden, die uiteindelijk een patroon
vormden voor onderhandelingen over decennia in de toekomst en

de basis vormden voor contracten in Frankrijk en België. Omdat alle onderhandelingen werden gevoerd voor een bedrijf dat nooit eerder had bestaan, was inventiviteit essentieel. Liesen legde uit: "Er waren veel uitvindingen in deze langlopende contracten, waardoor twee dingen gebeurden. Ten eerste was de gasprijs zo vastgesteld dat deze automatisch de trend volgde van de concurrerende prijzen voor lichte en zware stookolie. Ten tweede is er om de drie of vijf jaar onderhandeld over bepaalde aanpassingen, als een partij dit nodig achtte. Dit systeem bestaat nog steeds in veel landen en contracten." De weg naar een dergelijke resolutie in deze jarenlange onderhandelingen was zeker niet altijd soepel. Nadat Mortimer president van IGTM werd, herinnerde hij zich een vergadering waarop zowel hij als Dr. Liesen aanwezig waren. "Het begon rond vier uur 's middags en we onderhandelden tot vijf uur' s ochtends. Het was verschrikkelijk. Het ging maar door. ' Volgens Stewart was het vaststellen van een prijs aan de Nederlandse grens een van de belangrijkste vragen bij de export van Nederlands gas naar de buurlanden. "Enerzijds moest de overeenkomst gasdistributiebedrijven in België en Duitsland in staat stellen gas te verkopen op hun premiummarkten en toch voldoende marge te ontvangen tussen de grensprijs en wat zij hun eigen klanten in rekening brengen. Dit zou dan kapitaal opleveren voor de aanleg van de dure netwerken van pijpleidingen met nog steeds een redelijke winst."

Uiteindelijk slaagde NAM Gas Export erin om een lange termijn-overeenkomst voor de aankoop van gas met Ruhrgas te sluiten, waarbij het aardgas in een afzonderlijk pijpleidingsysteem aan verschillende industrieën en steden zou worden geleverd dat zou worden omgezet in aardgas.

In samenwerking met IGTM, Shell en Esso heeft Ruhrgas geïnvesteerd en deelgenomen aan de bouw van verschillende belangrijke hoofdleidingen om aardgas naar Duitsland te brengen. Ruhrgas ontwikkelde een plan om het cokesovengas om te leiden en begon stadsgasnetwerken, huishoudelijke apparaten en industrieën om te zetten in aardgas.

Stewart was zich scherp bewust van de enorme investeringen die voor hen lagen. "Er moesten miljoenen huizen en apparaten worden omgebouwd van caloriearm gas naar aardgas, die andere kenmerken hadden dan bestaande apparaten aankonden."

Löblich beschreef de logistiek van de omschakeling in beide leveringsgebieden als een onderneming van grote omvang. "De grootste pijpleidingen moesten worden gebouwd. We vochten met de gasbedrijven over wie ze moesten bouwen. Ruhrgas wilde alles onder hun eigen leiding doen. Uiteindelijk hebben we met hen een fiftyfifty-oplossing uitgewerkt. Langs de leidingen moesten enorme compressiestations worden gebouwd. Elke installatie was zo groot als een grote energiecentrale."

In samenwerking met de lokale gasdistributiebedrijven ontwikkelde Ruhrgas de middelen om deze omzettingen te versnellen, en tegen het begin van de jaren zeventig was het grootste deel van de steden en klanten omgezet in aardgas. Cokesovengas was beperkt tot een klein gebied in het Ruhrgebied.

De Duitse gasbedrijven moesten ook nieuwe contracten afsluiten met hun gemeenschappen. "We waren verheugd over de transformatie in de houding van deze bedrijven toen we ze meenamen naar de Verenigde Staten," zei Löblich. "Ze waren er toen van overtuigd dat de omschakeling winstgevend voor hen zou worden, zelfs als ze, zoals in sommige gevallen gebeurde, hun eigen gasfabriek moesten sluiten."

Dr. Liesen legde uit dat het stilleggen van deze gasfabrieken niet zo storend was als verwacht kon worden. "Ze waren in staat om een proces van harmonisatie van het cokesovengas met het aardgas te ontwikkelen, waardoor het cokesovengas stap voor stap afnam."

In 1964 stelde Esso AG vast dat latere contractonderhandelingen meer een juridisch expert nodig hadden dan een technisch expert, en Löblich werd teruggestuurd naar Hamburg. Om zijn dochters, die zich zo goed hadden aangepast aan de school en de gemeenschap, niet te verstoren, bleven Gisela en de meisjes daar, terwijl Löblich opnieuw de taak op zich nam om een nieuw huis te vinden, en ondertussen elk weekend de mijlen lange rit te maken van Hamburg naar zijn gezin.

Voor Löblich was het buitengewone geduld en de standvastige ondersteuning van zijn vrouw tegenover zoveel verhuizingen iets dat hij als een zeer belangrijke factor in het succes van zijn carrière beschouwde. Het duurde een heel jaar voordat hij eindelijk een huis in Hamburg kon vinden, waarnaar Gisela terugkeerde, terwijl de meisjes nog een aantal jaren intern bleven op het katholieke college om hun opleiding te voltooien.

In Duitsland waren begin 1965 Ruhrgas en NAM Gas Export/IGTM bijna een overeenkomst over een gascontract en een participatieovereenkomst. Op 26 mei werd een voor-verdrag bereikt met NAM Gas Export, en een gezamenlijk persbericht van NAM Gas

Export, Ruhrgas en Thyssengas onthulde plannen voor een gezamenlijke hoofdleiding. Maar pas op de zestiende november 1965 werd het eerste contract definitief ondertekend. Dat jaar zou er een van evolutie en openbaring voor Doug Stewart en zijn gezin blijken te zijn.

Van links naar rechts: Krik Schepers en Donald Maclean van NAM Gas Export en Dr. Dekker van Ruhrgas, bij het ondertekenen van het eerste Nederlandse gascontract met Ruhrgas. (foto eigendom Ruhrgas)

Hieronder: Omdat de voorbereiding goed gepland was door de oliemaatschappijen en Gasunie, breidde het netwerk van hoofdpijpleidingen zich rap uit over het Nederlandse landschap om zo aardgas te leveren aan Nederlandse steden en aan de export over de Belgische en Duitse grens. (foto eigendom Gasunie).

*In november 2005 nodigde Dr. Klaus Liesen, voorheen
bestuursvoorzitter van Ruhrgas, de auteurs van dit boek uit voor
een lunch om te spreken over de vroege dagen van de Nederlandse
gasonderhandelingen, ter voorbereiding op het schrijven van dit boek.
De aanwezigen waren Dr. Liesen, Douglass Stewart, Hans Löblich
en Paul Mortimer. Mevrouw Madsen deed de verslaglegging.*

Hierboven: Douglass Stewart en Dr. Klaus Liesen begroetten elkaar.

*Hieronder: Stewart en Löblich met de buste van Dr. Herbert
Schellberger, voorheen bestuursvoorzitter van Rurhgas in
de tijd van de eerste Nederlandse gasonderhandelingen met
NAM Gas Export en IGTM (foto's eigendom Ruhrgas).*

*Dr. Klaus Liesen en Ir. Hans Löblich tijdens de lunch in 2005. Dr.
Liesen herinnerde zich dat de Ruhrgas verkoopexperts bijzonder veel
belangstelling hadden gehad voor de onderzoeken door Löblich, met name
door zijn onderzoeksmethodiek. Ook bleken de onderzoeksresultaten
de tand des tijds te doorstaan en steeds overtuigend te zijn.*

*Van links naar rechts: Douglass Stewart, Dr. Klaus Liesen,
Elaine Madsen, Ir. Hans Löblich en Paul Mortimer.*

—Hoofdstuk 20—

Stewart onderweg

In de jaren dat ze in Nederland woonden, stopten Stewart en zijn vrouw Jane de wonderen van Europa in de geheugenbanken van hun kinderen, en die van henzelf, net zo zorgvuldig als ze

spaargeld en investeringen weg voor het toekomstige onderwijs van hun kinderen. De fantasierijke planning van Jane maakte hun zomers altijd onvergetelijk.

Voor Stewart was de zomer van 1964 dat in het bijzonder. "Bijna elk weekend trokken we eropuit en probeerden we ons zoveel mogelijk te verzamelen voordat Doug Jr. naar school in Zwitserland moest terugkeren. We vonden het heel leuk om het per boot over kanalen te reizen, omdat je vanuit een uniek uitkijkpunt Nederland kon zien. De kanalen zijn vaak hoger dan het omliggende land en er waren stenen paden naast hen die oorspronkelijk bedoeld waren voor mensen of paarden om binnenschepen te trekken voordat deze gemotoriseerd werden. Nu worden de paden gebruikt om te wandelen of te fietsen, en we deden allebei. Voor langere rondvaarten namen we vaak de boot die ik in onze tweede zomer in Nederland had gekocht. Na een paar kilometer kwam je bij een sluis en daar veranderde het niveau van het kanaal met een paar voet. Om de sluis in te gaan, liet de sluismeester een klomp zakken die aan het uiteinde van een paal bungelde, om de tol te innen en je vervolgens verder te laten gaan. We maakten talloze kleine dagtochten op deze manier, langs pittoreske kleine huisjes en tuinen die op het kanaal uitkeken. Er leek een eindeloze verscheidenheid aan kleine restaurants en steden te zijn met straatmarkten vol voedsel en goederen die worden aangeboden door de eindeloos opgewekte en gastvrije Nederlandse kooplui."

Het gezin maakte ook autovakanties naar Rome, Beieren, Brussel, Parijs en Normandië. Stewart was verheugd om de kinderen en Jane mee te nemen naar de D-Day-stranden en om de begraafplaatsen te bezoeken ter ere van degenen die zo veel hebben betaald om ze te claimen. Hijgenoot ook van de keren dat Jane hem vergezelde op zakenreizen buiten de stad; zij ging dan winkelen terwijl hij de vergaderingen bijwoonde. "Tijdens één van de reisjes naar Frankrijk, kocht Jane allemaal van die verrukkelijke Franse kaasjes en nam ze mee terug naar het lieve ouderwetse hotelletje dat ze voor ons had gevonden. De kaasjes roken zo afschuwelijk, dat er geen twijfel mogelijk was: ze smaakten vast heerlijk. Alleen was de geur zo sterk doorgedrongen in onze hotelkamer dat we na het avondeten de ingepakte kaas op het balkon moesten leggen omdat we anders niet konden slapen. De volgende morgen toen we in de trein zaten, in zo'n charmant knus compartiment, legde ik de tas met kaas bovenop het bagagerek. Een oud dametje kwam het compartiment binnen en zat er al vlug nogal ongemakkelijk bij. Jane en ik waren inmiddels immuun voor de geur geraakt, maar de kaas liet zijn aanwezigheid gelden in de samengeknepen ogen en opgetrokken neus van het dametje. Toen ze het compartiment verliet, wist ik zeker dat ze dadelijk terug zou komen met de conducteur, om samen de oorzaak van haar ongemak te onderzoeken. Terwijl ze weg was, pakte ik ons onwelriekende pakketje en legde het op het balkon tussen de wagons. Al gauw kwam de geur ons weer tegemoet, om uiteindelijk de hele trein te overspoelen. Toen we uitstapten, keken we achterom en zagen dat de stinkende kaas er zonder ons vandoor ging."

Een ander wonderlijk Stewart familieavontuur voltrok zich in Lascaux, de plaats waar de befaamde tekeningen van grotbewoners te vinden zijn. De grotten zijn tegenwoordig niet meer toegankelijk, bezoekers moeten genoegen nemen met een gekunstelde replica van de grotten. De familie Stewart had echter het geluk tot de vroege bezoekers van deze plek te behoren. Ze mochten de originele grotten betreden, liepen daarbinnen over de smalle planken, die slechts verlicht werden door zaklampen. Ze kregen zelfs een rondleiding van de man die de grottekeningen ontdekt had.

Een beslist ongemakkelijk familieavontuur betrof de prachtige maar notoir onbetrouwbare Jaguar-sedan van Stewart. "Ik zou een trailer achter de Jag vastmaken en we zouden onze boot elke keer naar een andere locatie slepen. Op een weekend gingen we de boot over de Rijn lanceren. Midden in een tunnel die naar Rotterdam leidde, hield de Jag er opeens mee op, met het hele gezin in de auto en de boot erachter. We trokken nogal wat bekijks en waren een flink obstakel voor iedereen die achter ons reed. We hebben iedereen heel lang opgehouden totdat iemand erin slaagde om ons de tunnel uit te slepen. De sleepwagenchauffeur haalde zijn schouders op over 'die maffe Amerikanen.' "Halverwege 1964 was er zoveel export op gang dat de mogelijkheid van een geheel andere excursie voor het gezin lag. Jane

plande wat de grootste familietour van allemaal bleek te zijn."

Stewart herinnerde zich dat deze een hele maand duurde. "We vlogen enkele dagen naar Tsjechoslowakije en zagen voor het eerst de effecten van het Sovjetcommunisme op het dagelijks leven. Onze gids was een dame van middelbare leeftijd, voorheen een toeristenagent voor de oorlog. We wisten natuurlijk dat ze banden had met de overheid, anders zou ze niet vertrouwd zijn met Amerikaanse toeristen. Ik denk niet dat ze echt een toegewijde communist was, want toen we teruggingen naar de Verenigde Staten, kwam ze enkele dagen bij ons in Westport en verkocht ze ons wat kristal dat ze had meegebracht in plaats van geld. Het was in die tijd door haar regering verboden om geld mee te nemen naar het buitenland. Dat was de enige manier waarop ze geld zou hebben gehad om van haar bezoek in ons land te genieten, en we waren blij met de dingen die ze had meegenomen. Ik weet zeker dat ze nooit had kunnen dromen van de Fluwelen Revolutie die haar land de afgelopen jaren zo dramatisch heeft veranderd."

"Tijdens ons bezoek in 1964 leken de gids en chauffeur die ons waren toegewezen absoluut verbluft dat we onze kinderen met ons meenamen. Ik denk dat ze verwachtten dat 'de Stewart Group' zakenmensen zouden zijn. Ze waren erg beleefd, maar we waren niet vrij om rond te dwalen zoals we in andere landen konden doen. We mochten veel van de beroemde plaatsen in Praag zien, waaronder het huis van Franz Kafka, evenals enkele van de wonderen binnen de muren van de oude stad, die de verwoestingen waren bespaard die oorlog elders in het land had gebracht."

Een aantal dingen bleven Stewart in het bijzonder bij over Tsjechoslowakije. Er waren bijna geen auto's en hun gezin werd constant in de gaten gehouden. Hij herinnerde zich levendig de toestand van het vliegtuig waarop ze vertrokken. "Toen we aan boord gingen in het door Rusland gebouwde vliegtuig om naar Griekenland te vliegen, was het smerig. De stewardess droeg een met vet bevlekt uniform en de papieren placemat bestond uit twee papieren servetten aan elkaar gelijmd."

De Stewarts brachten een paar dagen door in Athene, aten op het dak van een klein café op de Plaka en namen vervolgens een zevendaagse cruise door de Griekse eilanden, die in Turkije belandde op een schip dat de *Stella Solarius* heette.

Stewart herinnerde zich dat dit de eerste keer was dat hij jongeren de Watusi zag dansen. "Die dans vonden we toen behoorlijk opvallend. Een paar jaar later zouden de jaren 60 in volle gang zijn en zouden de Watusi als braafjes worden gezien."

Van daaruit vloog het gezin naar Caïro. "In Caïro kwamen we de bokser Cassius Clay tegen, die toen nog niet Muhammad Ali heette. De kinderen kregen allemaal zijn handtekening. Ik heb er ergens een bewaard. Misschien is het tegenwoordig iets waard. We reisden met de trein naar Luxor en zagen de ruïnes aan de oostkant en de graven aan de westkant. Het was zo heet dat de kinderen helemaal opgewonden raakten en recht in het water waadden, maar de gids waarschuwde hen dat ze er onmiddellijk moesten uit komen vanwege de Belasarius-worm die tussen je tenen en in je bloedbaan komt en blindheid veroorzaakt."

De aanblik van de piramides die majestueus opstegen vanaf de woestijnbodem bewoog Stewart diep. "Ik werd getroffen door het gevoel hoe onbelangrijk individuen zijn in het verstrijken van de tijd. Die monumentale bouwwerken waren er al duizenden jaren, net als de inmiddels verwoeste tempels van Luxor. Toch waren de individuen die ze bouwden er maar voor een vluchtig moment. Ik vroeg me af of op een dag een toekomstige generatie zou kijken naar het systeem van aardgas waar we zo hard aan werken. Zouden ze het zien als een verouderde periode die slechts enkele generaties duurt, en die in hun tijd wordt opgevolgd door een ander energiesysteem, zoals kernenergie?"

Stewarts voorspelling in 1964 is inmiddels een serieuze overweging voor een groot deel van de wereld. Er is een groeiende erkenning dat de fossiele brandstoffen die energie opwekken voor de wereldeconomie eindig zijn en een bron van afhankelijkheid zijn geworden voor Europa en de Verenigde Staten. Deze erkenning heeft wetenschappers, ingenieurs en economen een race tegen de klok zien ondernemen op zoek naar haalbare alternatieven.

Aan het einde van hun wereldreis keerden de Stewarts terug naar Nederland, net op tijd voor Jane Ann en Mark om hun eerste schooldag in te duiken met een levendige collage van ervaringen die ze konden gebruiken in hun schoolopstellen getiteld 'Wat Ik Deze Zomer Heb Gedaan'. Voor de tweede keer zetten ze Doug Jr. in het vliegtuig voor zijn studie aan La Rosey in Zwitserland. Was het dat hij dit jaar langer was waardoor ze het moeilijker vonden hem uit te zwaaien?

Stewart en Jane gingen van het vliegveld naar huis om de brieven van familie in te halen die zich tijdens de grote rondreis waren blijven liggen. Esso verstrekte om het jaar vliegtickets terug naar de Verenigde Staten voor leidinggevenden in buitenlandse dienst, en de Stewarts waren de vorige zomer een maand terug geweest in de VS. Maar op een of andere manier zet deze stapel brieven – bomvol verse nieuwtjes over de barbecues op Onafhankelijkheidsdag (Fourth of July), familieverjaardagen, doopfeesten en bruiloften van neven en nichten, samen met de kleine pakjes foto's en opgevouwen nieuwsknipsels over alle dingen waarvoor Stewart en Jane hadden afwezig zijn geweest – een vlag van bewustzijn in gang, waarvan ze geen tijd hadden het een naam te geven. Het glibberige wezen dat heimwee heet, had zijn stem laten horen en die roepstem bleek net zo moeilijk te negeren als de scherpe geur die blijft hangen in de lucht na blikseminslag. Ze hadden op dat moment echter geen tijd om aandacht te besteden aan de hangerigheid die bij heimwee hoort. Jane werd opgeslokt door de vele najaarsactiviteiten met alle groepen waar ze in meedraaide of waar ze voorzitter was. Stewart ging onmiddellijk weer op in de stroomversnelling van de laatste onderhandelingen in Duitsland en België.

Rond Kerstmis waren de Stewarts een nieuw fenomeen tegengekomen. Op de een of andere manier waren ze omgetoverd tot een soort officieel welkomstcomité voor nieuwkomers in de regio. Ze konden zich eigenlijk niet goed herinneren wie die rol had gehad toen ze zelf arriveerden. Ze realiseerden zich echter langzaam dat bijna iedereen die er was geweest uit die tijd, intussen verder was gegaan, zelfs hun directe buren. Ze hadden zoveel van die familie genoten dat ze een hek in de heg plaatsten die hun percelen verdeelde, zodat ze niet helemaal buitenom hoefden te lopen om aan te bellen. De nieuwe buren hadden geen kinderen, dus het hak was al een tijdje dicht gebleven.

Het stel hadden het moment bereikt dat zich in het leven van iedereen voordoet die voor langere tijd vanuit hun eigen land is uitgezonden. De nieuwigheid, het exotische en het verbazingwekkende, die de beginperiode overheersen, gaan geleidelijk over in de dagelijkse van het feit dat je altijd 'die Amerikaan' bent die er alleen maar werkt. Hoewel de Stewarts de vriendschap van de Nederlanders zeker koesterden, konden ze nooit volledig deel uitmaken van het politieke leven van de gemeenschap op de manier die ze altijd hadden gedaan toen ze in de Verenigde Staten woonden. Ze waren gewoon geen staatsburgers in het land en zouden dat ook nooit worden.

Terwijl ze deze verschuivingen in hun leven begonnen op te merken, brachten de maand januari 1965 hen op een persoonlijk keerpunt. Alles kwam scherp in beeld toen het tijd was om Doug Jr. weer op het vliegtuig te zetten naar zijn school in Zwitserland. Hij vertrok, vol van zijn eigen plannen. Hij zou niet thuis tussen semesters thuiskomen, zo kondigde hij aan, omdat hij met vrienden ging skiën.

Op de rit terug van Amsterdam was Jane opvallend stil. Ze kenden elkaar te goed om uitleg nodig te hebben. Toen Jane begon: "Doug. . ." Hij wist precies waar ze aan dacht en antwoordde zachtjes: "Ik ook." Wat vóór hen lag voelde net zo zwaar als de met bevroren sneeuw beladen bomen van hun eerste Nederlandse winter. Wat het zou betekenen voor hun gezinsleven als ze in Nederland zouden blijven had zich nu eindelijk naar binnen gewurmd door de gesloten deur van het heden. Dit was het laatste jaar van Jane Ann op de Amerikaanse school. Als Stewart door zou gaan met het Nederlandse gasproject, zou zij na haar eindexamen ook naar school in Zwitserland moeten worden gestuurd. Jane wilde de tienerjaren van haar dochter niet aan een instelling overdragen.

Destijds zou het voor Stewart de slimste carrièrestap zijn geweest om zijn Nederlandse succes te verzilveren door de promotie te accepteren die binnen zijn bereik lag, binnen de uitvoerige operaties van Jersey. Maar de keuze die hij en Jane moesten maken, ging niet over zijn carrière. Het ging over hun gezinsleven.

Ze brachten met zijn tweetjes de volgende paar uur door met het uitspreken van de gevoelens die maar bleven opborrelen sinds hun terugkeer van de zomertour van het gezin.

Stewart had zich weliswaar aan zijn belofte gehouden aan Jane om in de weekenden thuis te zijn, maar het gemak waarmee het gezin de meeste van die weekenden op pad waren gegaan, kon het voor Jane niet goedmaken dat hij veel andere dagen weg was. En inmiddels was er heel weinig van Europa dat ze nog niet hadden gezien. Voor het eerst uitte Jane openlijk haar tot dan toe zorgvuldig ingehouden frustratie over de afwezigheid van haar man en haar gevoel van gemis omdat ze weg was van haar familie in Texas. Stewart vertelde Jane zijn eigen onuitgesproken frustraties over de eisen van de baan. Eén, waarover hij zich bijzonder bitter voelde, was een bezoek dat hij had gehoopt te hebben met zijn ouders. Hij was teruggegaan naar New York voor twee vergaderingen die bijna een week uit elkaar zouden zijn geweest. Hij had zijn ouders een jaar niet gezien, en zijn moeder had zich opgewonden verheugd op het bezoek, en hijzelf had er ook gretig naar uitgezien. Stewart arriveerde rond het middaguur in Oklahoma, maar voordat de dag voorbij was, was hij voor het gemak van Bill Stott teruggeroepen naar New York. Veertig jaar later steekt de grilligheid ervan hem nog altijd.

De gezamenlijke beslissing van de Stewarts was zo klaar als een klontje. Ze gingen naar huis naar Amerika. Stewart zou een functie zoeken in het kantoor in New York. De twee spraken tot in de vroege uurtjes over wat de vele aspecten van het verlaten van Nederland zouden betekenen, en over de logistiek van het verschepen van een heel huishouden terug naar Connecticut. Het jaar 1965 bracht ook het hoogtepunt van de gedeelde inspanningen van Schepers en Stewart. Net als soldaten op parade marcheerden de successen van de Terrible Twins naar de finish - met Distrigaz in België en met Weser Ems en Thyssengas in Duitsland. De onderhandelingen met Ruhrgas en de zuidelijke gasbedrijven waren bijna afgerond en Gaz de France was nu op zoek naar gas. Het VK zou gas krijgen van zijn eigen Noordzee-vondsten. Alles wat Stewart en Schepers hadden gedaan om pennen onderop de streep te laten tekenen, was volbracht. Het zien van die handtekeningen die in inkt zijn vastgelegd, zou alleen lintknipmomenten zijn, een erkenning van eerdere inspanningen. Op maandagochtend vertelde Stewart Schepers als eerste over zijn beslissing. Het kwam voor Schepers niet als verrassing. Hij en Stewart hadden onlangs gesproken over de koude wind van het bedrijfsmatige micromanagement die begon te waaien. Ze gaven aan elkaar toe dat de lol er nu wel af was. De reden voor hun lange en prachtige rit op deze onderhandelingsachtbaan liep ten einde. Toegeven dat alle activiteit was afgelopen, was veel eenvoudiger dan accepteren dat ze nu ook het plezier van elkaars gezelschap kwijt zouden raken.

De eerste gedachte van Schepers was om Stewart van zijn beslissing af te houden, maar ze waren zo goed op elkaar ingespeeld geraakt dat ze elkaars gedachten konden lezen, dus hij slikte zijn woorden bij voorbaat weer in. Hij wist wel beter. Stewart zou zelfs niet over het onderwerp van vertrek zijn begonnen, zonder eerst alle aspecten ervan te hebben afgewogen. Vanaf hun vroegste dagen samen hadden ze toegezegd het werk niet in de weg van hun gezin te laten komen.

Schepers legde eenvoudig zijn hand op Stewarts schouder. "Wij zullen . . . *Ik* zal je heel erg missen, mijn vriend."

Het uitzoeken van de stappen van overgang zou later komen. Stewart liep naar het Esso-gebouw, geamuseerd omdat hij wist dat Cox geen poging zou doen hem te ontmoedigen om te gaan. Deze passiviteit zou natuurlijk om een geheel andere reden zijn dan de terughoudendheid die Schepers zojuist had uitgeoefend. En inderdaad, er was geen verrassing. Cox protesteerde niet en vroeg zelfs niet naar zijn toekomstplannen. Het was allang duidelijk dat de – in de ogen van Cox – 'Verschrikkelijke Texaanse' helft van de Terrible Twins toch nooit op de manier afscheid zou nemen die Cox van zichzelf vond dat hij verdiende. Cox stuurde een telex met het nieuws aan Milbrath en maakte waarschijnlijk geen woord vuil aan spijt om het gebeuren. Jersey antwoordde dat ze graag Stewart terug wilden laten keren naar New York als manager die verantwoordelijk is voor hun wereldwijde producerende economische afdeling. Shell vroeg hem echter om nog enkele maanden in Den Haag te blijven om een soepele overgang mogelijk te maken, dus het vertrek van Stewart werd gepland voor half april.

Het toezichtcomité van de aangewezen afgevaardigden nodigde Stewart en Schepers nog een laatste keer uit in Kasteel Maurick, nabij Den Bosch. Het Nederlands van Stewart was enigszins verbeterd en hij werkte ijverig aan het voorbereiden van een laatste korte toespraak. In het kasteel bedankte Stewart het Nederlandse volk en de leden van de commissie voor hun genereuze welkom en ontvangst tijdens alle vele eerdere onderhandelingen. Als een humoristische dankbetuiging erkende hij zijn waardering voor de jarenlange hoffelijkheid waarin vergaderingen voor zijn voordeel in het Engels werden gehouden door een korte toespraak in het Latijn te houden. (Latijn is de basis van alle verschillende talen die worden vertegenwoordigd door de verschillende commissieleden en al haar Europese klanten.) Als aandenken aan hun jarenlange samenwerking, gaf de commissie Stewart een antieke kaart van Nederland, die nog steeds aan de muur van zijn werkkamer in Houston hangt.

Aan het Smidswater kwam het personeel bijeen voor een laatste afscheidsfeest, waarbij Schepers aan Stewart een zilveren sigarenkistje presenteerde waarop de handtekeningen van elk personeelslid waren gegraveerd. Stewart gaf hen allemaal een bordspel dat hij had ontworpen, vergelijkbaar met Monopoly, genaamd het Grappige Gas Export Spel, inclusief 'Kaart der Rampen' en 'Overwinning', om alle pieken en dalen die ze samen hadden meegemaakt te gedenken.

Stewart en Schepers namen Dick Mariner, de nieuwe algemeen directeur van IGTM, mee naar een reeks vergaderingen om hem persoonlijk voor te stellen bij Ruhrgas, Thyssengas en Distrigaz. In het persoonlijk archief van Stewart van nu staan een reeks afscheidsbrieven van de opdrachtgevers van deze bedrijven, evenals van de Franse voorzitters van Esso en Shell en Bob Milbrath, voorzitter van Esso International.

Bij Distrigaz hield Stewart zijn afscheid in het Frans.

Tijdens zijn laatste bezoek aan de Nederlander voor wie hij een groot respect had ontwikkeld, presenteerde Stewart aan Coen Smit een verguld schaalmodel van een stadsgashouder, dat meestal wordt gebruikt om de schommelingen per uur in piekgasverbruik te verwerken, samen met de volgende presentatie:

Presentatie aan Coen Smit, 15 april 1965

"Vier jaar geleden kwam een kleine groep uit New York naar Nederland om te onderzoeken of NAM (dat voor 50 procent in handen is van Esso) grote gasreserves had gevonden. Onze taak was niet alleen om het verhaal te verifiëren, maar ook om manieren en middelen te vinden om te zorgen dat het gas optimaal zou worden gebruikt. Niet alleen bleek het rapport van die vondst te kloppen, we vonden hier in Nederland bovendien een man van formaat die de onderhandelingen tot een succesvol einde kon brengen. Hij had een geest die ontvankelijk was voor nieuwe ideeën, de energie om deze in praktijk te brengen en het nodige gevoel voor humor om het schip door de vele stormen te loodsen. Tegenwoordig kunnen hij en wij de fysieke resultaten zien, nu dat grote gasleidingen Nederland doorkruisen, en industrieën en huiseigenaren in Nederland allemaal profiteren van deze nieuwe energiebron.

Heel Europa kijkt nu naar het Nederlandse Gas. Coen Smit, onderhandelaar, ondernemer, oprichter van het Nederlandse gasbedrijf, het geeft mij veel persoonlijk genoegen om u, als blijk van onze achting, deze herinnering te presenteren dat vier jaar in de gassector ongeveer veertig jaar is in de olie-industrie."

Op 15 april 1965 nam Stewart voor het laatst afscheid van Schepers en het personeel. Met zijn aktetas liep hij de geplaveide straat op langs de gracht. Jane was nog niet aangekomen om hem op te halen in de Jaguar die ze zouden achterlaten. Hij wandelde een paar meter langs de Jagerstraat naar de kleine brug over de gracht van het Smidswater. Leunend op de reling keek hij terug naar nr. 23 en daarna de hele met bomen omzoomde gracht af. De bomen werden gewoon groen. Een lichte mist hing over het water en een moeder eend, op zoek naar een traktatie, dook boven het water uit met een hele vloot kleine eendjes achter haar aan.

Stewarts gedachten gingen vier en een half jaar terug in de tijd naar het moment dat hij, in de bestuurskamer van Jersey, voor het eerst van Nederlands gas hoorde en hoe hij Nederland voor het eerst met wilde kalkoeneieren op zijn schoot had gezien. Hij herinnerde zich het geluid van het straatorgel in het De Wittebrug Hotel en zijn eerste ontmoeting met Coen Smit en Jan van den Berg. Er was die eerste ijzige ontmoeting met Shell in Rotterdam en de genoegdoening om toch naar Oldenzaal te worden gestuurd.

Hij herinnerde zich het uitgelaten gevoel toen hij zich realiseerde wat de mogelijke omvang van de gasvondst was, en het 'eureka'-moment toen hij die gaspijp in het huis van Jan zag. De opwinding van het ontwikkelen van het premium-marktplan met Jan, Cees van der Post en Orlean en het verkopen van het idee aan Milbrath, aan het bestuur van Jersey en aan Shell, waren enorm bevredigend geweest. Hij was erbij geweest om de langdurige onderhandelingen met De Pous en de Staatsmijnen te zien. Met de invloed en samenwerking van Shell was alles definitief gelukt. Hij verliet Nederland met Shell en Esso die 50 procent van Gasunie bezit, 60 procent van de producerende Maatschappij, en de rechten om het gas in export namens Gasunie te verkopen, in de volle overtuiging dat ze de gasbranche in de exportlanden zouden gaan betreden.

De rijkste herinneringen van Stewart waren van hoe plezierig het was geweest om met Schepers rond te reizen om de degens te kruisen met langgevestigde gasbedrijven. Er waren de vroege tegenslagen: uit Frankrijk gegooid, geen handel in het VK, afgewezen in België, ondenkbaar in Duitsland. Omdat hij en Schepers hun optimisme nooit hadden verloren, had hun doorzettingsvermogen zijn vruchten afgeworpen. Het toneel was gezet. Shell en Esso waren actief in de gassector in de drie belangrijkste landen – Nederland, België en Duitsland. De premium waarde van aardgas ging voornamelijk naar huishoudens en kleine bedrijven, nu dat alle voordelen voor het milieu waren vastgesteld.

De details van het uitwerken van contracten, met de eindeloze vergaderingen, zouden nooit zo aantrekkelijk zijn als de boekaniersdagen waarin hij en Schepers de vrije hand hadden. Stewart vertrok zonder spijt. Hij keek langs de gracht en zag dat de eenden waren doorgezwommen en toen hij opkeek zag hij Jane in de Jag, om hem naar het hotel te rijden, waar een limousine wachtte om het gezin naar het vliegveld te brengen.

Op weg naar Schiphol keek Stewart nogmaals over de groene weilanden, de kanalen en sloten, en de tulpenvelden. Het was een weergaloze onvergetelijke rit geweest. Dat er andere uitdagingen voor hem in het verschiet lagen, wist hij zeker. Het vliegtuig met Stewart en zijn gezin zou hen naar de volgende vervoeren.

Linksboven: In 1992 keerden Doug en Jane Stewart terug naar Nederland en haalden ze herinneringen op aan de dagen van Nederlands gas, met Krik en Louise Schepers, bij hun huis in Den Bosch.

Rechtsboven: Doug Stewart en Miljard Clegg in Houston, Texas, in 2004.

Hieronder: Stewart keerde in 2005 terug naar de brug over het Smidswater en keek nog een keer terug naar het pand aan Smidswater 23. Het was veertig jaar geleden geweest dat hij er voor het laatst had gestaan. De gracht en de gebouwen waren nauwelijks veranderd, maar de levens van de mensen en ook het milieu waren ten goede veranderd, en hij voelde zich content dat hij daar een rol in had mogen spelen.

Epiloog

De aftrap voltooien

NAM Gas Export en IGTM waren in 1963 oorspronkelijk gevormd om de eerste exportcontracten te ontwikkelen en om de deelname van Esso en Shell in de gasbusiness in Duitsland en België op te zetten. Echter, na een aantal jaren dienden ze hun doel niet meer. Toen Shell en Esso aandelen verkregen in Distrigaz, Thyssengas, Ruhrgas en verscheidene hoofdlijnen door Duitsland, werd IGTM opgeheven. In november 1967 nam Krik Schepers ontslag bij NAM Gas Export en werd directeur bij de Staatsmijnen en gedelegeerd commissaris bij Gasunie. Na de nationalisatie van oliemaatschappijen in het Midden-Oosten was er geen reden om NAM Gas Export te laten voortbestaan, en veel van het personeel werd overgenomen door de Gasunie, die ook de exportfunctie overnam.

Esso richtte een kantoor in Londen op voor de coördinatie van de groeiende gasproductie in de Noordzee, alsook van de belangen die ze hadden door het Nederlandse gasprogramma op het Europese continent. Don Cox, Jack Windham en Martin Orlean verhuisden met deze nieuwe organisatie mee naar Londen.

Het volgende citaat van Arne Kaijser, in zijn artikel '*Van Slochteren naar Wassenaar*' voor het NEHA-jaarboek van 1996, vat de prestaties van de Nederlandse Gasprojectteams samen:

> *Voor zowel Shell als Esso was de exploitatie van het Groningse gasveld en de deelname in de Nederlandse gasindustrie een belangrijke springplank. De export vanuit het Groningse veld stimuleerde de bouw van pijpleidingen over grenzen, die uiteindelijk een verenigd Europees gasnetwerk vormden, waarin de meeste landen op het Europese continent waren opgenomen. De sterke invloed op*

de verkoop van gas van wat lang het grootste gasveld van West-Europa was, samen met de competenties die voortkwam uit het opbouwen van het Nederlandse gassysteem, heeft Shell en Esso in staat gesteld om controle te krijgen over strategische delen van de Europese gasindustrie in de jaren '70 en '80. Sterker nog, het Groningse gasveld was de katalysator voor de transformatie van de twee giganten van oliemaatschappijen naar energiemaatschappijen.[13]

De ontwikkeling van de Europese aardgasmarkt en distributiesystemen die begonnen waren met de Groningse ontdekking, werden verder gestimuleerd door de ontdekkingen van grote hoeveelheden gas in de Noordzee, beginnend in 1966, en later door de import van Russisch gas. Tegen 2005 bestond ongeveer 25 procent van de Europese energiemarkt uit aardgas.

Terug naar de Uitsmijteroplossing

Gedurende de 35 jaren tussen 1965 en 2000, bloeiden de gasdistributiebedrijven in Nederland, België en Duitsland, waarin Shell en Esso geïnvesteerd hadden. Ruhrgas, onder leiding van Schelberger en Liesen, werd een centrum voor de Duitse energiemarkten. Thyssengas en Distrigaz schakelden hun gasdistributiesystemen om naar aardgas (zie de overzichten in de appendix).

In 1998 nam de Europese Unie een richtlijn aan, in lijn met het ontwikkelende energiebeleid, dat leveranciers anders dan aandeelhouders van gasdistributiebedrijven directe toegang moesten krijgen tot de markten en de bestaande pijpleidingen moesten kunnen gebruiken voor transport. Deze richtlijnen zorgden voor nieuwe complicaties en herstructurering van gasdistributiebedrijven. Exxon, dat in 1975 het aandeel in Distrigaz had verkocht, verkocht ook het kwart aandeel in Thyssengas in 2000, om goedkeuring te krijgen van de EU te krijgen voor een fusie met Mobil. Later verkocht ook Shell de aandelen in Thyssengas. In 2002 verkochten beide bedrijven hun aandelen in Ruhrgas, volgens het jaarverslag van Exxon Mobil voor ongeveer 2,8 miljard euro.

---

13 Arne Kaijser, *'Van Slochteren naar Wassenaar'* in het NEHA jaarboek 1996.

Gasunie werd in 2004 opgesplitst in twee bedrijven, om transport en distributie te scheiden van marketing. De Nederlandse regering kocht de aandelen van Esso en Shell in het Nederlandse pijpleidingensysteem op voor 2,8 miljard euro. Het systeem blijft bestaan onder de naam N.V. Nederlandse Gasunie. De marketingtak kreeg de nieuwe naam Gasunie Trade and Supply, Shell en Esso behouden hun 25 procent aandeel in dit bedrijf. En zo is, onder de revisies van de Europese Unie, de in- en verkoop van gas gescheiden van het transportsysteem, terug bij het originele Uitsmijteridee zoals het oorspronkelijk werd voorgesteld door NAM Gas Export en IGTM.

Appendix Essay 2006

De groei van de verkoop van aardgas

Vanwege gevorderde planning en energieonderzoeken is de verkoop van Nederlands aardgas snel gestegen sinds de oprichting van de Gasunie. Al in het voorjaar van 1962 hadden de Staatsmijnen, Shell en Esso een planningscommissie gevormd, rekening houdend met het nieuwe bedrijf en de productieafspraken die vorm zouden krijgen. Later namen ook het Staatsgasbedrijf en afgevaardigden van de gemeentes deel aan de planning. De NAM zelf deed proefboringen en maakte gedetailleerde plannen voor productie-installaties. Vrijwel meteen na het handvest van de Gasunie begon men met het ontwerpen en uitvoeren van nieuwe aardgasleidingen.

Esso was vroeg in 1961 gestart met exportstudies, en Shell voegde zich bij Esso in 1962. In de herfst van 1963 waren de gezamenlijke Esso/Shell-onderzoeksgroepen ingebed door Distrigaz, Thyssengas, Ruhrgas en Gaz de France. Omdat de exportcontracten pas eind 1965 / begin 1966 klaar waren, liep de omschakeling van de exportlanden ongeveer twee jaar achter op Nederland.

De ontdekking in Groningen zorgde voor de impuls voor de omschakeling van Europa op aardgas, en producenten anders dan Shell en Esso profiteerden enorm van het feit dat er een bestaand netwerk en markt voor het door hen gevonden gas. Citerend uit *Natural gas in the Netherlands* van Aad Correlje, Coby van der Linde en Theo Westerwoudt:

> *Nederlands gas speelde een belangrijke rol in het onderhouden en ontwikkelen van het gasgebruik in Europa. Zonder Nederlands gas zou de rol van stadsgas in verschillende regionen overgenomen zijn door olieproducten en methaangas in flessen en vaten. Bovendien heeft de Nederlandse gasexport en de bouw van de bijbehorende*

*infrastructuur compleet nieuwe markten voor gas gecreëerd in
verschillende regio's en sectoren. Het belangrijkst was echter
de bouw van een gecoördineerde Europese infrastructuur voor
gas.[14]*

Deze infrastructuur voor gas en de groeiende vraag ernaar zorgde
dat het nodig werd om te importeren uit de Sovjetunie en Algerije, en
uiteindelijk van aardgasbronnen in het Midden-Oosten en elders.

De kaarten 1 en 2 op de volgende pagina laten de groei van de
verkoopcijfers van gas zien, vergeleken met de exportcijfers. Vanwege de
vroege omschakeling in Nederland stegen de verkopen voor huishoudelijk
gebruik heel snel, maar de export oversteg uiteindelijk de vraag voor
huishoudelijk gebruik van gas. Deze data komen uit jaarverslagen van de
Gasunie.

Kaartjes:
Gasunie Sales – Gasunie verkoopcijfers
Domestic and export – Huishoudelijk en export
Chart 1 – Kaart 1
Billions cubic metres per year – Miljarden kubieke meters per jaar
Year –Jaar
Netherlands – Nederland
Germany – Duitsland
Be/Lux – Be/Lux
France – Frankrijk
Italy – Italië

In 1974 overstegen de verkoopcijfers van de export de huishoudelijke
verkoop van Nederlands gas

Kaart 2
Domestic - Huishoudelijk
Exports – Export
Billions cubic metres per year – Miljarden kubieke meters per jaar
Year –Jaar

---

14   Aad Correlje, e.a., *Natural gas in the Netherlands.*

Gasunie Sales
Domestic and Export
CHART 1

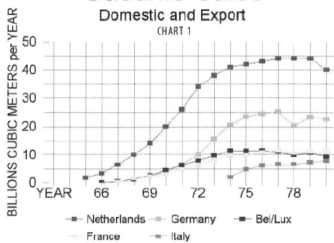

By 1974, Exports of Dutch Gas
Exceeded Domestic Use
CHART 2

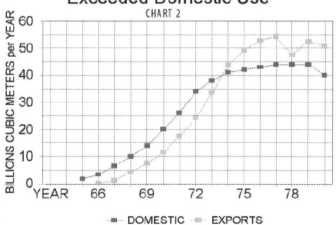

Nawoord

Een persoonlijk essay over aardgas in Nederland, door Emiel van Veen, inwoner van Rijksdorp, voormalig CFO en vicevoorzitter van de Raad van Bestuur van Royal Numico N.V.

De eerste aardgasvoorraden werden vlak na de Tweede Wereldoorlog ontdekt. Het duurde tot 1959 voordat de NAM (Nederlandse Aardolie Maatschappij), een fiftyfifty samenwerkingsverband van Shell en Esso, zulke hoeveelheden vond dat er sprake kon zijn van economisch rendabele exploitatie Het was in de provincie Groningen, rond het dorp Slochteren.

Toentertijd was het een enorme ontdekking. Het maakte het land de grootste gasproducent in Europa, gaf de economie een grote impuls en bracht voorspoed en gemak naar het land. Bijna alle Nederlandse huishoudens zijn aangesloten op een nationaal leidingensysteem.

De Nederlandse staat heeft hier tot nu toe ongeveer 150 miljard euro aan verdiend. Tegenwoordig worden er nieuwe, kleinere velden gevonden. In 2005 werd nog onderzoek gestart op de Waddenzee.

Op dit moment bedragen de gevonden aardgasvoorraden 2.500 miljard kubieke meter. Dit lijkt onuitputtelijk, maar met een gebruik (inclusief export) van ongeveer 75 miljard kubieke meters per jaar, zal Nederlands natuurlijke gift over 25 tot 30 jaar op zijn. Ongeveer 80 procent van de productie is in handen van de NAM. De distributie van gas wordt uitgevoerd door de Nederlandse Gasunie, een bedrijf dat voor 50 procent eigendom is van de staat en voor de andere 50 procent van Shell en Esso.

De positieve kant van de aardgasvoorziening ligt voor de hand. Maar er zijn ook twee nadelen. Ten eerste daalt het grondoppervlak gestaag. Tegen 2040 zal Groningen 40 centimeter lager liggen. Dit veroorzaakte en veroorzaakt nog steeds, kleine aardbevingen (tussen 2.6 en 5.6 op de schaal van Richter). Sinds 1980 zijn er negentig geregistreerd, gelukkig zonder al te veel schade.

Ten tweede maakten de opbrengsten Nederland te welvarend. Dit klinkt gek, maar dat is het niet. Veel grote projecten die nodig waren op het gebied van infrastructuur werden moeiteloos bekostigd zonder dat de belasting omhoog moest. De lonen stegen drastisch, terwijl de gemiddelde werkweek werd verkort naar 36 uur, en zes weken vakantie is gebruikelijk. Mensen willen vroeg met pensioen: gemiddeld als ze 58 tot 60 jaar oud zijn. De sociale systemen horen bij de beste – en duurste – ter wereld. Zonder aardgas was dit nooit mogelijk geweest.

Omdat de aanvoer van gas in twintig tot dertig jaar drastisch zal dalen, is het essentieel dat de economie sterk genoeg wordt om zonder die inkomsten te kunnen. In een open economie die zwaar leunt op de export, moet het concurrentievoordeel gevonden worden in innovatieve producten van goede kwaliteit, en diensten tegen lage tarieven. De huidige economische teruggang, of op zijn best beperkte groei, in Europa maakt duidelijk dat Nederland in de afgelopen jaren niet voldoende heeft geïnvesteerd op gebieden als eersteklas onderwijssystemen en infrastructuur. Het volk heeft te veel geconsumeerd door een bron van inkomsten te legen die niet eeuwig zou blijven produceren. De hoogte van de lonen en salarissen, in combinatie met het verminderen van het aantal effectieve werkuren, heeft Nederland te duur gemaakt. Sociale systemen zijn te star. Nederland moet de realiteit onder ogen zien.

Voor een kleinere hoeveelheid gas moet gecompenseerd worden met een sterkere economie. Het volk moet accepteren dat de welvaartsgroei in de toekomst kleiner zal zijn, en zelfs tijdelijk negatief kan worden. Er moet een nieuwe houding komen, die accepteert dat de arbeidsmarkt minder flexibel is en de sociale systemen minder uitgebreid, dat er langer en harder gewerkt moet worden. Voorspoed kan niet meer als vanzelfsprekend worden beschouwd.

Gelukkig is er nog genoeg tijd. De regering en de maatschappij hebben hun ogen geopend. Het aardgas-slaaplied, dat begon rond 1960, is afgelopen.

Reünie op het vijftigjarig huwelijksjubileum van de Stewarts

Douglass en Jane Stewart werden gevierd op een feestje voor hun vijftigjarig huwelijksjubileum in Houston, Texas, in 1999. Jan van den Berg en Hans en Gisela Löblich kwamen ervoor over uit Europa. Hier volgen stukjes uit hun speeches.

Van den Berg:

> *Jullie hebben gehoord dat Doug in Nederland was terwijl Jane hier een huishouden draaiend hield. Het was puur toeval dat wij elkaar leerden kennen. Er was veel gas ontdekt in Nederland. Ik las het in de krant, en stuurde een bericht naar de directeur van Esso Nederland, waarop hij me vroeg om een verslag te schrijven. Het land was erg arm, en we hadden niet de levensstandaard van nu. Ik wist niet waar ik moest beginnen, ik had niets op papier.*
>
> *Opeens kwamen er wat Amerikanen langs, en ik zal je vertellen wat ze deden. Eigenlijk weet niemand dit, maar we maakten een fantastisch plan samen. We zouden iedereen aansluiten op aardgas. Het was een erg goed en eenvoudig plan, maar sommigen zeiden dat het onmogelijk was. We hadden geen pijpleidingen. Doug zei: 'Alles is mogelijk. Het is al gebeurd in de Verenigde Staten. Ga maar kijken als je me niet gelooft.' Een paar Nederlanders gingen erheen.*
>
> *Geloof me, het was niet eenvoudig om al die huizen en fornuizen aan te sluiten en aan te passen aan het nieuwe gas. Het was een enorme operatie. Het hele verwarmingssysteem moest veranderd worden. Doug was de man die dit alles voor elkaar kreeg.*

Doug sprak geen Nederlands, maar hij veranderde de hele Nederlandse economie. Ik was erbij, als een kompaan op klompen.

Het Nederlandse volk heeft Doug en Jane nooit officieel bedankt, dus vanavond wil ik graag, in de Nederlandse traditie, Doug Stewart officieel bedanken voor wat hij heeft gedaan.

Hans Löblich:

Ongeveer 35 jaar geleden was Doug onderweg van New York naar Den Haag. Er was een groot probleem, want de Nederlanders hadden gas in de grond. In 1963 richtte hij een bedrijf op, NAM Gas Export, en dat was het moment waarop wij als eersten onderzoek deden naar de potentie van aardgas in Duitsland. In 1963 was er nog geen aardgas in Duitsland. We begonnen met het onderzoek en hadden geen idee hoe we aardgas zouden kunnen verkopen. Doug en Martin Orleans hielpen ons. We moesten de stadsgasmensen overtuigen om over te stappen op aardgas. Doug Stewart en Schepers stimuleerden ons. Elke keer dat ze kwamen, hadden ze nieuwe ideeën. We waren succesvol dankzij hun aanhoudende aansporing.

Nu, 35 jaar later, verschaft aardgas 32 procent van de energie in Duitsland. We genieten van het gas in Duitsland, en we bedanken jou daarvoor. We wensen jullie hetzelfde in de komende tien jaar, bovendien dat je in goede gezondheid kunt genieten van vrienden van familie.

Biografieën

Douglass Stewart keerde terug naar New York om manager te worden van Standard Oil Producing Economics. In 1967 werd hij overgedragen aan Esso Eastern om de productieafdeling van het Verre Oosten te coördineren in Australië, Pakistan en Indonesië. Hij ging vervroegd met pensioen bij Standard Oil om vicepresident te worden bij Weeks National Resources Corporation en het bedrijf bekend te maken in Australië. In 1973 richtte hij DMS Oil Company op in Houston, Texas. Daar blijft hij actief met meerdere belangen in aardgasbronnen verspreid over het zuidwesten van de Verenigde Staten. Hij hertrouwde in 2006 en woont met zijn vrouw Patricia in Florida.

Jane Stewart werd, na terugkeer in de Verenigde Staten, vrijwilliger bij het Norwalk Hospital in Connecticut. Vol enthousiasme werd ze weer een leider in de gemeenschap, ze werd diaken en later een van de eerste vrouwelijke ouderlingen in de Norfield Congregational Church in Weston, Connecticut. Ze stierf in 2001.

Krik Schepers bleef directeur bij NAM Gas Export tot 1967, toen hij directeur en lid van de Raad werd de Nederlandse Staatsmijnen. Ook zat hij in de commissie van toezicht van de Gasunie. In 1988 ging hij met pensioen. In 1999 stierf hij.

Hans-Joachim Löblich zette Esso AG voort en werd hoofd van de afdeling milieubeheer. Daar maakte hij zoveel onderscheid in veelomvattend wetenschappelijk onderzoek over de uitstoot van zwaveldioxide, dat hij in 1979 erkenning kreeg van de Duitse regering in de Orde van Verdienste van de Bondsrepubliek Duitsland. Toen de regering een grote studie wilde laten uitvoeren naar de effecten van zwaveluitstoot, richtte hij zijn eigen onderzoeksbureau op: *Beratungsbüro für Umweltsfragen* (Onderzoeksbureau voor milieuvraagstukken), om die studie te kunnen uitvoeren. Toen dat afgerond was in 1985, bleef hij door heel Europa wetenschappelijke studies op milieugebied ontwerpen en uitvoeren. Hij en zijn vrouw Gisela wonen in Hamburg en zijn fervente wereldreizigers.

Paul Mortimer werd directeur van IGTM in 1968 en bleef bij Exxon tot 1985. Hij is nu voorzitter van de raad bij Hardy Oil and Gas PLC, dat offshore productie- en onderzoeksoperaties uitvoert in India. Hij is ook voorzitter van Rift Valley Holdings Limited, een particulier bedrijf met thee-, koffie-, kokos- en bosplantages in Zimbabwe, Zambia, Tanzania en Mozambique; directeur van het Gemini Oil and Gas Royalty Fund; en directeur van Digital Ventures, een risicokapitaalfonds.

Dr. Klaus Liesen volgde in 1976 dr. Schelberger op als CEO van Ruhrgas. Hij leidde de uitbreiding van het bedrijf door vele initiatieven op het gebied van pijpleidingen en gas-energie, zowel in Duitsland als in andere landen. In 1996 werd hij voorzitter van de raad van commissarissen van Ruhrgas. In 2003 gaf hij deze positie op en werd erevoorzitter van de raad van commissarissen. Hij nog steeds lid van de raad van commissarissen van verschillende bedrijven in de energie-industrie en andere industriële sectoren.

Martin Orlean ging over naar het Essokantoor als econoom en werd later consultant in de gasindustrie. Op een keer representeerde hij Natural Gas Council tegen Esso. Hij is nu met pensioen en woont in Londen.

Harold Wright bleef bij Esso en ging met pensioen toen hij manager was van Esso's productieafdeling in de Verenigde Staten. Hij woonde in Houston tot hij stierf in 2005. Hij en Stewart zijn hun hele leven goede vrienden gebleven.

Jan van den Berg werd opgeleid tot econoom aan de Erasmus Universiteit en werkte in die hoedanigheid voor Esso Nederland tot hij ging werken voor de verkoopafdeling van de Gasunie. Hij groeide door tot directeur gasverkoop en ging in 1988 met pensioen. Hij stierf in 2003.

Neill 'Cees' van der Post bleef als werktuigbouwkundige bij Esso Nederland werken tot 1972, toen werd hij hoofd van het laboratorium voor gastransport van de Gasunie in Groningen. Hij ging in 1987 met pensioen en overleed in 1992.

Yves Monod had een lange carrière bij Shell, waaronder een overzeese functie als voorzitter van de raad van bestuur van Shell in Chili. Zijn aanstelling bij NAM Gas Export eindigde in 1966, toen hij directeur werd bij Shell in Frankrijk. Daarna werd hij algemeen directeur bij de TIPIAK-groep in Nantes, Frankrijk. Hij is directeur geweest van de YMCA in Parijs, is nu gepensioneerd en woont in Parijs.

René Cozzi werd na de sluiting van het kantoor van NAM Gas Export/ IGTM in Parijs overgeplaatst naar het coördinatiecentrum van Esso in Londen. Hij ging met pensioen toen hij bij Esso Frankrijk werkte. Hij woont nu in Parijs.

Don Cox werd hoofd coördinatie aardgas toen Esso het hoofdkwartier naar Londen verhuisde. Latee werd hij directeur bij Exxon.

Millard Clegg keerde terug naar de technische afdeling van Esso in Texas, met opdrachten over de hele wereld. Hij en zijn vrouw wonen in Houston, Texas.

Ciny van den Berg woont in Roden in de provincie Groningen, reist veel en geniet van haar kleinkinderen.

Louise Schepers woont in 's-Hertogenbosch, is vaak op reis en geniet van haar kleinkinderen.

Index van personen, gesorteerd per land

VERENIGDE STATEN

Clegg, Millard, ingenieur (pijpleidingen) bij Esso

Clegg, Dorothy, Millards vrouw

Cox, Donald, Esso, Nederlandse gasadviseur, later aardgascoördinator, Londen

Laufs, Jerry, econoom bij Esso, IGTM

Mariner, Dick, directeur bij Esso, volgde Stewart op als algemeen manager bij IGTM

Miles, Paul, ingenieur (pijpleidingen) bij Esso

Milbrath, Bob, Standard Oil (N.J.) afdeling marketing, New York; directeur bij Esso Export

Mortimer, Paul, econoom bij Esso, IGTM, later algemeen directeur IGTM

Orlean, Martin, Standard Oil (N.J.), een van de 'Esso Four', econoom bij IGTM

Priestman, Dawson, Standard Oil (N.J.), manager productie-economie, New York

Rathbone, Jack, voorzitter en CEO Standard Oil (N.J.)

Stott, Bill, vicedirecteur marketing bij Standard Oil (N.J.)

Stewart, Douglass M., afgevaardigd manager productie-economie bij Standard Oil (N.J.), New York, hoofd van 'de Vier van Esso', algemeen manager IGTM

Temple, Paul, advocaat bij Standard Oil (N.J.)

Vazquez, Siro, productie-coördinator bij Standard Oil (N.J.), Venezolaans burger

Windham, Jack, ingenieur (pijpleidingen) bij Esso, volgde Mariner op als algemeen manager IGTM

Wright, Harold, ingenieur (petroleum) bij Standard Oil (N.J.), directeur bij Exxon USA

Weeks, Lewis, hoofd geologie bij Standard Oil (N.J.)

OOSTENRIJK

Kandler, Raymond, directeur bij Esso, manager bij NAM Gas Export/
IGTM in Wenen

BELGIË

De Housse, Jacques, Esso België, manager NAM Gas Export/IGTM in
Brussel
De Brouwer, directeur bij Distrigaz
Leemans, Victor, Belgisch senator, lid van het Europees Parlement
Thys, Le Chavalier Albert, directeur Distrigaz

FRANKRIJK

Alby, Mssr., directeur Gaz de France, later adjunct algemeen directeur
Antoine, Mssr., advocaat Esso Frankrijk
Bernard, Mssr., algemeen manager Gaz de France 1964
Bijard, Mssr., directeur Gaz de France
Bouriez, Mssr., economisch adviseur Shell Frankrijk
Couture, J., algemeen secretaris energie voor de Franse overheid
Chizelle, Kuhn de, algemeen manager Gaz de France 1963
Cozzi, René, econoom bij Esso Frankrijk
Loizillon, Mssr., directeur Shell Frankrijk
Monod, Yves, Shell Frankrijk, manager kantoor NAM Gas Export/
IGTM in Parijs
Monod, Solange, vrouw van Yves
Shear, Serge, directeur Esso Frankrijk

DUITSLAND

Dobmeyer, Herr, econoom bij Esso AG
Geyer, Jerry, algemeen manager Esso AG Hamburg
Kratzmuller, Herr, directeur Esso AG
Liesen, Dr. Klaus, volgde Shelberger op als voorzitter van Ruhrgas

Löblich, Hans, ingenieur, hoofd verkoop energie, Esso AG, afgevaardigd manager NAM Gas Export/IGTM in Frankfurt

Löblich, Gisela; Monika en Gabi, vrouw en dochters van Hans

Scheffer, Herr, algemeen manager Deutsche Shell Hamburg

Schelberger, Dr. Herbert, voorzitter Ruhrgas

Sottorf, Gert, directeur bij Shell, manager bij NAM Gas Export/IGTM In Frankfurt

Swart, Herr, directeur Baron Thyssens Bank voor Handel en Scheepvaart

Thyssen, Baron Hans Heinrich Bornemisza, eigenaar van Thyssengas

Weise, Dr. Jurgen, directeur Ruhrgas

NEDERLAND

Berg van den, Jan, economisch manager Esso Nederland, een van 'de Vier van Esso', manager gasverkoop bij de Gasunie

Berg van den, Ciny, Jans vrouw

Boot, J. C., algemeen manager Shell Nederland, 1962, gedelegeerd toezichthouder Gasunie

Grinten van der, W. C. L., voorzitter van de commissie van De Pous

Hoogland, Joop, juridische afdeling Shell en NAM Gas Export

Klosterman, A. H., ingenieur (pijpleidingen) bij Shell, technisch directeur Gasunie

Krazinger, dhr., Shell-adviseur bij NAM Gas Export

Post van der, Cees, hoofd LPG-verkoop Esso Nederland, een van 'de Vier van Esso',

directeur technische afdeling bij de Gasunie

Pous de, J. W., Minister van Economische Zaken

Schepers, J. P. (Krik), Shell algemeen manager voor Shell bij NAM Gas Export

Schepers, Louise; Jan Derk, Louise, en Willem, Kriks vrouw en kinderen

Schepers, Lykle, algemeen manager Royal Dutch (BIPM), Den Haag

Smit, Coen, algemeen manager Esso Nederland, gedelegeerd toezichthouder Gasunie

Scheffer, Baren, algemeen manager Shell Nederland, 1961

Stheeman, H. A., algemeen manager NAM, ontdekker van het Groningse gasveld

Veen van, Emil, Nederlandse directeur, huidige eigenaar van Stewarts huis in Wassenaar

Zijlstra, J., minister-president

VERENIGD KONINKRIJK

Corbett, Philip, Shell UK, afgevaardigd manager NAM/IGTM in
    Londen
Mclean, Donald, directeur Shell, NAM Gas Export in Den Haag en
    Frankfurt
Vale, Dennis, Shell-adviseur bij NAM Gas Export
Vizard, Vi, Shell afdeling gas in Londen

Referenties

The Lamp van Shelley Moore, Exxon-Mobil Spring 2002 Publication

Frontline; History Today van Devra Davis, December 2002

Holland and Its Natural Gas uitgave Gasunie, June 1994

Natural Gas in the Netherlands door Correlje, Van der Linde, and Westerwoudt

"A *New Mining Act for the Netherlands*" door Dr. Martha Roggenkamp and Dr. Christiaan Verwer

Ruhrgas – Highlights: The First 75 Years, jubileumuitgave

"*Striking Bonanza,*" artikel door Prof. A. Kaijser

Subterranean Commonwealth: 25 Years Gasunie and Natural Gas by Wolf Kielich

The Governance of Large Technical Systems, uitgave voor Routledge Studies in Business Organizations and Networks, onder redactie van Olivier Coutard

"*The Transition from Coal to Gas: Radical Change of the Dutch Gas System*" door Aad Correlje en Geert Verbong

"*From Slochteren to Wassenaar,*" 1966 article by Arne Kaijser for NEHA-Jaarboek

The Embarrassment of Riches by Simon Schama (NL: *Overvloed en onbehagen: de Nederlandse cultuur in de Gouden Eeuw*)

Patriots and Liberators: Revolution in the Netherlands 1780–1813 by Simon Schama (NL: *Patriotten en bevrijders: revolutie in de Noordelijke Nederlanden, 1780-1813*)

"*A New Mining Act for the Netherlands,*" 2003 article by Martha Roggenkamp and Dr. Christiaan Verwer

Mining Law: Bridging the Gap between Common Law and Civil Law Systems, from a paper presented at the Canadian Bar Association in April 1997 by Cecilia Slac, attorney-at-law at Tormina Consulting, Inc.

Mossadegh Conference: May 3 to May 6 2001, Northwestern University, Ter gelegenheid van het vijftigjarig jubileum van de regering van Dr. Mossadegh (1951–1953), © 1995, 1999, 2004 Alaa K. Ashmawy

Andere bronnen

Archieven van The New York Times
Het verhaal verteld door Douglass Stewart
Originele audio-opnames van Stewart met Hans Löblich, Krik Schepers, Jan van
den Berg, Cees van der Post en Yves Monod
2004–2005 persoonlijke interviews met Douglass Stewart, Hans Löblich, dr. Klaas Liesen, Paul Mortimer, Henk Ensing, Gasunie, Louise Schepers, Louki Hoogland, L. Wansink, Yves Monod, Jane Ann Stewart, René Cozzi, Mark Stewart, Douglass Stewart Jr., Harold Wright, Mr. and Mrs. Millard Clegg, John Meeder, Wilma van den Berg-de Brauw, Ciny van den Berg, Margaret van der Post, Josina Droppert en Emiel van Veen.

Dankwoord

Als dr. H.A. Stheeman niet het Groningse aardgasveld had ontdekt, had geen van de in dit boek beschreven gebeurtenissen plaatsgevonden. Hij herkende al snel de voordelen van aardgas en overwon obstakels om de ontdekking te doen die een revolutie teweegbracht in de Europese energiesector. Zijn persoonlijke vriendelijkheid en openheid naar Douglass Stewart bij zijn eerste meeting met de NAM in Oldenzaal wordt hoogst gewaardeerd.

Persoonlijke dank en waardering voor Jane Ann Stewart, voor kantoorruimte in Californië en voor haar vele gunsten en onophoudelijke aanmoediging.

Met dankbaarheid aan Hans en Gesel Löblich, Paul Mortimer, Louise Schepers, Yves Monod en René Cozzi voor hun ruimhartige medewerking, veelvuldig overleg en voortdurende aanmoediging, en voor het beschikbaar stellen van persoonlijke foto's en herinneringen; aan Klaas Bens voor zijn gulle instelling, inleidingen, opbouwende kritiek en veelvuldige communicatie; aan Ciny van den Berg en Wilma de Brauw voor hun foto's en gastvrijheid; en aan L.G. Wansink voor zijn herinneringen en gastvrijheid.

Zonder de enthousiaste medewerking van dr. Klaus Liesen zou veel van 'de andere kant' van de onderhandelingen over export ontbreken. Dank voor zijn gastvrijheid, en dank aan Marianne van Schwartz, dr. Liesens assistente, voor haar vriendelijke hulp; aan Imelda Weizl, secretaresse van Jan van den Berg, voor haar geschiedenis van Jans werk; aan Emiel en Liz van Veen en hun dochter Caroline, voor hun bereidheid om hun huis in Rijksdorp open te stellen voor bezoeken en filmopnames, en aan Emiel voor zijn attente nawoord en zijn onderzoek naar de geschiedenis van het huis in Rijksdorp; aan Margaret van der Post voor haar geschiedenis van het werk van Cees; en aan Louki Hoogland voor haar gastvrijheid.

Speciale dank aan Henk Ensing en Bert van Engleshoven van de Gasunie, en hun afdeling, voor het openen van hun audiovisuele archieven en de toestemming om foto's van de Gasunie te kopiëren; aan de professoren Geert Verbong en Arne Kaijser in Zweden en prof. Martha Roggenkamp van de Universiteit van Groningen voor toestemming om uit hun werk te citeren; aan Jo Linden van de Nederlandse Staatsmijnen voor foto's van Krik Schepers; en *last but not least*, aan dr. Liesen en Ruhrgas voor de toestemming om teksten, gegevens en foto's te gebruiken.

Voor hulp bij vertalingen:

Nederlands – Wilma de Brauw, Annelies Glen Teven, Klaas Bense
Duits – Elke Pusi
Frans – Yves Monod, René Cozzi, Molly Kidder Orts

Over de co-auteur

Elaine Madsen is een gepubliceerd schrijver, redacteur en gelauwerd filmmaker. Geboren in Illinois was ze boekenredacteur bij Chicago's *Nit & Wit Cultural Arts Magazine*. Ze is de hoofdredacteur van *Felix Magazine* en de schrijfster van *Crayola can't make these colors*, een verzameling van haar gedichten.

Haar non-fictieboek *The Texan and the Dutch Gas*, dat ze samen met Douglass Stewart schreef, was een krachtige, betekenisvolle ervaring die haar naar historische momenten van Stewarts ervaringen in de Tweede Wereldoorlog bracht. Ze reisde met Stewart naar plaatsen in Frankrijk, Duitsland en Nederland, en kreeg zo uit de eerste hand een beeld van zijn samenwerking met drie jongemannen, die ieder aan hun kant van het conflict de Tweede Wereldoorlog meegemaakt hadden. Het voorrecht om het verhaal van deze jongemannen tot leven te brengen, hoe ze door het lot werden samengebracht rond grote gasvoorraden in Nederland (de voorbodes van grote ontdekkingen in de Noordzee), is een hoogtepunt van Elaines schrijfcarrière. Hun zakelijke scherpzinnigheid en teamwork was van grote betekenis en hielp om een naoorlogse transformatie in Europa's energie-industrie op gang te brengen.

Als filmmaker is Madsen de (met een Emmy bekroonde) regisseur en producer van de documentaire *Better Than It Has To Be* en de regisseur van de bekroonde lange documentaire *I Know A Woman Like That*, geproduceerd door haar dochter Virginia Madsen, die voor een Oscar werd genomineerd. Haar toneelstuk *Dear Murderess* zal in het najaar van 2020 te zien zijn.

Printed in the United States
By Bookmasters